保定市小学语文任海丽名师工作室研究与实践成果
保定市“十四五”规划课题“基于核心素养的小学语文整本书阅读实践研究”研究成果
（课题编号：231153）

小学语文整本书阅读
1221教学模式探究

任海丽　主编

河北大学出版社
·保定·

出 版 人：马　力
责任编辑：翟永兴
装帧设计：赵　谦
责任校对：刘景坤
责任印制：常　凯

图书在版编目（CIP）数据

小学语文整本书阅读 1221 教学模式探究 / 任海丽主编. -- 保定 : 河北大学出版社, 2025. 1. -- ISBN 978-7-5666-2536-6

Ⅰ. G623.232

中国国家版本馆 CIP 数据核字第 2024C6Y066 号

小学语文整本书阅读 1221 教学模式探究
XIAOXUE YUWEN ZHENGBENSHU YUEDU 1221 JIAOXUE MOSHI TANJIU

出版发行：河北大学出版社
地址：河北省保定市七一东路2666号　邮编：071000
电话：0312-5073003　0312-5073029
网址：www.hbdxcbs.com
邮箱：hbdxcbs@163.com
印　　刷：保定市北方胶印有限公司
幅面尺寸：185 mm × 260 mm
字　　数：300千字
印　　张：19
版　　次：2025年1月第1版
印　　次：2025年1月第1次印刷
书　　号：ISBN 978-7-5666-2536-6
定　　价：80.00 元

序　言

和任海丽老师相识时间不算太长，但印象非常深刻。任海丽老师是中小学正高级教师、河北省小学语文特级教师、河北省优秀教师、河北省首届学科名师、河北省骨干教师，也是保定市教书育人楷模、保定市小学语文名师工作室主持人等。这次，任海丽老师带领的名师工作室团队认真学习，深入研究，齐心协力完成了《小学语文整本书阅读1221教学模式探究》的编写工作，可以说成效非常显著。这本书涵盖了小学语文1—6年级整本书阅读的教材解析、策略梳理、阅读理念、教学设计、配套课件等，工作量大，难度高，如果没有对语文教学改革的执着追求，这本书是难以问世的。我认真浏览了整本书，感觉有以下特点可圈可点。

一、策略引领，高效阅读

策略引领下的整本书阅读，让教师有法可依，使学生有章可循。阅读从低效到高效发展，从低阶向高阶晋升。这本书在编写的过程中非常注重阅读策略的引领，对每个年级的整本书阅读指导都设有专门的推荐书目阅读策略梳理板块，一目了然，给广大教师提供了重要的参考依据。同时在阅读指导的过程中，每种课型、每课时都特别注重阅读策略的引领，比如导读课基于单元教学提取精读范例的阅读策略，延伸课基于精读范例提取同类文本的阅读策略，等等。在策略的引领下，实现了高效阅读。

二、体系完整，逐级提升

这本书主要从“立足单元之篇——精读一本范例——拓展同类阅读”的层面对小学语文“篇本类”联读的整本书阅读体系进行了解读和实践。将小学语文整本书阅读分为导读课、推进课、分享课和延伸课四种课型，其中导读课1课时、推进课2课时、分享课2课时、延伸课1课时，简称“小学语文整本书阅读1221教学模式”。此模式对四种课型的任务和重点进行了清晰的界定：导读课侧重激发兴趣、策略引领、制订计划；推进课侧重关注过程、反馈激励、持续阅读；分享课侧重分享交流、读写结合、联结生活；延伸课侧重回顾总结、提取策略、同类阅读。这样便形成了比较完整的小学语文整本书阅读指导体系。从开始的基于单元之篇提取策略指导精读范例，到最后的基于精读范例提取策略指导同类阅读，从一篇到一类，从篇中得法、本中应用，再到类中实践，学生的核心素养呈现螺旋上升的良性发展态势，这是非常可喜可贺的。

三、同步教材，可资借鉴

本书以“快乐读书吧”为依托，以“快乐读书吧·名著阅读课程化丛书”为范本，对1—6年级的小学语文整本书阅读进行了课程化的设置和实践，与教材同步，内容涵盖“快乐读书吧教材解析”“推荐书目阅读策略梳理”“小学语文整本书阅读1221教学模式教学设计”等，内容全面、翔实，为广大小学语文教师进行整本书阅读指导实践提供了重要的参考资料。

四、配套课件，方便使用

本书还有一个非常难得的地方，就是对“小学语文整本书阅读1221教学模式”内容的精细化，不仅提供了全套的教学设计，还有相应的配套课件，这是一项非常重要的教学资源，真正解决了广大教师疲于课件制作的烦恼。当然，课件只是个参考，但相信这些精美的课件一定会给老师们带来不一样的启发和思考。

五、落实目标，凸显育人

整本书阅读，不仅要解决“为什么读？读什么？怎么读？”的问题，还要解决“读到什么程度”的问题。小学语文整本书阅读，一定要着眼于有理想、有本领、有担当的培养目标，落实立德树人根本任务，强化阅读育人导向，全面提升学生核心素养。本书在阅读育人方面，也做了大胆的尝试和探索，比如童话、神话、科普读物、古典名著、世界名著等不同类别的阅读，都凸显了阅读育人的导向和作用。这一点也是值得大家学习和借鉴的。

当前，随着《义务教育语文课程标准（2022 年版）》的颁布，整本书阅读已经被提到前所未有的高度，实现了从个体探索到整体推进的跨越。统编小学语文教科书“快乐读书吧”的设置，也为课外阅读课程化提供了重要的支撑。但是，由于各方面的原因，我们也清醒地认识到，从教学实践情况来看，整本书阅读时间不够、阅读质量不高、教学落实乏力、评价方式单一等问题依然是整本书阅读教学需要直面的重要挑战。从这些情况来看，本书提供的理念和实践经验的借鉴意义是非同一般的。相信各地教师在使用时，一定会根据自己的教学经验和班级情况进行适当的调整或修改，各取所需，让本书发挥最大的作用。

河北省教育科学研究所小学研究室

2024 年 10 月 18 日

构建开放系统，落实阅读育人

——“小学语文整本书阅读1221教学模式”简介

保定市清苑区清苑小学　任海丽

《义务教育语文课程标准（2022年版）》（以下简称“2022年版课标”）最大的特点，就是基于义务教育培养目标，将党和国家的教育方针具体细化为语文课程应着力培养的学生核心素养，体现正确价值观、必备品格和关键能力的培养要求。义务教育语文课程培养的核心素养，是学生在积极的语文实践活动中积累、建构并在真实的语言运用情境中表现出来的，是文化自信和语言运用能力、思维能力、审美创造的综合体现。

义务教育语文课程内容主要以学习任务群组织与呈现。语文学习任务群由相互关联的系列学习任务组成，共同指向学生的核心素养，具有情境性、实践性和综合性。义务教育语文课程按照内容整合程度不断提升，分三个层面设置学习任务群，具体如下：

- 学习任务群
  - 基础型任务群——语言文字积累与梳理
  - 发展型任务群
    - 实用性阅读与交流
    - 文学阅读与创意表达
    - 思辨性阅读与表达
  - 拓展型任务群
    - 整本书阅读
    - 跨学科学习

作为拓展型学习任务群之一的“整本书阅读”，是对语文课程中单篇阅读、群文阅读的必要补充与提升，是培养学生终身阅读能力的必由之路，也是全面提升学生语文课程核心素养的必然要求。

2022年版课标指出："整本书阅读"任务群旨在引导学生在语文实践活动中，根据阅读目的和兴趣选择合适的图书，制订阅读计划，综合运用多种方法阅读整本书；借助多种方式分享阅读心得，交流研讨阅读中的问题，积累整本书阅读经验，养成良好阅读习惯，提高整体认知能力，丰富精神世界。从"整本书阅读"任务群的定位我们可以看出，"整本书阅读"有助于拓宽学生的阅读视野，提升学生的元阅读能力，帮助学生养成终身阅读的习惯。也就是说，"整本书阅读"是为学生的终身阅读奠基的。从它的目标和内容来看，主要侧重于发展学生的整体阅读素养。从它的路径与策略来看，主要体现为在整本书阅读中习得整体阅读能力。

事实上，只有基于整本书的阅读，才是真正的深度阅读、高阶阅读。通过整本书阅读，学生能更全面地了解作者的成长经历、思想变化，了解文中人物形象的特征；与作者产生情感共鸣、思想交流，把作者对人生、历史、文化的看法，与自己的阅读经验联系起来，并逐渐内化为自己的人生哲学，从而综合提升语文课程核心素养。

2022年版课标将"整本书阅读"提到了前所未有的高度，实现了"整本书阅读"从个体探索到整体推进的跨越。统编小学语文教科书"快乐读书吧"的设置，为整本书阅读打下了坚实基础。但由于推行时间短，落地需要时间，所以从实践情况来看，整本书阅读依然存在很多问题，比如教师指导无措、学生时间不够、阅读质量不高、教学落实乏力、评价方式单一等。这些问题，都是目前整本书阅读教学需要直面的重要挑战。基于这样的背景，保定市小学语文任海丽名师工作室申报了"基于核心素养的小学语文整本书阅读实践研究"的市级课题，《小学语文整本书阅读1221教学模式探究》这本书就是本课题的研究成果。下面对"小学语文整本书阅读1221教学模式"简介如下。

一、理论基础

《小学语文整本书阅读1221教学模式探究》的理论基础是小学语文整本书"篇本类"联读。我们的"篇本类"联读是在借鉴当前国内比较前沿的

“篇本类”联读的体系基础上进行的整合和具化，将“篇本类”联读发展成为“立足单元之篇——精读一本范例——拓展同类阅读”的阅读体系。

“立足单元之篇”指的是基于统编教材“快乐读书吧”的编排体系、人文主题和语文要素，提取出可以迁移运用的阅读策略用来指导整本书的阅读。

“精读一本范例”指“快乐读书吧”中推荐的必读书目，具体一共12本：一年级的《和大人一起读》《读读童谣和儿歌》，二年级的《小鲤鱼跳龙门》《神笔马良》，三年级的《安徒生童话》《中国古代寓言》，四年级的《中国神话传说》《十万个为什么》，五年级的《田螺姑娘》《西游记》，六年级的《童年》《鲁滨逊漂流记》。12本书代表了小学阶段的12个类别，从低到高，逐级提升。

“拓展同类阅读”指的是从12本必读书目中提取可迁移运用的整本书阅读策略，用来指导其他同类阅读书目。比如三年级上册，精读的范例是《安徒生童话》，拓展的同类阅读是《稻草人》《格林童话》。四年级上册，精读的范例是《中国神话传说》，拓展的同类阅读是《世界经典神话与传说故事》。整个过程，环环紧扣，循序渐进，最终破解同类阅读密码。

这样的“篇本类”联读的逐级推进，由课程意义的整本书阅读到生活意义的整本书阅读，阅读指导起到了引领、示范、助推的作用，由扶到放，使学生的自动化阅读能力逐步形成。

二、模式介绍

基于小学语文整本书阅读“篇本类”联读的理论基础，我们构建了小学语文整本书阅读1221教学模式。我们将小学语文整本书阅读指导分为导读课、推进课、分享课和延伸课四种课型，根据每种课型的不同任务，又进行了课时的细化：

导读课1课时，重在激发兴趣、策略引领、制订计划；

推进课2课时，重在关注过程、反馈激励、持续阅读；

分享课2课时，重在分享交流、读写结合、联结生活；

延伸课1课时，重在回顾总结、提取策略、同类阅读。

导读课重在体现“立足单元之篇”，推进课和分享课重在体现“精读一本范例”，延伸课重在体现“拓展同类阅读”。

以上方式简称小学语文整本书阅读 1221 教学模式。具体如下：

小学语文整本书阅读 1221 教学模式

- 导读课（1）：激发兴趣、策略引领、制订计划
- 推进课（2）：关注过程、反馈激励、持续阅读
- 分享课（2）：分享交流、读写结合、联结生活
- 延伸课（1）：回顾总结、提取策略、同类阅读

推进课设定 2 课时，2 课时的侧重点也是有梯度的，每一次推进课的内容和深度也是由浅入深发展的。分享课也是一样，2 课时的分享也是按照由浅入深的层级进行的。比如由内容、情节到品质、精神的提升，由文本内容向生活实践的延伸，由个体精神到民族精神的升华，等等。虽然课时是有限的，课堂是有限的，但是我们给学生的阅读引领是无限的。方法的习得、思想的提升、精神的涵养才是阅读的真正意义。教材无非是个例子，我们的阅读指导也一样，也仅仅是个例子。学生通过示范引领提升元阅读能力进而实现自动化阅读，在阅读中全面提升核心素养才是最终的目的。

三、教学流程

课堂不是枯燥的理论，阅读也不是简单的文字浏览。课堂是灵动的思想碰撞、心灵交汇的过程，阅读更是学生与文本、与作者、与时代心灵对话的过程。我们通过整本书阅读实践构建的 1221 教学模式，力求通过“篇本类”联读，构建开放的阅读系统，落实立德树人根本任务，培养学生正确的价值观、必备品格和关键能力，全面提升学生核心素养。所以四种课型统领下的 6 课时教学设计便是对小学语文整本书阅读 1221 教学模式的情景再现式的解读和诠释。

以四年级上册神话传说为例，6 课时教学设计框架如下：

《中国神话传说》教学设计框架

导读课

一、结合单元内容，盘点神话传说

（一）聚焦神话人物

（二）盘点神话特点

（三）梳理阅读策略

二、出示阅读书目，提取阅读策略

（一）观察封面，了解作者

（二）浏览目录，整体感知

（三）阅读指导，提取策略

三、运用阅读策略，共读精彩片段

（一）把握主要内容

（二）感受神奇之处

（三）体会鲜明形象

四、制订阅读计划，发布阅读任务

（一）出示样表，制订计划

（二）创设情境，发布任务

推进课（1）

一、汇报阅读进度，了解阅读情况

二、检测阅读成果，激发阅读兴趣

（一）神奇人物填一填

（二）神奇景物说一说

（三）神奇关系理一理

三、交流阅读困惑，助力持续阅读

（一）共性个性兼顾，提出阅读困惑

（二）解锁阅读障碍，助力持续阅读

四、梳理故事情节，把握故事内容

（一）赏析精彩故事

（二）讲述精彩故事

五、提出阅读要求，指导持续阅读

（一）从内容到精神

（二）从个体到民族

推进课（2）

一、展示阅读成果，分享阅读收获

（一）观读书风采

（二）赏精彩批注

（三）学多样积累

二、开展阅读沙龙，感悟神话魅力

（一）搜集传统神元素

（二）打造神话朋友圈

（三）走进神话故事会

三、借助批注细品，感悟人物形象

（一）赏析大禹治水，感悟人物品质

（二）提炼群神功绩，升华神的精神

（三）布置人物名片，汲取神话力量

四、拓展视频资源，丰富阅读内容

分享课（1）

一、创设情境导入，引发学生兴趣

二、分享神话故事，展演精彩瞬间

（一）多维导图展神话

（二）绘声绘色讲神话

（三）小小剧场演神话

三、总结展演成果，探寻传承精神

分享课（2）

一、激趣谈话引入，激发分享欲望

二、分享神的贡献，感知众神精神

（一）聚焦神的贡献，探寻精神品质

（二）巧记神的贡献，提取中华精神

三、神话照进现实，感受传承之美

（一）神话照进现实（科技篇）

（二）神话照进现实（古迹篇）

四、分享主席寄语，树立文化自信

延伸课

一、回顾精读书目，聚焦特点策略

（一）神话特点

（二）语文要素

（三）阅读策略

二、出示拓展书目，提取阅读策略

（一）观察封面，提取信息

（二）浏览目录，整体感知

（三）阅读指导，梳理策略

三、对比中外神话，凝聚精神内核

（一）对比如何取火

（二）对比如何治水

（三）聚焦精神内核

四、制订阅读计划，发布阅读任务

（一）出示样表，制订计划

（二）创设情境，发布任务

通过这样的整本书阅读教学设计框架，相信我们对“小学语文整本书阅读1221教学模式”会有一个非常清晰的认知。对“立足单元之篇——精读一本范例——拓展同类阅读”的整本书“篇本类”联读的阅读体系也有了更进一步的了解。整个过程，虽然是环环紧扣自成系统，但这个系统是开放的系统。因为类的拓展远远不止于我们推荐的几本同类书，它囊括了生活中所有同类的书目。这就让我们的阅读从课程意义的阅读延伸到了生活意义的阅读。随着元阅读能力的提升，终身阅读习惯的养成，也就完成了为终身阅读奠基的任务。

四、显著特点

任何一种模式都会有显著的特点，“小学语文整本书阅读1221教学模式”也不例外，在研究与实践的过程中，我们主要关注了以下几个方面。

（一）策略引领，高效阅读

策略引领下的整本书阅读，让教师有法可依，使学生有章可循，实现阅读从低效到高效的发展、从低阶向高阶的晋升。所以在整本书阅读指导的过程中，我们特别注重阅读策略的引领，无论是导读课中基于单元的人文主题、语文要素、精读课文、“语文园地”中的“交流平台”和“快乐读书吧”中的小贴士等提取的阅读策略，还是在推进课和分享课中根据具体内容、书目类别和年段特点等梳理的阅读策略，还是延伸课中基于精读范例提取整本书阅读策略并迁移到同类阅读中，“小学语文整本书阅读1221教学模式”全过程都在关注阅读策略。恰当的阅读策略，让阅读不迷路，帮助学生在得法的基础上实现高效阅读。

（二）体系完整，逐级提升

“小学语文整本书阅读1221教学模式”从“立足单元之篇——精读一本范例——拓展同类阅读”的层面对小学语文“篇本类”联读的整本书阅读体系进行了由浅入深地解读，并以教学设计和配套课件的形式对小学语文整本书阅读进行了实践操作。这不是纸上谈兵，是实践经验的积累。通过详尽地展示导读课、推进课、分享课和延伸课共6课时的指导过程，从策略的提取、阅读的推进、成果的分享、同类的拓展等各个环节展示了阅读逐级推进的过程，体系完整，环环紧扣，逐级提升，为实现学生的自动化阅读奠定了坚实的基础。

（三）落实目标，凸显育人

整本书阅读，不仅要解决“为什么读？读什么？怎么读？”的问题，还要解决“读到什么程度？”的问题。小学语文整本书阅读，一定要着眼于有理想、有本领、有担当的培养目标，落实立德树人根本任务，强化阅读育人导向，全面提升学生核心素养。“小学语文整本书阅读1221教学模式”在阅读育人方面，进行了大胆的尝试和探索。比如四年级上册《中国神话传说》的整本书阅读，我们设置了

“思辨阅读，品神之伟大；对比阅读，树文化自信；联结阅读，感传承之美”的环节，在“联结阅读，感传承之美”的环节中，我们又安排了以下两个板块：

1. 神话照进现实（科技篇）

在这个板块，我们让学生上网搜集“神话传说对我国现代科技的影响”并以自己喜欢的方式呈现阅读成果。有的以组图的形式展示神话传说对现代航天事业的影响，有的以手抄报的形式展示九色鹿与AI智能的千年跨越，有的以微视频形式介绍神话传说对华为科技的影响，有的以读后感的形式抒发对中华优秀传统文化传承发展的赞叹……在学生以各种不同的方式呈现神话传说的传承之美的过程中，对中华优秀传统文化的高度认同和对其生命力的坚定信心便油然而生。通过联结阅读，学生不仅加深了对神话传说的认识和了解，而且在心底埋下了文化自信的种子。这便是阅读育人的目标所在。

2. 神话照进现实（古迹篇）

除了探索神话传说对现代科技的影响之外，我们还特别注重有关神话传说的名胜古迹资源的开发和利用。比如我们保定就是尧乡故里，我们结合望都的尧母文化园、顺平的唐尧文化园、唐县的唐尧文化园等让学生感受到神话传说与现实生活的紧密联系，感受文化与精神的传承，为学生的阅读打开了新的思路，开阔了新的视野，也为培养学生正确的世界观、人生观、价值观开辟了一条崭新的通道。再比如山西的长治市，被誉为“中国神话之乡”，我国著名的精卫填海、女娲补天、羿射九日、神农尝草等妇孺皆知的史前神话传说都发生在此。我们结合相关的图片和视频资料拓展学生的阅读空间，开阔学生的阅读视野，让学生对神话的认知不是仅停留在富有奇幻色彩的远古神话上，而是通过接触现存的文化古迹，深切感受到我国灿烂文化的传承，感受到中华优秀传统文化的巨大魅力，从内心深处升起坚定的文化自信。

经过三年的探索和实践，我们构建了“小学语文整本书阅读1221教学模式”，打造了开放的阅读系统，落实了阅读育人的目标，取得了可喜的成绩。但由于编写组成员都是一线教师，理论水平有限，本书一定还有很大的提升空间。真诚地希望广大读者提出宝贵意见，我们一定会在以后的教学实践中再接再厉，以臻完善。

2024年10月18日

目　录

一年级上册：读书真快乐（和大人一起读）

“快乐读书吧”教材解析

“快乐读书吧”是同学们整个学期课外阅读的一个纲要，要解决本学期课外阅读“读什么”“怎么读”等问题。

“快乐读书吧”在本册书的第一单元，是对学生课外阅读的引领，是一种召唤和导向，旨在引领学生课外阅读，扩大学生的阅读视野，教授基本的阅读方法，也在告诉孩子们阅读多么快乐，更广阔的阅读世界在教材之外。

本次“快乐读书吧”的主题是“读书真快乐”，重在激发学生课外阅读的兴趣。教材由 4 幅场景图和 4 句相应的提示语构成，内容分别指向以下四个方面：

（1）阅读的方式——和爸爸妈妈一起读、和同伴读、自己读。

（2）阅读的途径——书店、图书馆、阅览室。

（3）阅读的成效——了解很多故事内容，能讲故事给同学听。

（4）阅读的期待——学了拼音，就可以认更多的字，读更多的书了。

本册内容主要是让学生了解如何开展课外阅读，教师可以设计有趣有效的教学活动，让学生在活动中感受阅读的趣味，体验阅读的快乐，推动他们课后的持续阅读。

"读书真快乐"语文要素和教学目标

"快乐读书吧"主题	阅读书目	语文要素	教学目标
读书真快乐	《和大人一起读》	①借助听读和联系生活经验来学习汉字。如韵语识字、看图识字、象形识字、对对子识字等 ②引导读书兴趣，了解基本的课外阅读要素	①了解课外阅读的方式和基本途径 ②体会阅读的快乐，产生阅读的期待，乐于和大家分享阅读成果

推荐书目阅读策略梳理

一年级上册的教参当中推荐阅读《和大人一起读》，同时，"和大人一起读"也是统编教材提出的一个口号，并把这个口号落实至一年级教材"语文园地"的固定板块。这其实是在提倡家长和孩子共同阅读，引导家长重视阅读，关注孩子的阅读状况。针对以上学情，《和大人一起读》选取名家经典篇章，以各类生动有趣的故事为主，兼及少量童谣、儿歌、儿童散文，都是人们耳熟能详的作品，目的在于让学生借助听一听、唱一唱、读一读、背一背等方法，增强阅读的趣味，让孩子感受阅读的快乐，实现口语向书面语的过渡，体验"我能读"的成就感，激发课外阅读的动力。

《和大人一起读》阅读策略

篇目	阅读策略
《和大人一起读（一）》	听大人读故事，你读我听，边读边问
《和大人一起读（二）》	和哥哥姐姐读故事，你读我听，我读你听
《和大人一起读（三）》	在老师的帮助和指导下读故事，边读边猜，情境表演读、发挥想象画一画
《和大人一起读（四）》	自己借助拼音试着读故事，试着讲故事

《和大人一起读》1221 教学模式教学设计

《和大人一起读》导读课教学设计

教学目标

（1）学习观察封面、目录、阅读指导，初步感知阅读书目内容，了解课外阅读的基本途径，产生阅读期待。

（2）通过《和大人一起读》具体篇目的阅读，学习阅读的方法，产生阅读兴趣，感受阅读的快乐。

（3）了解阅读计划，学习制订阅读计划，养成良好的阅读习惯。

教学过程

一、回顾单元内容，开启快乐阅读

（1）借助《剪窗花》，了解阅读的基本途径，体会读书的快乐。

（出示窗花图片）同学们，看，这是什么？（窗花。）

（出示《剪窗花》）我们刚学了一篇有趣的儿歌就叫《剪窗花》，大家一起读一读，会背的同学背一背。

老师布置作业的时候说了，这首儿歌要和谁一起读？（大人。）哪位同学来说一说，你是和谁一起读的呢？（爸爸妈妈、爷爷奶奶……总结阅读的基本途径。）

老师还要问一问，这首儿歌你和大人是怎么读的呢？（跟读、齐读、接龙读、拍手读、表演读……）

思考：

①在读这首儿歌的时候，大人跟你讲了哪些有关窗花的知识呢？

②读了这首儿歌，你是不是也特别想学着剪一剪窗花呢？有没有同学带来自己的作品啊？

看一看、读一读、演一演、做一做……这就是读儿歌的快乐，大家感受到读书的快乐了吗？

（2）借助“快乐读书吧”，了解阅读的基本途径，体会读书的快乐。

打开“快乐读书吧”中的“读书真快乐”一页，看图回忆阅读的基本途径和读书的快乐。

阅读方式：和爸爸妈妈、爷爷奶奶等大人一起读，师生共读、同伴共读、自己读等。

阅读收获：读很多书，讲很多故事，成为故事大王。

总结：阅读的过程是快乐的，分享收获也是快乐的。所以“读书真快乐”。

【设计意图】以旧知引出新知，降低难度，提升兴趣，同时通过回顾读书的快乐和基本的阅读途径，为开启整本书阅读奠定基础。

二、出示阅读书目，提取阅读策略

（一）观察封面，提取信息

（1）出示《和大人一起读》四册书的封面，提取有关主编、书名、出版社、插图等信息。

（2）依次出示《和大人一起读》四册书的封面，学生试讲封面故事（不会的话就根据目录猜测一下是哪个故事即可）。

（二）阅读指导，提取策略

分别呈现《和大人一起读》四册书的封面、目录和“阅读指导”页，让学生试讲以前读过的篇目，唤醒已知，降低难度，激发阅读兴趣。同时根据“阅读指导”页了解阅读的不同方式。最后总结。

《和大人一起读》四册书的阅读方式依次为：

（1）和爸爸妈妈一起读。

（2）和高年级的哥哥姐姐一起读。

（3）在老师的帮助和指导下阅读。

（4）试着自己读，把故事讲给同学听。

提示：这样的安排也不是绝对的，比如，和高年级的哥哥姐姐一起读不方便的话，也可以采取其他的方式阅读。

【设计意图】让学生学会观察封面、目录，提取相关信息，并能根据“阅读指导”页提取阅读的基本途径，从整体上了解四本书的大体情况。培养学生的思维能力。

三、试读故事内容，学习阅读策略

（一）试读《和大人一起读（一）》第一组

（1）和谁读？

出示第一组目录和“阅读指导”页，提取“和爸爸妈妈一起读”的信息。

（2）读什么？

出示目录页，指导学生从目录中提取标题和对应的页码，学会快速翻出自己想读的内容。

（3）怎么读？

出示《树上落黄莺》，想一想，这首儿歌可以怎么读？（跟读、拍手读、接龙读……）

（4）会思考。

出示《小猫咪穿鞋子》，思考：

小猫咪为什么要穿鞋子？他都看到了谁穿鞋子？他为什么不能穿鞋子呢？

【设计意图】通过试读范例，引导学生学会阅读，“和谁读？读什么？怎么读？会思考”。知道阅读是逐级提升的过程，能够在享受阅读快乐的同时学会思考。

四、制订阅读计划，开启课外阅读

（一）观察样表，制订计划

（1）出示《和大人一起读》前三册书的阅读计划表，指导学生制订阅读计划。（刚接触，可以不懂，只要明白阅读要有计划即可。）

《和大人一起读》前三册书阅读计划表

班级		姓名	
阅读时限	____月____日—____月____日		
阅读内容		阅读时间	阅读成果
《和大人一起读（一）》		开始时间：____月____日 完成时间：____月____日 所用时间：____天	
《和大人一起读（二）》		开始时间：____月____日 完成时间：____月____日 所用时间：____天	
《和大人一起读（三）》		开始时间：____月____日 完成时间：____月____日 所用时间：____天	

（2）出示《和大人一起读》阅读记录单，简单讲解。

《和大人一起读》阅读记录单

我们一起读书的时间到了，请记录下我们共读的幸福时光吧！

共读内容		和________一起读	
共读时间	____月____日		
我读第一遍用的时间		我最后一遍读用的时间	
我学到了新的词语			
我知道了故事的内容			
给自己的评价	我给自己的评价：我很努力　我较认真　我要加油		
	大人给我的评价：你很优秀　你较认真　你要加油		
给大人的评价	大人给自己的评价：我很努力　我较认真　我要加油		
	我给大人的评价：你很优秀　你较认真　你要加油		

（二）创设情境，发布任务

同学们，读书是快乐的，分享也是快乐的。学校要举行一年级“故事大王”评选啦！你准备好了吗？赶紧拿起《和大人一起读》，在大人的帮助下，开启我们的快乐阅读吧！

【设计意图】帮助学生合理规划阅读进程，培养时间管理能力和自律能力。让学生明确阅读目标和任务，有计划地进行阅读，提高阅读的系统性和连贯性，从而更好地享受阅读过程。再通过创设评选“故事大王”的情境，营造快乐的读书氛围，让学生享受阅读的快乐。

《和大人一起读》推进课（1）教学设计

教学目标

（1）能感受到和老师一起阅读的快乐，学习和大人一起阅读的方法。

（2）参与师生或生生共读，在互动中增强阅读体验。

（3）激发阅读兴趣，体会阅读的快乐，产生阅读的期待。

教学过程

一、回顾趣读策略，激发阅读兴趣

（一）打起拍子，读读童谣

出示《月亮走》，播放视频音乐《月亮走》，一起打着拍子读童谣。

月亮走，我也走，
我给月亮提花兜，
一下提到庙门口，
打开庙门摘石榴，
石榴树下一窝鹅，
嘎，嘎，叫公婆。

（二）回顾策略，趣读童谣

在阅读童谣时，同学们可以积极地展开想象，一边读一边想象画面，也可以调动肢体语言，边读边做动作，加深对童谣的理解和记忆。

【设计意图】激发学生阅读童谣和儿歌的兴趣，产生阅读童谣和儿歌的欲望，引导学生感受读童谣和儿歌的快乐。

二、回顾故事内容，了解共读效果

（1）小猫咪非常羡慕人类穿鞋子的样子，于是他找到四只鞋子，好奇地穿上。这是哪个故事呢？（《小猫咪穿鞋子》）

（2）他让学生提着两只盛满水的木桶，走过一座紧贴水面的小竹桥，还不准把鞋底弄湿，看看谁有办法做到。这是哪个故事呢？（《聪明的徐文长》）

（3）奶奶老了，妈妈格外体贴，把奶奶的棉被晒一晒，让她睡得更暖和。这是哪个故事呢？（《棉鞋里的阳光》）

（4）将士们很渴又没水喝，想了妙计说前面有酸梅的是谁呢？这是出自哪个成语故事？（曹操《望梅止渴》）

（5）认真学习、家徒四壁、只好凿壁借光的是谁呢？这是出自哪个成语故事？（匡衡《凿壁借光》）

小结：同学们和爸爸妈妈、哥哥姐姐一起真会读书！我们要学习匡衡勤奋刻苦，也要学习善良的小峰关心长辈，还要像徐文长聪明会动脑筋……这套书里啊，真的有太多的宝藏等着同学们和老师一起去寻找和发掘。

【设计意图】引导学生回顾和爸爸妈妈、哥哥姐姐读过的故事，乐于分享，激发学生的阅读兴趣，引导学生真正走进阅读，尽情享受读书的乐趣。

三、共读探究方法，聚焦情节内容

出示阅读指导页，教师明确：今天和老师一起阅读一则民间故事《金斧头》。（老师读故事，同学们听故事。）

（一）提出疑问，梳理故事

读故事之前提出问题：故事中的孩子叫什么名字？他把什么掉进了河里？老爷爷第一次捞了什么？第二次捞了什么？最后捞了什么？老爷爷说他是个什么样的孩子？

师生共同梳理：谁干什么，遇到了谁，怎么帮助他的？

（二）借助插图，试讲故事

出示故事插图，师生试着一起讲一讲。

小结：把每幅图串联起来就是整个故事的主要内容，所以，借助插图也能帮助我们讲好故事。

（三）依据情节，讲好故事

（1）出示情节反复的语句：

“扑通一声，跳进河里。”

“你丢的是这把吗？”

“老爷爷，谢谢您！这把斧头不是我的！”

……

（2）教师引导提问：

找一找这些语句出现了多少次？

都是在什么情形下出现的？

小结：还可以借助“语言反复”的特点讲述重要的故事情节。

【设计意图】由浅入深地引导学生：提出疑问梳理故事、借助插图试讲故事、依据情节讲好故事等方法梳理故事内容，激发学生讲故事的兴趣，为能把故事讲完整打好基础。

四、读后小组讨论，感受人物品质

（1）提问：老爷爷说：“你会永远快乐幸福的。”因为什么呢？

（2）同桌讨论：你愿意和程实交朋友吗？

【设计意图】组织学生小组内讨论交流，人人参与，调动了学生说的欲望，更深刻地体会到了程实的美好品质，引发了学生的情感共鸣。

五、组内练习讲述，上台展示分享

小组内练习讲故事，结合借助问题、插图、关键情节等方法讲给同伴听。

（1）小组内练习讲一讲。

（2）推荐优秀同学上台展示。

【设计意图】运用学到的阅读策略讲故事，既把握了故事情节，又激发了学生的阅读兴趣。

六、明确阅读要求，推进持续阅读

我们一起共读了故事《金斧头（一）》和《金斧头（二）》，程实回到地主家又发生了什么故事？这套书中还有很多精彩的故事等着我们去阅读呢！

（一）布置内容，推进阅读

接下来利用一周时间我们一起读《和大人一起读（三）》第一部分的内容。

（出示目录和阅读指导页。）

（二）阅读足迹，勤加记录

填写阅读记录单，记录我们的阅读足迹。阅读记录单如下表：

《和大人一起读》阅读记录单

阅读内容		和________一起读	
共读时间	____月____日		
我读第一遍用的时间		我最后一遍读用的时间	
我学到了新的词语			
我知道了故事的内容			
给自己的评价	我很努力　我较认真　我要加油		
大人给我的鼓励			

【设计意图】明确方向是为了给学生的阅读提供清晰的指引，让学生在阅读过程中不迷茫，明确目标与重点，掌握正确的阅读路径。填写阅读单督促学生持续阅读，有助于提升阅读效率，深化对文本的理解，培养学生有针对性地获取知识和分析问题的能力。

《和大人一起读》推进课（2）教学设计

教学目标

（1）在轻松愉快、形式多样的闯关游戏中，培养阅读兴趣，体验成功的喜悦。

（2）根据关键信息或借助插图讲一讲神话故事内容，提升口语表达能力。

（3）在阅读的过程中感受人物形象，了解人物特点。

教学过程

一、回顾故事内容，检测阅读效果

（一）检查阅读记录单

请小组派一名代表汇报自己的阅读记录情况。点评后请组长把小贴画作为奖励送给汇报组。

（二）根据情节讲故事

学生继续讲《金斧头》的故事：老爷爷第一次为程实捞斧头情节。

PPT 出示：程实砍柴回家路上，一不小心把斧头掉进河里，急哭了。这时一位白胡子老爷爷为了安慰程实，（　　）次跳进河里为他捞斧头。第一次，老爷爷捞上来的是一把（　　）斧头，程实回答：“（　　）”。第二次老爷爷又捞上一把（　　）斧头，程实说：“（　　）”。于是老爷爷又跳进河里捞斧头，这次捞出来一把（　　）斧头，程实接过斧头不停地说：“（　　）”。从中可以看出程实是一个（　　）的孩子。

小结：阅读就是要用心读，用心悟，这样我们才能与故事中的人物有着同样的情感，同时还能明白很多道理。其实《和大人一起读（三）》中不仅有民间故事，还有很多有趣的神话故事。接下来，让我们继续打开《和大人一起读（三）》，与老师一起阅读吧。

【设计意图】此环节了解学生的阅读进度，检查学生在家的阅读记录单，告诉学生阅读时要认真做记录，养成一个好的阅读习惯，为下阶段阅读教学的开展奠定基础。

二、运用阅读策略，梳理故事内容

读书时一定要专心，要用眼睛认真看，用嘴巴大声读出来，边读边思考。这节课一起来读一读这个神话故事，相信你能做到“心到、眼到、口到”。

（一）图片导入，激发兴趣

出示图片：孙悟空、哪吒、米老师、大卫等人物，提问：你最喜欢谁呢？为什么喜欢？

（二）阅读闯关，梳理故事

闯关 1：故事人物我来猜

任务①：第一段中大将军是谁？他的儿子是谁？

任务②：图片中左手拿乾坤圈、右手持混天绫的人，满口獠牙的人，举长枪的人分别是谁？他们三个之间发生了怎样的故事？

任务③：出示第三部分（3—5 自然段），播放视频（龙王与李靖对话部分、龙王兴师问罪哪吒部分视频），请你猜一猜还会发生什么事？和同桌讲一讲。

小结：读故事时，我们先要找到主要人物，借助关键信息，梳理故事内容。通过看插图、抓关键句等方法感知人物形象。

闯关2：借助情节说画面

自己尝试读一读最后一部分（6自然段），想象眼前出现的人物形象图。

小结：借助图片以及视频等关键信息梳理了整个故事的内容，这样讲起故事来就更容易了，这也是帮助我们讲好故事的一种方法。

【设计意图】以闯关的形式设置悬念，调动学生的积极性，真实反映学生的阅读效果。同时借助关键信息，通过看插图猜故事、读句子猜故事等活动激发学生的阅读兴趣。在推进过程中，通过让学生用自己的话讲故事、猜故事等有趣的环节让学生体验阅读的多种方式，激发他们的兴趣，感受阅读的快乐。

三、结合故事情节，走进神话人物

故事中的哪个角色给你留下了深刻印象呢？

（一）借助句子，初识人物

从故事中找一找描写人物的句子，借助拼音再读一读。

（二）结合性格，了解人物

根据句子，说一说哪吒、夜叉、三太子、龙王的性格。

小结：读故事时，仔细看一看人物说了什么，做了什么，我们就知道他是一个怎样性格的人了。（板书：人物形象。）

【设计意图】从谈故事情节到人物形象，最后口头表达“我最喜欢的人物”，教给学生分析人物的方法，逐步提高学生的语言表达能力。

四、借助影视链接，对比人物形象

（一）观看《哪吒闹海》片段

这精彩的故事，不仅写在书上，还被搬上了舞台排成了话剧，拍成了电影、动画片，下面来欣赏《哪吒闹海》片段。

（二）交流不同之处

看完之后你发现和书中不一样的地方了吗？

小结：阅读的时候，还可以将故事与影片进行对比，故事让读者更有想象的思维空间，影片却用声音、画面带给我们直观的感受，两者相结合更能加深对故事的理解。

五、布置阅读内容，期待精彩分享

在读故事时，可以借助封面插图了解故事内容；可以通过人物的语言和动作感受故事的精彩。我们下周阅读课时要分享展示《和大人一起读》的阅读收获！期待同学们下节课的精彩展示！

【设计意图】布置相关内容是为了让学生有具体的阅读任务和思考方向。期待分享则是鼓励学生积极参与交流，锻炼表达能力，促进思想碰撞，使学生在分享中加深对内容的理解，同时营造良好的阅读氛围，为分享课做准备。

《和大人一起读》分享课（1）教学设计

教学目标

（1）共读完《和大人一起读》前三册书后，尝试借助关键信息分享故事。

（2）能体会到阅读的快乐，乐意和大家分享阅读成果。

教学过程

一、回顾共读时光

这一阶段我们一直与家长一起阅读《和大人一起读》这套书。看到小朋友们在家长的帮助下，能独立阅读一个片段或者一个完整的故事，还有的小朋友能独立发表自己的感想呢！哪位同学来说一说你在家是如何阅读的呢？

（1）和爸爸妈妈一起读。

（2）和哥哥姐姐一起读。

……

小结：能与父母或者哥哥姐姐一起读书可真让人羡慕，要珍惜这美好的亲子阅读时光。相信小朋友们一定有很多收获吧。

【设计意图】通过提问“如何在家阅读”，引出学生因识字量受限，在家获取信息的方法，有父母陪着读、父母读、哥哥姐姐读等方法，俗话说“兴趣是最好的老师”，有了阅读兴趣，学生才会实现主动阅读。通过谈话引入主题，让孩子们说一说自己在家阅读的方式方法，激发孩子们分享的兴趣。

二、分享共读故事

（一）借助插图讲故事

出示《凿壁借光》《谁能把房间装满》《小田鼠弗雷德里克》三个故事里的

插图。

你是怎么认识他们的？谁能和大家讲一讲他们的故事呢？

（二）借助词句说故事

1. 民间故事

根据以下词句，谁能说说这个故事是什么？谁还能根据这些词语试着讲一讲这个故事？

程实　　银斧头　　铁斧头　　（《金斧头》）

乾坤圈　　混天绫　　风火轮　　（《哪吒闹海》）

2. 寓言故事

出示与故事寓意有关的关键词句，说说这又是什么故事？根据这些词句试着讲一讲这则寓言。

小姑娘　特别渴　仅有的水留给别人　（《七颗钻石》）

（三）根据故事聊感受

读完这两本故事书，把你最喜欢的故事分享给同学们听，注意一定要表达清楚喜欢的理由。

预设：

（1）我喜欢《和大人一起读（一）》里面的《磨刀不误砍柴工》这个小故事。读了这个故事，我明白了做事情前一定要先做好准备工作，这样事情就会很快完成。每天放学回家写作业时，妈妈都会告诉我提前把铅笔削好，这样就节省了时间，我就有更多时间读喜欢的绘本啦。

（2）我喜欢《和大人一起读（二）》里面的《棉鞋里的阳光》，哥哥和我一起读的故事，读了这个小故事，哥哥告诉我要尊敬孝敬老人，于是我把奶奶的棉鞋也拿出去晒太阳了，奶奶夸我是个好孩子，奶奶说没有白疼我，她感受到我对她的爱了，听了奶奶的夸奖，我很开心。

（3）我喜欢读童谣和儿歌，因为儿歌读起来节奏感特别强，我姐姐读得特别好听，她还参加了朗诵大赛，我也要向她学习，参加朗诵比赛。

小结：你们的表达能力太强啦，不仅分享了共读的内容，还懂得了道理并付诸行动，真棒！

【设计意图】通过多种方式分享故事，明白道理并付诸行动，逐级提升阅读层次，使学生不仅体会到阅读的成就感，更能激发他们的阅读兴趣。

三、期待精彩表演

本节课看到了你们精彩地讲故事，期待下节课同学们继续分享交流自己的阅读成果！要求如下：

（1）上台讲一讲。

（2）合作演一演。

【设计意图】旨在激发学生的表现欲和创造力。通过“上台讲一讲”“合作演一演”的活动，给予学生积极的心理暗示，鼓励他们全力以赴准备，在表演中展现自我、提升自信，同时培养团队协作和艺术表现力，为课堂增添活力与乐趣，激发持续阅读的兴趣。

《和大人一起读》分享课（2）教学设计

教学目标

（1）激发学生自主阅读的兴趣，学生愿意去读书。

（2）大胆展示自己的阅读成果，提高语言表达能力。

（3）体会阅读的快乐，产生阅读的期待。

教学过程

一、回顾阅读书目，检验阅读成果

这学期，我们阅读了《和大人一起读》的前三册书，书中讲了许多非常有趣的故事。

（一）借助插图猜故事

出示故事插图，请你猜一猜故事的名字？

（二）借助词语猜情节

你能借助这些词语说说故事情节吗？

程实　斧头　　包公　石头

水罐　钻石　　周处　三害

（三）根据道理猜内容

请你猜一猜这是哪个故事告诉我们的道理？这些故事又讲了什么内容呢？

心中有爱，可以创造奇迹。（《七颗钻石》）

要做一个诚实的人。(《金斧头》)

多动脑筋，灵活思考问题。(《包公审石头》)

【设计意图】本环节主要通过“借助图片、借助词语、根据道理”三个线索，由浅入深，用不同形式检验同学们的阅读成果。

二、重温故事场景，感受人物品质

(一) 欣赏绘画，重温故事

拿出课前画好的故事插图（用手中的画笔描绘出你最喜欢的一个故事场景），一起分享重温故事。

(二) 赞美人物，颁发奖章

同学们，刚才的作品中有许多非常优秀的人物，你能选择一个关键词给他们颁发奖章吗？（热心、爱心、公正、诚实……）

【设计意图】此环节通过故事场景绘画的分享，再一次温习故事，给优秀人物颁发奖章的同时也对学生进行德育教育。

三、合作表演故事，体会阅读快乐

(一) 准备道具，表演故事

请同学用准备的道具表演《包公审石头》的情节。

(二) 自评互评，相互学习

自我评价、同学评价、老师评价。

评价量表如下：

表演故事评价表

评价内容	自我评价	同学评价	老师评价
语言	☺☺☺	☺☺☺	☺☺☺
情感	☺☺☺	☺☺☺	☺☺☺
动作	☺☺☺	☺☺☺	☺☺☺

【设计意图】鼓励学生合作表演，可培养团队协作与沟通能力。评一评能让学

生从不同角度审视表演，提升审美与评价能力，促进相互学习与进步，增强学生的参与感和成就感，推动课堂互动与知识的多元化吸收，提高阅读兴趣。

小结：读完了这三本书，同学们在多个方面对这本书进行了深入的交流和学习，收获可真不少呢！读书不仅能让我们认识更多的生字词，看到有趣的故事，还能让我们明白很多做人的道理！希望同学们在今后的日子里，能继续与书为伴，尝试自己阅读，享受阅读带来的快乐。

《和大人一起读》延伸课教学设计

教学目标

（1）在阅读《和大人一起读》前三册书的基础上，体会阅读的乐趣，总结阅读的策略。

（2）由本到类，推荐阅读书目。

（3）制订阅读计划，创设阅读情境，开启自主阅读。

教学过程

一、回顾精读书目，总结方式策略

这段时间，我们一起阅读了《和大人一起读》的前三册书，这三本书内容丰富多彩，有儿歌、童谣、童话、简单的小故事，那你都是和谁一起读的呢？

（一）阅读方式

（1）和爸爸妈妈一起读。

（2）和哥哥姐姐一起读。

（3）和爷爷奶奶一起读。

（4）和同学一起读。

（5）和老师一起读。

（二）阅读策略

看封面知书名，看题目猜故事，边读边思考；

你读我听、边读边问、边读边猜、发挥想象画一画；

跟读、拍手读、接龙读、表演读……

小结：方法多，快乐多。

【设计意图】在师生共读《和大人一起读》前三册书的基础上梳理阅读方式和

阅读策略，是为了更好地开启同类阅读。让学生在同类阅读的过程中进一步体会和大人一起读的阅读方式，并运用恰当的阅读策略实现高效阅读。

二、由助读到自读，推荐阅读书目

（一）推荐阅读《和大人一起读（四）》

我们已经一起读完了《和大人一起读》的前三册书啦，每一本都有新的收获。今天开始，我们要读《和大人一起读（四）》啦！

1. 推荐书目

《和大人一起读（四）》里面有更精彩的内容，有神奇的动物冒险，还有有趣的小伙伴之间的故事呢。它就像一个装满宝藏的盒子，等待我们去打开呢。

2. 分享故事

浏览《和大人一起读（四）》的目录，看看这些故事，你以前读过哪些？给大家分享一下。（唤醒已知，激发兴趣。）

3. 梳理策略

那么如何阅读《和大人一起读（四）》呢？用我们的火眼金睛，从“阅读指导”页中发现阅读小妙招吧！

梳理如下表：

《和大人一起读（四）》策略阅读

组别	篇目	阅读策略
第一组	《颠倒歌》《自己去吧》《勿贪多》《乌鸦兄弟》《骆驼和羊》《狐狸和白鹤》《我不是最弱小的》7 篇	自己读故事，读完讲故事
第二组	《雨来了》《小兔子乖乖》《豌豆上的公主》《小红帽（一）》《小红帽（二）》《小红帽（三）》6 篇	自己读故事，读完说道理

有了《和大人一起读》前三册书的阅读经验，相信同学们一定会读好《和大人一起读（四）》中充满童趣的小故事，在阅读小故事中收获快乐，明白更多的道理。

（二）推荐《和大人一起读》其他版本

通过《和大人一起读》，我们读了许多适合一年级同学读的儿歌、故事、童话。你们知道吗？《和大人一起读》还有其他的版本，不同的版本收录的故事不一样，阅读其他的版本，可以帮助我们积累、了解更多的故事呢。

【设计意图】旨在引导学生在读完前三册书的基础上向一“类”出发，通过自己读更多的故事和儿歌，实现从“和大人一起读”到“自主阅读”的过渡。

三、制订阅读计划，开启同类阅读

有了读前三册书的经验，《和大人一起读（四）》你是否已经迫不及待地想要开始阅读了呢？那就快快把阅读计划制订出来，开启你的阅读之旅吧！

（一）出示样表，制订计划

（1）回顾总结制订阅读计划表的好处。

预设：

①限定读书时间。

②养成良好的阅读习惯。

③运用学过的阅读方法。

（2）展示阅读样表，师生一起说一说怎样填写。

示例：

《和大人一起读（四）》阅读计划表

班级		姓名	
阅读时限	____月____日—____月____日		
阅读内容		阅读时间	阅读成果
第一组（7篇）： 《颠倒歌》《自己去吧》《勿贪多》《乌鸦兄弟》《骆驼和羊》《狐狸和白鹤》《我不是最弱小的》		开始时间：____月____日 完成时间：____月____日 所用时间：____天	
第二组（6篇）： 《雨来了》《小兔子乖乖》《豌豆上的公主》《小红帽（一）》《小红帽（二）》《小红帽（三）》		开始时间：____月____日 完成时间：____月____日 所用时间：____天	

（二）创设情境，发布任务

同学们，读书是快乐的，分享也是快乐的。学校要举行一年级“故事大王”评选啦！你准备好了吗？赶紧拿起《和大人一起读（四）》，借助拼音，开启快乐阅读吧！

一年级下册：读读童谣和儿歌（童谣儿歌）

“快乐读书吧”教材解析

本次“快乐读书吧”主题是“读读童谣和儿歌”，以一本翻开的书为背景，呈现了一首童谣和一首儿歌作为例子，创设了两个小伙伴对话交流的情境。

本次“快乐读书吧”的内容指向激发学生阅读童谣和儿歌书籍的兴趣，产生阅读童谣和儿歌书籍的欲望，引导学生大胆展示自己的阅读成果，乐于和同伴分享自己的书籍。教材上呈现的童谣和儿歌只是例子，以此激发学生对此类读物的兴趣。通过阅读推荐书目，促使课内外阅读紧密结合，以实现阅读课程化的目标。

“读读童谣和儿歌”语文要素和教学目标

“快乐读书吧”主题	推荐书目	语文要素	教学目标
读读童谣和儿歌	《读读童谣和儿歌》	①识字写字 ②用读一读、背一背、说一说、画一画等方法阅读童谣和儿歌	①对童谣和儿歌产生兴趣，喜欢读童谣和儿歌类的书籍 ②尝试进行自主阅读，结合生活实际增强阅读体验

推荐书目阅读策略梳理

《读读童谣和儿歌》共 4 册，选编了百余首中外经典的童谣、儿歌，内容丰富多彩，文字浅显易懂，读来朗朗上口。全书根据内容，分为以下几组：

第一册为童谣，分为 4 个主题；第二至四册为儿歌，共分为 11 个主题。每组童谣、儿歌前，编有“阅读指导”，用来提示、引导学生联系生活实际进行想象和联想，这样不仅能增强学生的阅读体验，更有助于激发学生的阅读兴趣。

《读读童谣和儿歌（一）》阅读策略（童谣）

组别	篇目	阅读策略
第一组	《小老鼠》《小松鼠》《搬鸡蛋》《羊》《高高山上一头牛》《狗和猴》等 9 篇	读读、背背，和可爱的小动物做朋友
第二组	《菊花开》《种西瓜》《虹》《对花》《高高山上一条藤》等 7 篇	读童谣，说说自己眼中的大自然
第三组	《外婆桥》《摇篮曲》《小板凳》《剪纸歌》《小花鼓》等 9 篇	读童谣，分享自己做过的快乐的事
第四组	《小云骑牛去打油》《打醋买布》《颠倒歌》《头字歌》《看错了》等 9 篇	大声朗读，读得快，读得准。发现故事背后的奥秘

《读读童谣和儿歌（二）》阅读策略（儿歌）

组别	篇目	阅读策略
第一组	《手拉手》《肥皂泡》《放气球》《荡秋千》《跳房子》《什么叫》等 10 篇	读儿歌，做游戏
第二组	《眼睛亮亮》《耳朵》《伞》《跟谁走》《新年到》等 11 篇	读儿歌，说说自己的收获
第三组	《快乐的节日》《铃儿响叮当》《小白船》《红蜻蜓》《假如没有冬天》5 篇	读儿歌，唱一唱

《读读童谣和儿歌（三）》阅读策略（儿歌）

组别	篇目	阅读策略
第一组	《大草原》《我和祖国》《爱护地球》《山爷爷》《爱鸟歌》《树歌》等10篇	读儿歌，联系生活，夸夸自己的家乡
第二组	《笑》《捶捶腰》《爷爷太老》《送伞》《过生日》等9篇	读儿歌，想一想，做一做，自己可以为家人做点什么
第三组	《什么美》《手》《手指歌》《学好样》《不倒翁》《读书乐》等11篇	读儿歌，争做人人夸奖的好娃娃

《读读童谣和儿歌（四）》阅读策略（儿歌）

组别	篇目	阅读策略
第一组	《四季儿歌》《春是淘气包》《春天的小雨》《风娃娃》《雪》《月亮》等12篇	读读、看看、画画自己眼中的四季
第二组	《小蚱蜢》《小燕子背把剪》《青蛙跳到荷叶上》《小猫养鱼》《小蜗牛》等9篇	读儿歌，和大家分享自己喜欢的小动物，说说为什么喜欢它
第三组	《小树节节高》《蒲公英》《小竹笋》《野牵牛》《小葫芦》等10篇	读儿歌，去大自然中找一找，自己认识哪些植物

《读读童谣和儿歌》1221教学模式教学设计

《读读童谣和儿歌》导读课教学设计

教学目标

（1）学习观察封面、目录、阅读指导，初步了解《读读童谣和儿歌》的内容，提取阅读策略，产生阅读期待。

（2）通过《读读童谣和儿歌》具体篇目的阅读，学习阅读方法，产生阅读兴趣，感受阅读快乐。

（3）了解阅读计划，学习制订阅读计划，养成良好的阅读习惯。

教学过程

一、回顾单元内容，盘点童谣儿歌

（一）童谣儿歌知多少

（1）出示《谁和谁好》，师生承接读，教师读每小节的第一句，学生读另外三句。

提问：你和谁一起读的？怎样读的？

（2）打开“快乐读书吧”，阅读童谣《摇摇船》和儿歌《小刺猬理发》，指导学生认识三个泡泡的内容。

泡泡①：我有一本书，里面有童谣和儿歌……出示《读读童谣和儿歌（四）》的封面，指明一共有四册。

泡泡②：这首童谣我背过，我还会背其他的童谣：“小老鼠，上灯台，偷油吃，下不来……”提问：你还会背诵哪些童谣呢？

泡泡③：我喜欢你的书，我们可以换书看吗？提问：交换阅读有什么好处呢？你喜欢交换阅读吗？

（二）童谣儿歌趣味多

读了这么多的童谣和儿歌，大家发现了吗，童谣和儿歌最大的特点就是通俗易懂，节奏感强，读起来朗朗上口，而且内容丰富，种类也很多。所以啊，阅读童谣和儿歌是最有趣、最快乐的！接下来，我们一起享受这种快乐吧！

（1）播放《丢手绢》视频。说明：这是一首与游戏有关的儿歌叫游戏歌。

（2）播放《数青蛙》视频，学生跟读。说明：这首儿歌中出现了许多数字，就叫数字歌。

儿歌的种类很多，还有问答歌、颠倒歌、绕口令等等，非常好玩儿。

【设计意图】立足单元之篇，结合单元学习中“和大人一起读”“快乐读书吧”两个板块的内容重温童谣和儿歌的特点，以旧知唤醒新知，激发学生对童谣和儿歌的阅读兴趣，产生阅读期待。

二、出示阅读书目，提取相关信息

（一）观察封面，提取信息

（1）出示《读读童谣和儿歌》套装版封面，提取有关主编、书名、出版社、插图等信息。

（2）出示《读读童谣和儿歌》四册书的封面插图，学生试讲封面故事，不会的话根据目录猜测一下是哪个故事即可。

（二）浏览目录，提取信息

以《读读童谣和儿歌（一）》为例，示范导读。

出示目录，提问：仔细观察目录，你从目录中发现了什么？（一共有四组，每个题目后边都有对应的页码等。）

（三）学习导读，提取信息

以“目录”和“阅读指导”页对应呈现的方式分别呈现四组内容，找到篇数、特点等内容。以第一组为例：

思考：

（1）读第一组目录，数一数共有几篇童谣？

（2）从“阅读指导”中，你能看出这一组童谣都是写哪方面内容的吗？（读童谣，和可爱的小动物做朋友。）

其他三组内容的呈现方式类似。

第二组：大自然里新奇有趣的事物。

第三组：童年生活快乐多。

第四组：发现故事背后的奥秘。

【设计意图】通过观察封面、浏览目录、学习导读，提取书目基本信息，初步了解书目内容，培养学生整体认知能力和思维能力。

三、指导阅读童谣，提炼要求方法

出示《读读童谣和儿歌（一）》中的第一组，以童谣《小老鼠》为例，了解童谣的阅读要求和阅读方法。

（一）根据阅读情况提出阅读要求

（1）出示第一组中《小老鼠》童谣。学生自读、同桌读、全班读。

（2）根据学生阅读情况，提出阅读要求：借助拼音读通顺、读流利。（读正确、读好听、读好玩。）

（二）结合阅读情况总结阅读方法

（1）学生用自己喜欢的方式再读《小老鼠》。

（2）总结阅读方法：

和谁读：自己读、同桌读、小组读、家庭读……

怎么读：齐读、跟读、承接读、拍手读、表演读……

背一背、唱一唱、演一演……

小结：方式多，快乐多。

【设计意图】通过指导阅读《小老鼠》，让学生进一步了解童谣的阅读要求和阅读方法，在多种形式读童谣的过程中感受阅读的快乐，激发学生的阅读期待。

四、制订阅读计划，开启阅读之旅

（一）观察样表，制订计划

有计划地阅读是非常重要的，来看看我们的《读读童谣和儿歌（一）》的阅读计划表吧！（教师指导学生制订计划。）

《读读童谣和儿歌（一）》阅读计划表

班级		姓名	
阅读时限	____月____日—____月____日		
阅读内容		阅读时间	阅读方法
第一组（9 篇）： 《小老鼠》《小松鼠》《搬鸡蛋》《高高山上一头牛》《羊》《数蛤蟆》《没有腿》《狗和猴》《一对蝈蝈吹牛皮》		开始时间：____月____日 完成时间：____月____日 所用时间：____天	
第二组（7 篇）： 《菊花开》《种西瓜》《高高山上一条藤》《虹》《雨儿雨儿下》《听声音》《对花》		开始时间：____月____日 完成时间：____月____日 所用时间：____天	
第三组（9 篇）： 《外婆桥》《摇篮曲》《小板凳》《剪纸歌》《小花鼓》《风筝飘》《月亮毛毛》《端阳》《一个小宝宝》		开始时间：____月____日 完成时间：____月____日 所用时间：____天	
第四组（9 篇）： 《小云骑牛去打油》《打醋买布》《颠倒歌》《头字歌》《懒汉懒》《屋里点个灯》《看错了》《画凤凰》《房子里有箱子》		开始时间：____月____日 完成时间：____月____日 所用时间：____天	

我们不仅要有计划地阅读，还要“有痕迹”地阅读，做阅读记录单就是比较

常用的方法哦！（简介阅读记录单。）

《读读童谣和儿歌》阅读记录单

阅读者		阅读时间	____月____日
阅读篇目		阅读时长	____分钟
阅读方法	读一读　背一背　演一演　唱一唱　编一编　画一画		
阅读程度	读正确　读好听　读好玩		
阅读收获			
家人评价	☆☆☆☆☆		

（二）创设情境，发布任务

同学们，学校要举办一年级“童谣、儿歌”大赛啦！你一定想成为“童谣、儿歌小达人”吧！还等什么？赶紧拿起我们的《读读童谣和儿歌》，尽情地读起来吧！

【设计意图】帮助学生合理规划阅读，让他们学着记录阅读，培养时间管理能力和自律能力，养成良好的阅读习惯。再通过创设举办“童谣、儿歌”大赛的情境，激发学生的阅读兴趣，使他们更好地享受阅读过程。

《读读童谣和儿歌》推进课（1）教学设计

教学目标

（1）巩固读儿歌的方法，通过自主阅读、多种形式的朗读，感受童谣、儿歌优美灵动的语言特点。结合生活实际，展开想象，增强阅读体验。

（2）创设浓厚的读书氛围，激发学生持续阅读的兴趣。

教学过程

一、激趣猜测童谣，提升阅读兴趣

读书是一件快乐的事情，分享也是一件快乐的事情。《读读童谣和儿歌》这套书，已经陪我们好长一段时间啦，那我们今天继续走进《读读童谣和儿歌（一）》，一起来体验其中的快乐吧。

（一）听音乐，猜童谣，唱一唱

一起听音乐，唤起对儿歌的记忆，会唱的一起唱。

播放儿歌《小松鼠》《数蛤蟆》《小老鼠搬鸡蛋》。

（二）看插图，猜童谣，说一说

这些儿歌好听吧？接下来请欣赏几幅插图，猜一猜这是哪首童谣？

PPT 出示：《小老鼠》《数蛤蟆》《狗和猴》《羊》等插图。

小结：看来你们课下读得很认真，都能猜对，给你们点赞。

【设计意图】抓住学生的好奇心，通过听音乐、猜童谣和看插图、猜童谣的环节，激发学生的阅读兴趣。

二、读书情况追踪，了解阅读进程

（一）检查阅读记录单

出示学生每日阅读记录单，检查是否认真记录，学生点评。（记录时书写认真得☆☆；记录填写完整，没有涂抹，语言通顺得☆☆☆☆☆。）

（二）分享阅读的感受

请学生分享自己阅读时的感受。

预设：

（1）通过读《读读童谣和儿歌（一）》中的《狗和猴》，学会懂得谦让。

（2）通过每天阅读打卡，意识到阅读的重要性。

【设计意图】通过欣赏、点评同学们的记录和交流感受，进行多元化评价，以此激发学生的阅读兴趣。

三、阅读策略引领，展示多样阅读

（一）我是阅读之星

第一册的第一部分 9 首童谣都记录了可爱的小动物，一看这些题目就忍不住想读一读。（出示题目《菊花开》《种西瓜》《高高山上一条藤》《雨儿雨儿下》。）

出示《种西瓜》：

小小孩，上南洼，刨个坑儿种西瓜。

先长叶，后开花，结个西瓜圆又大，乐得小孩笑哈哈。

（1）借助拼音读（读正确，读流利）。

（2）展开想象读。

①你仿佛看到了什么样的画面呢？

②你能说一说西瓜的生长过程吗？

小结：刚才，我们边读童谣边在脑海里浮现出小孩种西瓜的热闹场景，这样不仅很容易读懂了童谣，还能感觉到童谣的乐趣。读着这首童谣仿佛看到了一个个又大又圆的西瓜，真有意思呀！

（3）评选阅读之星。

评选要求：能做到“读正确，读好听，读好玩”这三点，就能获得“阅读之星”的称号。

（二）我是小小画家

选一首自己最喜欢的童谣，试着给童谣画插画。（课上时间有限，要求不宜过高，能符合童谣内容即可，也可以课下再去完善。）

【设计意图】通过带拼音读、想象画面读、表演、绘画等阅读策略的指导，激发学生的阅读兴趣。

四、布置阅读任务，推进阅读进程

（一）借助视频，激发兴趣

（1）读书激趣，出示《外婆桥》视频，激发学生读第三部分童谣。

（2）打卡记录：督促每周填写阅读记录单，每周视频上传打卡任务。

阅读记录卡如下表：

《读读童谣和儿歌》阅读记录单

阅读者		阅读时间	____月____日
阅读篇目		阅读时长	____分钟
阅读方法	读一读　背一背　演一演　唱一唱　编一编　画一画		
阅读程度	读正确　读好听　读好玩		
阅读收获			
家人评价	☆☆☆☆☆		

【设计意图】利用视频激发学生兴趣，吸引其注意力。打卡记录则是为了督促学生持续参与，让他们看到自己的学习进程，增强成就感与责任感，同时便于教师了解学生情况，调整教学策略，促进学生积极投入学习活动。

《读读童谣和儿歌》推进课（2）教学设计

教学目标

（1）巩固读儿歌的方法，通过自主阅读、多种形式的朗读，理解童谣和儿歌的内容及寓意，感受其独特的韵律美。

（2）通过讨论、展示等多种方式，提升合作能力和表达能力，通过想象和联想深入理解童谣和儿歌的内涵。

（3）乐于展示自己的阅读成果，在交流阅读感受的过程中体验与人分享的乐趣。

教学过程

一、感受颠倒之趣，激发阅读兴趣

（课件出示《颠倒歌》。）

这首童谣真有趣啊，谁能读出事物颠倒的乐趣？

（指名读、齐读。）

【设计意图】本环节抓住一年级学生的好奇心，通过熟悉的《颠倒歌》这首童谣导入，激发学生的阅读兴趣。

二、设置闯关活动，检测阅读成果

（一）借助插图，猜测童谣

（1）出示《读读童谣和儿歌（一）》中读过的童谣插图，说一说你看到了什么？猜一猜这是哪首童谣？

（2）展示背诵喜欢的童谣。

小结：我们在读这本书的时候一定要用心留意图画的内容，因为图画也能带给我们很多信息，帮助我们背诵儿歌，唤起记忆。

（二）借助内容，交流感受

自读童谣，同桌之间说一说你知道了什么。

预设：

（1）读《菊花开》的时候，知道了要爱自己的爸爸妈妈。

（2）读《种西瓜》的时候，知道了西瓜是先长出叶子，再开花，再结西瓜。

（3）读《没有腿》知道了蜘蛛六条腿、螃蟹十条腿。

（4）读《外婆桥》体会到外婆对小宝宝的浓浓爱意。

（5）读《雨儿雨儿下》知道了春雨贵如油的意思。

（6）读《狗和猴》知道了要懂得互相谦让。

小结：儿歌不仅读起来朗朗上口，还告诉了我们很多道理。

【设计意图】通过检测之前学过的童谣，了解学生的阅读进度，同时利用借助童谣说感受，发散学生的思维，培养学生的表达能力。

三、花样阅读童谣，培养审美能力

（一）回顾童谣和儿歌的类型特征

（1）回忆之前读过的童谣和儿歌，他们属于哪种类型？

PPT 出示：数字歌、问答歌、连锁谣、绕口令、游戏歌、颠倒歌。

（2）这些童谣和儿歌给你带来的最大的感受是什么？

①有趣；②好玩；③快乐。

（二）配乐朗诵，感受童谣的乐趣

接下来用喜欢的方式继续读一读《端阳》《剪纸歌》《小花鼓》《月亮毛毛》等童谣和儿歌，再次感受乐趣。

①拍手读；②表演读；③游戏读。

【设计意图】通过回顾童谣和儿歌的类型特征、配乐朗诵童谣，培养学生的审美能力，进而激发学生探索求知欲望。

四、激发表演欲望，期待精彩展示

（一）根据目录，激发兴趣

《读读童谣和儿歌》这么有趣有意思，希望我们用学到的读书方法继续读这本书吧，自己喜欢的内容可以和同学们分享呀。PPT 出示：第四部分目录——《懒汉歌》《头字歌》《看错了》《屋里点个灯》《画凤凰》《小云骑牛去打油》等。

（二）准备成果，期待分享

读了这么多的童谣和儿歌，下节课我们就用你喜欢的方式，比如“猜一猜”

“演一演”“画一画”等形式分享给大家好吗，期待你们下节课的精彩分享。

【设计意图】此环节在于推动学生深入阅读，引导其对阅读内容进行思考与加工。通过准备成果，培养学生的总结归纳、表达展示等能力，让学生将阅读所得转化为实际成果，提升阅读的质量和效果，为后续的交流分享奠定基础。

《读读童谣和儿歌》分享课（1）教学设计

教学目标

（1）多种形式读童谣，体会童谣节奏鲜明、语言生动浅显的特点。

（2）学生展示自己的阅读成果，和小伙伴分享阅读感受。

教学过程

一、回顾童谣名字，激发阅读兴趣

已经阅读了《读读童谣和儿歌》，书中有许多非常好听的童谣。

（一）看图画猜童谣（出示插图）

猜一猜这是哪首童谣的插图？

（二）看词语猜童谣（出示词语）

叽里咕噜　扑通扑通　白鸽　铜铃　车轱辘　叽叽喳喳

猜一猜这些词语出自哪首童谣？

（三）听音乐猜童谣（播放音乐）

猜一猜这是哪首童谣的音乐呢？

【设计意图】通过看图画、看词语、听音乐的方式回顾童谣名字，激发学生的阅读兴趣。

二、表演诵读童谣，分享阅读成果

（一）阅读回顾，复习方法

（1）童谣里的小动物也来和大家见面啦！看一看这些小动物，你想起了哪首童谣呢？你用的什么阅读方法？（出示动物图片。）

①《小老鼠》可以模仿小老鼠的样子，表演读。

②《小松鼠》节奏感强，可以拍手读。

③《一对蝈蝈吹牛皮》可以分角色读。

（2）你觉得读童谣还有哪些好方法呢？

①配乐读。②开火车读。③小组读。

（二）诵读童谣，欣赏表演

（1）提出活动要求。

读了这么多童谣，你最喜欢哪一首呢？今天给同学们提供了表演的舞台，请同学们上台表演诵读童谣。（要求：语速适中，内容表达完整、流畅，尽量做到声情并茂。）

（2）学生表演诵读童谣。

（3）评选出最美朗读者。

【设计意图】此环节让学生大胆展示自己的阅读成果，分享阅读的同时提高学生的语言表达能力。

三、回顾人物特点，分享展示配图

（一）回顾童谣，聊聊人物

分享了这么多童谣，你最喜欢里面的谁呢？为什么？

预设：

（1）《搬鸡蛋》里面的小老鼠，它们搬不动大鸡蛋，会想办法，一起把鸡蛋拉回家。

（2）《一对蝈蝈吹牛皮》里面的蝈蝈，它们两个太爱吹牛皮了，结果被大公鸡吃掉了。

（3）《小老鼠》里面的小老鼠去偷油吃，结果下不来了，自己滚下来了。

（二）配图展示，自评互评

展示为童谣创作的配图，互相评价。出示评价量表：

精美配图评价

评价内容	自我评价	同学评价
画面美观	☺☺☺	☺☺☺
符合主人公特点	☺☺☺	☺☺☺

【设计意图】本环节通过回顾童谣主人公的特点来分享展示自己的配图，最后再进行评价，既提升了学生的语言表达能力，也在互评中加深了对童谣的理解。

四、试编童谣儿歌，争当创编小能手

我们已经读了这么多童谣，你能自己试着编一首有趣的童谣或儿歌吗？期待下节课的分享哟！

【设计意图】本环节旨在激发学生的创造力和想象力。让学生通过创编，深入理解故事元素与结构，提升语言表达和创新思维能力，培养自主创作的兴趣与自信，挖掘其文学创作潜力。

《读读童谣和儿歌》分享课（2）教学设计

教学目标

（1）体会童谣带来的乐趣，激发继续阅读的兴趣。

（2）学习创编简单的童谣儿歌。

教学过程

一、回顾已读童谣，体会阅读乐趣

同学们，《读读童谣和儿歌（一）》我们已经读完了，看看这些童谣你会读吗？

（一）背诵童谣，激发情感

你最喜欢哪首童谣？尝试背一背。（出示图片。）

（二）尝试提问，感受阅读

我们读了这么多的童谣，检测一下你的阅读成果吧！（出示问题。）

（1）《菊花开》里的菊花开了几朵？都给谁了？

（2）《虹》里面的彩虹都像什么？

（3）《外婆桥》里的外婆都给了“我”什么？

（4）《小板凳》里小板凳给谁坐了？

（三）汇报交流，尝试分享

（1）请用下面的句式分享一下你喜欢的童谣吧。

我喜欢的童谣是______，因为______。

（学生分享，教师点评。）

（2）用自己喜欢的方式，选择一首童谣来分享。

①如果你喜欢朗读，就选择你喜欢的童谣读一读；

②如果你喜欢唱歌，就选择你喜欢的童谣唱一唱；

③如果你喜欢拍手读，就选择你喜欢的童谣拍手读出来。

（学生用自己喜欢的方式分享，教师点评。）

【设计意图】此环节是为了帮助学生回顾已读童谣，加深记忆。巩固语言表达和韵律感知能力，同时唤起对童谣的情感体验，激发学习兴趣，为进一步学习和拓展相关知识奠定基础，体会阅读带来的乐趣，培养文学素养和审美情趣。

二、回顾童谣特点，尝试创编童谣

（一）回顾童谣，说说特点

想一想，你读过的童谣有哪些特点啊？

总结：有趣、押韵、简短、易懂。

（二）结合趣事，尝试创编

（1）我们也可以用童谣的形式，把生活中有趣的事写一写。

（2）出示童谣《搬鸡蛋》。

你平时还见过哪种小动物搬东西？（预设：蚂蚁。）如果你仔细观察，你会经常看到一群小蚂蚁搬东西，我们来试着把它写下来吧！

小蚂蚁，搬______，

______太大怎么办？

一只蚂蚁______，

________________。

________________，

搬呀搬回家。

（3）同学们，试着写一写，也可以给你的童谣配上漂亮的插图。

（三）创编童谣，自评互评

评一评创作小达人，结合评价量表看看你得到了几颗星。

评价量表如下所示：

童谣创编评价表

评价内容	自我评价	同学评价
语言简洁、易懂	☆☆☆	☆☆☆
读起来通顺连贯、有韵味	☆☆☆	☆☆☆
配上合适的插图，画面美观	☆☆☆	☆☆☆

【设计意图】通过总结童谣特点进而创编童谣，既激发了学生创编童谣的兴趣，又提高了学生的迁移能力。

三、课后活动延伸，继续童谣创作

同学们一定还意犹未尽吧！老师期待你们创编出更多的童谣！请同学们把自己创作的童谣收集在一起，制作一本属于自己的童谣集吧！

【设计意图】本环节旨在培养学生的创新思维与创作能力。让学生在创编中发挥想象力，运用语言进行个性化表达，加深对童谣特点的理解，提升文学素养，激发他们对童谣创作的热情。

《读读童谣和儿歌》延伸课教学设计

教学目标

（1）在阅读《读读童谣和儿歌（一）》的基础上，体会童谣儿歌的特点，总结童谣儿歌的阅读策略。

（2）由本到类，推荐阅读书目。

（3）制订阅读计划，创设阅读情境，开启自主阅读。

教学过程

一、回顾精读书目，总结特点策略

这段时间，我们一起阅读了《读读童谣和儿歌（一）》，这本书内容丰富多彩，文字浅显易懂，读来朗朗上口。通过《读读童谣和儿歌（一）》的阅读，你发现了哪些童谣的特点？又总结了哪些童谣的阅读策略呢？

预设：

（1）童谣特点。

童谣不仅有趣，而且节奏感强，读起来朗朗上口，常常能够熟读成诵。

（2）阅读策略。

和谁读：自己读、同桌读、小组读、家庭读……

怎么读：齐读、跟读、承接读、拍手读、表演读，背一背、唱一唱、演一演……还可以交换图书读一读。

小结：方法多，快乐多。

【设计意图】在师生共读《读读童谣和儿歌》的基础上梳理童谣特点和阅读策略，是为了更好地开启同类阅读。让学生在同类阅读的过程中进一步体会童谣的特点，并运用恰当的阅读策略实现高效阅读。

二、出示阅读书目，拓展同类阅读

（一）推荐阅读《读读童谣和儿歌（二）》

1. 推荐书目

这本书收录了《手拉手》《荡秋千》等童谣和《让我们荡起双桨》《小白船》等朗朗上口的儿歌。读了这些儿歌，可以和小伙伴们一起做游戏，也可以请大人教你来唱一唱。

2. 分享故事

浏览《读读童谣和儿歌（二）》的目录，看看这些儿歌，你以前读过哪些？给大家分享一下。（唤醒已知，激发兴趣。）

3. 梳理策略

那么如何阅读《读读童谣和儿歌（二）》呢？方法和阅读《读读童谣和儿歌（一）》时类似，还是利用每一组前面的“阅读指导”。大家先看看，每一组都有哪些儿歌，适合采用什么样的策略，用我们发现的眼睛，从“阅读指导”页中提取阅读策略吧！先小组交流再全班交流。

梳理如下表：

《读读童谣和儿歌（二）》阅读策略（儿歌）

组别	篇目	阅读策略
第一组	《手拉手》《肥皂泡》《放气球》《荡秋千》《跳房子》《什么叫》等10篇	读儿歌，做游戏
第二组	《眼睛亮亮》《耳朵》《伞》《跟谁走》《新年到》等11篇	读儿歌，说说自己的收获
第三组	《快乐的节日》《铃儿响叮当》《小白船》《红蜻蜓》《假如没有冬天》等5篇	读儿歌，唱一唱

有了《读读童谣和儿歌（一）》的阅读经历，相信同学们一定会在策略的引领下读好《读读童谣和儿歌（二）》中充满童趣的歌谣，并能收获快乐，明白更多的道理。

（二）推荐阅读《读读童谣和儿歌（三）》

1. 推荐书目

《读读童谣和儿歌（三）》根据内容设置三个单元主题，各个单元主题的儿歌内容既相互独立又相互关联，分别为“爱祖国，爱家乡”“尊老爱幼”“讲文明懂礼貌”。不难看出《读读童谣和儿歌（三）》，用爱为孩子浸润人生的底色，用歌吟诵纯真童年。

2. 分享故事

浏览《读读童谣和儿歌（三）》的目录，看看这些儿歌，你以前读过哪些？给大家分享一下。

3. 梳理策略

那么如何阅读《读读童谣和儿歌（三）》呢？结合阅读指导，我们来看看这本书有哪些阅读策略呢？

梳理如下表：

《读读童谣和儿歌（三）》阅读策略（儿歌）

组别	篇目	阅读策略
第一组	《大草原》《我和祖国》《爱护地球》《山爷爷》《爱鸟歌》《树歌》等10篇	读儿歌，联系生活，夸夸自己的家乡
第二组	《笑》《捶捶腰》《爷爷太老》《送伞》《过生日》等9篇	读儿歌，想一想，做一做，自己可以为家人做点什么
第三组	《什么美》《手》《手指歌》《学好样》《不倒翁》《读书乐》等11篇	读儿歌，争做人人夸奖的好娃娃

（三）推荐阅读《读读童谣和儿歌（四）》

1. 推荐书目

当翻开《读读童谣和儿歌（四）》这本书时，仿佛回到了那纯真的童年时光。童谣和儿歌，这些简单而富有韵律的文字，总能唤起人们心底最温暖的记忆。

2. 分享故事

浏览《读读童谣和儿歌（四）》的目录，看看这些儿歌，你以前读过哪些？给大家分享一下。

3. 梳理策略

那么如何阅读《读读童谣和儿歌（四）》呢？结合阅读指导，我们来看看这本书有哪些阅读策略呢？

梳理如下表：

《读读童谣和儿歌（四）》阅读策略（儿歌）

组别	篇目	阅读策略
第一组	《四季儿歌》《春是淘气包》《春天的小雨》《风娃娃》《雪》《月亮》等12篇	读读、看看、画画自己眼中的四季
第二组	《小蚱蜢》《小燕子背把剪》《青蛙跳到荷叶上》《小猫养鱼》《小蜗牛》等9篇	读儿歌，和大家分享自己喜欢的小动物，说说为什么喜欢它
第三组	《小树节节高》《蒲公英》《小竹笋》《野牵牛》《小葫芦》等10篇	读儿歌，去大自然中找一找，自己认识哪些植物

方法融合，用自己喜欢的方式读童谣和儿歌，并爱上童谣和儿歌，感受它们的魅力。

（四）推荐《读读童谣和儿歌》其他版本

其实我们这套书还有很多版本呢，不同的版本收录的内容不一样，阅读其他的版本，可以帮助我们积累、了解更多的童谣儿歌。

【设计意图】我们从一本书的阅读迁移到更多的童谣和儿歌的阅读，引导学生在以后三本书的阅读中运用所学的阅读方法，学以致用，最终激发学生继续阅读的兴趣。

三、制订阅读计划，开启同类阅读

谈话：有了读第一本书的经验，后面的三本书你是否已经迫不及待地想要开始阅读了呢？那就快快把阅读计划制订出来，开启你的阅读之旅吧！

（一）出示样表，制订计划

（1）回顾总结制订阅读计划表的好处。

预设：

①限定读书时间；

②养成良好的阅读习惯；

③运用学过的阅读方法。

（2）展示阅读样表，师生一起说一说怎样填写。示例如下：

《读读童谣和儿歌（二）》阅读计划表

<table>
<tr><td>班级</td><td></td><td>姓名</td><td></td></tr>
<tr><td>阅读时限</td><td colspan="3">____月____日—____月____日</td></tr>
<tr><td colspan="2">阅读内容</td><td>阅读时间</td><td>阅读成果</td></tr>
<tr><td colspan="2">第一组（10 篇）：
《手拉手》《肥皂泡》《放气球》《荡秋千》《跳房子》《什么叫》等</td><td>开始时间：____月____日
完成时间：____月____日
所用时间：____天</td><td></td></tr>
<tr><td colspan="2">第二组（11 篇）：
《眼睛亮亮》《耳朵》《伞》《跟谁走》《新年到》等</td><td>开始时间：____月____日
完成时间：____月____日
所用时间：____天</td><td></td></tr>
<tr><td colspan="2">第三组（5 篇）：
《快乐的节日》《铃儿响叮当》《小白船》《红蜻蜓》《假如没有冬天》</td><td>开始时间：____月____日
完成时间：____月____日
所用时间：____天</td><td></td></tr>
</table>

【设计意图】为了使整本书阅读顺利进行，需要帮助孩子制订阅读计划。通过不断阅读和学习体会，让孩子们做到心中有数，并能够积极运用，为以后读更多的整本书打好基石。

（二）创设情境　发布任务

同学们，学校要举办一年级“童谣、儿歌”大赛啦！你一定想成为“童谣、儿歌小达人”吧！同学们赶紧读完《读读童谣和儿歌（四）》之后，选择喜欢的歌谣，发挥创意，积极参加活动吧！

二年级上册：
读读童话故事（童话故事）

“快乐读书吧”教材解析

在一年级“读书真快乐”及“读读童谣和儿歌”的基础上，本次“快乐读书吧”推荐的是“读读童话故事”，由“书目推荐”和“提示语”两部分组成。

“书目推荐”引导学生发挥想象力读童话，推荐了金近的《小鲤鱼跳龙门》、严文井的《歪脑袋木头桩》、冰波的《孤独的小螃蟹》、孙幼军的《小狗的小房子》、陈伯吹的《一只想飞的猫》。这些童话故事都是中国优秀的儿童文学作品，内容新奇有趣，文字浅显易懂，适合二年级学生阅读。丰富的书目让学生自主阅读有了更多的选择空间，能进行更广泛的课外阅读。在推荐书目之后，还引导学生通过书名猜测故事主人公和情节，再进行阅读，激发学生阅读兴趣，同时也渗透读书的策略和方法。

“提示语”点明了本次“快乐读书吧”的教学要点，一是要“认识书的封面，知道书名和作者”，这是学生认识书的基本常识，可以引导学生拿到书时观察封面，说说自己会关注封面的哪些内容。二是让学生交流保护图书的方法，认识到爱护图书的重要性，初步养成爱护图书的好习惯。

根据童话故事本身的特点，围绕二年级上册教材的阅读要素和学生的发展水平，对《歪脑袋木头桩》《小鲤鱼跳龙门》《孤独的小螃蟹》《小狗的小房子》《一只想飞的猫》五本书做了如下安排：

"读读童话故事"语文要素和阅读策略

"快乐读书吧"主题	推荐书目	语文要素	阅读策略
读读童话故事	《小鲤鱼跳龙门》 《歪脑袋木头桩》 《孤独的小螃蟹》 《小狗的小房子》 《一只想飞的猫》	①积累并运用表示动作的词语 ②借助图片，了解课文的内容	①看封面，找书名和作者 ②看书名，猜想故事中主人公的奇遇 ③每次读完书，小心地把书收好，不把书弄脏，养成爱护图书的好习惯

推荐书目阅读策略梳理

童话故事版本很多，我们推荐阅读的版本是"快乐读书吧·名著阅读课程化丛书"，推荐阅读的书目是《歪脑袋木头桩》《小鲤鱼跳龙门》《孤独的小螃蟹》《小狗的小房子》《一只想飞的猫》，根据五本书的篇目分组和阅读指导，相应的阅读策略梳理如下表：

《小鲤鱼跳龙门》阅读策略

篇目	阅读策略
《小鲤鱼跳龙门》	大胆猜一猜，再去文中验证
《蝴蝶有一面小镜子》	读故事时，可以和故事里的人物对话，让自己成为故事里的一员
《小猫钓鱼》	联系生活，想想身边有没有像猫弟弟这样的人
《骄傲的大公鸡》	对书中人物表达自己的想法
《狐狸打猎人的故事》	读书时，给故事画插图

《歪脑袋木头桩》阅读策略

篇目	阅读策略
《歪脑袋木头桩》	借助插图读故事
《小溪流的歌》	借助图表读故事
《丁丁的一次奇怪旅行》	借助阅读计划，读长故事

《小狗的小房子》阅读策略

篇目	阅读策略
《小狗的小房子》	借助封面，猜一猜故事的内容
《小老虎粗尾巴》	分角色朗读，分享阅读的快乐

《孤独的小螃蟹》阅读策略

篇目	阅读策略
《孤独的小螃蟹》	联系上下文，想想词语的意思，借助情节图，理解小螃蟹的变化
《恐龙鲁鲁》	展开想象，把自己当成鲁鲁或鲁鲁的朋友，体会人物心情

《一只想飞的猫》阅读策略

篇目	阅读策略
《一只想飞的猫》	制订阅读计划，读长故事
《阿丽思小姐》	制作阅读单，依次记录书中人物、地点、事件

《小鲤鱼跳龙门》1221教学模式教学设计

《小鲤鱼跳龙门》导读课教学设计

教学目标

（1）认识书的封面，了解书名、作者等基本信息，初步养成坚持读书、爱护图书的好习惯。

（2）根据书的目录猜测内容，感受课外阅读的乐趣。

（3）制订阅读计划，养成良好的阅读习惯。

教学过程

一、结合年段变化，体会阅读快乐

（一）结合板块变化，体会阅读晋级

（1）对比呈现一年级和二年级的阅读板块，让学生感知，一年级的“和大人一起读”板块，到了二年级改成了“我爱阅读”（阅读晋级）。提示学生：我们现在是二年级的学生了，又长大了一岁，汉语拼音学完了，识字量增加了，以后要尽量自己阅读，读了以后可以和小伙伴们交流。

（2）出示“我爱阅读”《企鹅寄冰》，师生共同回忆课文内容，感受阅读乐趣。（通过梳理故事内容，重温“非洲炎热、南极寒冷的气候特点和冰遇热变成水，水遇冷变成冰的科学常识”，体会读书的快乐。）

（二）结合“快乐读书吧”，体会童话故事的特点和阅读方法

1. 体裁特点

动植物会说话，有人的情感、丰富的想象、曲折的情节、深刻的道理。

2. 阅读方法

（1）看封面，找书名和作者。

（2）根据书名预测故事主人公的经历。

3. 习惯培养

（1）有计划地安排阅读时间，每天读20分钟，养成每天坚持阅读的习惯。

（2）每次读完书，把书收好，不把书弄脏，养成爱护图书的好习惯。

【设计意图】从年段变化入手，让学生从“和大人一起读”到“我爱阅读”的晋级中体会到自己的成长，阅读能力的提升，阅读方式的变化，从而体会到阅读的快乐。再结合单元内容梳理童话故事的特点和阅读方法，为开启童话故事阅读奠定基础。

二、出示阅读书目，提取阅读策略

（一）观察封面，获取信息

1. 封面信息

书名、作者、主编、出版社、封面等。

2. 作者简介

《小鲤鱼跳龙门》的作者是金近，浙江上虞人，原名叫金知温，我国著名的现代儿童文学家。1915年出生在浙江，1989年病逝，代表作有《小鲤鱼跳龙门》《小鸭子学游泳》《春风吹来的童话》等作品。

3. 作者的话

《小鲤鱼跳龙门》目录背面有段话，是作者金近的话：写童话有了生活还不

够，还需要有丰富的幻想和极度的夸张。“美是童话的灵魂”，童话需要美，这种美是从童话中人物的思想感情里产生的，而不是外加上的。

从作者的这段话中你体会到了什么呢？

4. 预测猜想

根据题目预测：小鲤鱼们为什么要跳龙门？途中会遇到什么困难？如何解决的？最后有没有成功呢？

（二）结合目录，猜测内容

目录里隐藏着很多秘密，仔细阅读《小鲤鱼跳龙门》的目录，看看你发现了什么？

预设：

（1）通过目录，我知道了《小鲤鱼跳龙门》这本书收录了5个童话故事。这5个故事是：《小鲤鱼跳龙门》《蝴蝶有一面小镜子》《小猫钓鱼》《骄傲的大公鸡》《狐狸打猎人的故事》。

（2）我知道了要想阅读《小猫钓鱼》这个故事，直接翻到43页就可以了。

（3）通过目录还可以预测故事的内容，比如《小猫钓鱼》可能写的就是小猫去钓鱼的事儿。我还想知道，小猫为什么要钓鱼？它是怎样钓鱼的？最后钓到鱼了没有？我会带着这些问题展开阅读。

（三）根据插图，猜测题目

出示5个童话故事的插图，学生猜测童话的题目。

（四）阅读指导，提取策略

出示《小鲤鱼跳龙门》5个童话故事的“阅读指导”页，提取阅读策略。如下表所示：

《小鲤鱼跳龙门》阅读策略

篇目	阅读策略
《小鲤鱼跳龙门》	大胆猜一猜，再去文中验证
《蝴蝶有一面小镜子》	读故事时，可以和故事里的人物对话，让自己成为故事里的一员
《小猫钓鱼》	联系生活，想想身边有没有像猫弟弟这样的人
《骄傲的大公鸡》	对书中人物表达自己的想法
《狐狸打猎人的故事》	读书时，给故事画插图

【设计意图】通过对封面、目录、插图、阅读指导等内容的提取，整体感知《小鲤鱼跳龙门》的主要内容和阅读策略，引导学生学会阅读的方法。

三、运用阅读策略，共读精彩片段

片段①：

小鲤鱼们围成半个圆圈，听鲤鱼奶奶绘声绘色地讲起故事来："听老一辈的鲤鱼说，世界上有一个龙门，矗立在大海和大河交界的地方。那龙门特别特别高，要是鲤鱼能从这边跳过那个龙门，就能变成一条龙，像云彩一样游到天上去。你们的爷爷，还有爷爷的爷爷，都去试着跳过那个龙门，可是谁也没有跳过去……"

——《小鲤鱼跳龙门》

思考交流：

鲤鱼奶奶口中的那个龙门真的存在吗？小鲤鱼们能跳过去吗？小组合作交流。

片段②：

一对蝴蝶从山坡上飞过来，在一丛紫云英花旁边飞舞。猫弟弟看看这对蝴蝶，金黄的颜色，多漂亮啊！猫弟弟放下钓竿，悄悄地跑去追蝴蝶了。蝴蝶飞到哪里，他追到哪里，越跑越远，一直跑到山坡那边去了。

——《小猫钓鱼》

思考交流：

读了这段话，你知道为什么小猫钓不到鱼了吗？

在你的身边，有没有像猫弟弟一样做事的人呢？

转眼又到了星期天，猫弟弟又来到河边钓鱼，这一次，又会发生什么有趣的故事呢？

【设计意图】《小鲤鱼跳龙门》的阅读策略是预测，先大胆猜想再到文中验证。《小猫钓鱼》的阅读策略是联想生活中有没有像猫弟弟这样做事的人，并展开想象创编猫弟弟再去钓鱼的故事。根据不同的内容选择不同的阅读策略，为学生提供阅读支架，为学生自读提供帮助。

四、制订阅读计划，发布阅读任务

（一）出示样表，制订计划

阅读要有计划，每天坚持阅读，读书才有收获。拿出我们的阅读计划表，试着填写一下吧！

《小鲤鱼跳龙门》阅读计划表

班级		姓名	
阅读时限	____月____日—____月____日		
阅读内容	阅读时间	阅读成果	
《小鲤鱼跳龙门》	开始时间：____月____日 完成时间：____月____日 所用时间：____天		
《蝴蝶有一面小镜子》	开始时间：____月____日 完成时间：____月____日 所用时间：____天		
《小猫钓鱼》	开始时间：____月____日 完成时间：____月____日 所用时间：____天		
《骄傲的大公鸡》	开始时间：____月____日 完成时间：____月____日 所用时间：____天		
《狐狸打猎人的故事》	开始时间：____月____日 完成时间：____月____日 所用时间：____天		

（二）创设情境，发布任务

同学们，学校要举办二年级“童话大王”评选活动，你想成为“童话大王”吗？赶紧走进《小鲤鱼跳龙门》，插上想象的翅膀，搭上童话王国的列车，去游历多彩的童话世界吧！

【设计意图】通过制订阅读计划，有计划地进行阅读，培养学生良好的阅读习惯。并通过创设“童话大王”评选的情境，激发学生阅读的兴趣，真正实现高效阅读。

《小鲤鱼跳龙门》推进课（1）教学设计

教学目标

（1）能够在阅读中以插图为线索，边阅读边想象，梳理故事情节。

（2）通过创设特定情境，结合讨论与交流等互动手段，提升阅读热情，增强持续阅读的动力。

教学过程

一、回忆阅读经历，汇报读书进度

（1）出示照片，回忆阅读。

（2）结合计划，了解进度。

同学们按照自己的计划阅读了《小鲤鱼跳龙门》，书中的故事一定也深深吸引了你，说一说你读到了哪里？你是怎么读这本书的？

预设：

①我读到了124页，我一边读一边根据故事内容猜测后面的故事。

②我读了100页，我一边读一边看书上的插图，我觉得这样读书，书中的情节记得牢。

③我有时会和爸爸妈妈一起阅读。

【设计意图】一张照片，勾连起学生阅读的美好回忆，这就是成功旅程的美好起点。让学生从这个画面中获得灵感，点燃对知识的渴望，带着浓厚的兴趣投身于书海之中，享受阅读的乐趣。

二、师生共同阅读，梳理故事情节

（一）借助表格，梳理故事情节

童话中的故事情节曲折动人，引人入胜，我们可以用什么方法来梳理故事，理解故事内容呢？我们再来读读《小鲤鱼跳龙门》这个故事，想想用什么方法来梳理呢？小组合作完成。

预设：

我们小组按照小鲤鱼生活在哪里，在寻找龙门的过程中，它先到了哪里？再到了哪里？最后到了哪里？都发生了什么事？结果怎么样？通过填写表格，了解了《小鲤鱼跳龙门》的故事，请大家听我讲一讲。

小结：

根据人物到了哪里，他们是如何表现的。借助表格，一步一步梳理，就能很快理清故事。这真是一个梳理故事情节的好方法。

（二）借助插图，梳理故事情节

我们还可以用什么样的方法梳理故事内容呢？

预设：

我们小组发现《小鲤鱼跳龙门》中的每个故事都在重要情节处为我们绘制了适当的插图，在阅读故事的过程中，我们可以边看文字边欣赏插图。

小结：

把这三幅插图串联起来就是整个故事的主要内容，所以，借助插图也能帮助我们讲好故事。《小猫钓鱼》也可以用这些方法去梳理。

【设计意图】通过绘制表格、借助插图的形式，搭建理解故事支架，让学生练习简要讲述故事，训练学生概括表达的能力。

三、聚焦趣味活动，展示阅读成果

出示《小猫钓鱼》的插图。

（1）利用插图，清晰、完整地复述故事。

（2）任意撤掉其中一张插图后顺利地将故事内容复述完整。

（3）任意撤掉其中两张插图后完整地复述故事内容。

【设计意图】通过趣味阅读活动，激发学生的阅读兴趣，提升阅读表达能力。

四、讨论故事内容，关联生活实际

（1）你喜欢故事中的小鲤鱼吗？为什么？

学生指名回答。

（2）小鲤鱼身上有哪些值得我们学习的美好品质？

（3）同桌讨论：生活中，你愿意做一条为追逐梦想不怕艰险的小鲤鱼吗？

同桌选派代表在班内进行交流讨论。

五、链接影视作品，对比阅读效果

（一）欣赏影视片段

这些引人入胜的故事和难忘的角色不仅跃然纸上，更被搬上戏剧舞台，甚至制作成电影和动画，赋予它们新的生命。接下来，让我们共同观赏《小鲤鱼跳龙门》影片中的一段精彩演绎。

（二）交流所观所感

（1）交流：观看完这段影片后，你有哪些新的感受或领悟？你是否注意到了影片与书中内容有哪些不同之处？

（2）小结：在阅读过程中，我们可以将故事与电影进行比较。文字故事为我们提供了无限的想象空间，而电影则通过声音和视觉画面给予我们直接的感官体验。将这两者结合起来，可以进一步深化我们对故事内容的理解。

【设计意图】采用对比阅读方法，让学生深入体会不同故事叙述手法在展现人物性格和构建情节结构上的特点，进而提高学生的批判性思维及文学鉴赏水平。

六、进行课堂总结，布置阅读任务

本节课上，我们共同整理了进行整本书阅读的技巧。同学们可以根据个人的阅读兴趣，选择最吸引自己的故事，并为其设计插图。对于总结能力较强的同学，还可以在插图旁边附上简短的文字说明。这样我们不仅能够更深入地探索书籍的内涵，还能够将阅读转化为一种创造性的活动，从而让阅读成为我们生活中不可或缺的一部分。

《小鲤鱼跳龙门》推进课（2）教学设计

教学目标

（1）在轻松愉快的活动中回顾阅读经历，体验成功的喜悦。

（2）在阅读故事的过程中感受人物形象，了解人物特点。

（3）能够根据文章内容里的一些线索引发思考，同时联系生活，加深阅读理解。

教学过程

一、回顾阅读经历，检测阅读成果

同学们最近正在阅读《小鲤鱼跳龙门》这本书，并且给自己最喜欢的故事配上了插图，有的同学还在旁边配上了文字，现在赶紧拿着你的作品给大家讲一讲你喜欢的故事吧！

班内交流，展示作品。

小结：阅读的过程需要我们用真心去体悟，这样我们才能与故事中的人物产生共鸣，共享情感体验，并且从中领悟到许多生活的真谛。实际上，《小鲤鱼跳龙门》中蕴含着深刻的道理，现在，让我们继续探索吧！

【设计意图】此环节旨在了解学生的阅读进度和阅读效果，通过检查阅读记录，确保学生认真阅读并理解故事内容，为后续深度学习打下坚实基础。

二、深入探索故事，剖析人物形象

（一）图片导入，激发兴趣

出示《骄傲的大公鸡》中的插图。

思考：大公鸡为什么骄傲？它的骄傲给它带来了什么后果？

（二）阅读攻关，整理情节

1. 关注关键词汇

引导学生识别故事中的关键词汇，这些词汇往往能够揭示故事的主题和重要信息。

例如，关键词汇包括“骄傲”“炫耀”“教训”等。学生可以通过圈出或标记这些词汇来加深对故事的理解。

2. 理解关键句子

指导学生如何通过这些关键句子来梳理故事的脉络，比如，大公鸡是如何因为骄傲而遭遇困境的？通过分析关键句子，学生可以更好地理解故事的深层含义。

3. 把握故事情节

帮助学生梳理故事的开端、发展、高潮和结局，通过绘制故事情节图直观地展现故事的发展过程。

4. 分析角色特点

（1）观察大公鸡的言行举止，分析其性格特点。

（2）通过对比故事前后大公鸡的态度和行为，你懂得了什么道理？

【设计意图】此环节旨在培养学生的阅读兴趣和自主阅读能力，通过深入探索故事，掌握有效的阅读策略。这不仅有助于学生更好地理解故事内容，提升阅读理解力，还能促进学生的思维发展。

三、对比故事情节，领悟故事主题

阅读《骄傲的大公鸡》和《狐狸打猎人的故事》，回答问题。

（1）角色分析：两个故事中的主人公各有什么特点？他们的行为动机是什么？

（2）情节发展：两个故事的情节是如何展开的？它们的高潮和结局分别是什么？

（3）主题思想：两个故事各自传达了什么样的主题思想？它们对于“骄傲”和“智慧”有何种寓意？

【设计意图】通过对比阅读，学生能够更深入地分析文本，探索共同主题与差异，批判性地思考内容，体验多样的文学表达，理解文化多样性，提升语言技能，增加阅读热情，并将所学知识跨学科融合，同时在学习过程中与他人协作交流。

四、进行课堂总结，布置阅读任务

在阅读故事的过程中，我们可以借助关键性的词句来加深理解，同时通过角色的言行举止来感受故事的吸引力。在下周的阅读课上，期待大家能够分享自己喜欢的人物或故事。

《小鲤鱼跳龙门》分享课（1）教学设计

教学目标

（1）能够自主阅读《小鲤鱼跳龙门》，了解故事的主要内容，尝试和故事里的人物对话，感受阅读的快乐。

（2）能够借助多种方法讲述书中的故事，享受阅读童话的乐趣。

教学过程

一、交流童话人物，激发阅读欲望

导语：同学们，最近大家都沉浸在童话的王国中，哪位同学说一说你都读了哪些童话故事，和哪些童话人物成为了好朋友呢？

班内交流。

【设计意图】“兴趣是最好的老师”，有了阅读兴趣，才会实现自主阅读。通过谈话引入童话主题，让孩子们说一说自己最熟悉也最感兴趣的童话人物，借助生动的人物形象，激发孩子们分享的兴趣。

二、借助学习活动，开展竞赛比拼

（一）动词填一填

采　挥　扛　吐　皱　捉

涨　迈　讲　穿　说　扭

（　　）小故事	（　　）着泡泡	（　　）过急流
（　　）手欢送	忙着（　　）蜜	（　　）红蜻蜓
（　　）紧眉头	（　　）着步子	（　　）悄悄话
（　　）着猎枪	（　　）得通红	（　　）动腰身

（二）仿词写一写

（1）ABB　暖烘烘　懒洋洋　气呼呼

（2）AABB　整整齐齐　平平稳稳　迷迷糊糊

（3）ABAC　绘声绘色　粗声粗气　转来转去

（三）句子说一说

请仔细观察下面的词语，可以用书中的句子说一说，也可以发挥想象，用自己的话说一说。

（1）小河　杨柳　桃树　花朵

（2）小鲤鱼们　水泡　张望　岸上　房屋　红旗

（3）油菜田　油菜花　太阳　花儿　香味　甜蜜　气息

（4）大公鸡　威武　红鸡冠　身上　披满　羽毛

【设计意图】借助字词句的学习活动，降低学习难度，让学生在轻松愉悦的学习氛围中爱上童话故事，爱上阅读。

三、猜测故事内容，提升阅读能力

（一）看图片猜故事

课件出示《小猫钓鱼》《骄傲的大公鸡》《狐狸打猎人的故事》中的插图。

谁能和大家聊一聊这几位好朋友呢？

班内交流讨论。

（二）读词语猜故事

（1）第一组词语：贪玩　三心二意　一心一意

（2）第二组词语：有理有据　机智勇敢　一招败敌

学生根据词语提示猜测故事名称。

（三）赏句子猜故事

（1）她们老是低低地飞舞着，因为离开了小镜子，就看不见自己优美的舞姿了。

（2）第二年的春天，有些小虫子刚从地里钻出来，大公鸡见到这些小虫子，看都不想看一眼，昂着头，迈着大步从旁边走过。

学生根据句子提示猜测故事名称。

【设计意图】“故事猜一猜”充满了新奇感，既回顾了前期的阅读情况，还有效地激发了学生的阅读兴趣。猜读意味着预测，一旦预测成功，学生会特别有成就感，这样不仅满足了学生探究的欲望，体验到成功的喜悦，也提高了阅读的效率和质量。

四、童话角色配音，加深阅读体验

《小猫钓鱼》这个小故事准备招小小配音员，你们想挑战一下吗？

课件出示小猫弟弟和猫妈妈的对话。

（1）小组内角色配音。

（2）全班一起配音。老师读旁白，男生配小猫弟弟，女生配猫妈妈。

【设计意图】通过给故事配音的活动感受人物鲜明的形象和鲜明的主题，让学生在具体、形象的感知中体会故事的内涵，在交流中碰撞出思维的火花。

五、设计人物名片，感受人物形象

《小鲤鱼跳龙门》这本故事中，每位主人公都有着不同的经历。如果让你推荐一位最喜欢的人物，你会推荐谁呢？又准备怎么介绍他呢？

（1）出示“童话故事人物介绍卡”。

童话故事人物介绍卡

<table>
<tr><td>主人公：</td><td rowspan="2">人物形象
（有兴趣的同学可以尝试）</td></tr>
<tr><td>推荐理由：</td></tr>
</table>

（2）独立制作人物介绍卡后在小组内进行交流。

（3）小组推选代表，班级交流，感受人物形象。

【设计意图】通过设计“童话故事人物介绍卡”的方式，让学生用自己喜欢的方式向他人介绍书中的人物，这样的方法让分享降低了难度，保证所有的孩子都能参与进来，让每一位学生在生动活泼的分享过程中体验阅读的快乐。

六、进行课堂总结，布置阅读任务

同学们，通过阅读童话故事，我们积累了优美的词句，了解了丰富的故事内容，理解了深刻的故事寓意。请同学们课下将《小鲤鱼跳龙门》中的小故事分享给自己的好朋友或者爸爸妈妈，并阅读更多的童话故事。

《小鲤鱼跳龙门》分享课（2）教学设计

教学目标

（1）在了解故事内容的基础上，用角色扮演、创编故事等方式走近书中的人物。

（2）对感兴趣的故事说一说自己的看法，并乐于和他人进行交流。

（3）拓展阅读其他优秀童话作品，产生持续阅读童话故事的兴趣。

教学过程

一、展示阅读成果，提升阅读兴趣

同学们，这段时间我们共读了《小鲤鱼跳龙门》，认识了勇敢无畏的小鲤鱼们、爱照镜子的蝴蝶姐妹、骄傲无比的大公鸡等，接下来，请继续分享你们的阅读成果吧！

（一）依托支架，讲述内容

小猫们跟着猫妈妈去钓鱼 → 捉蜻蜓 → 捉蝴蝶 → 钓到烂雨鞋 → 钓到大鱼 → 独自去钓鱼 → 大白鹅的鼓励

班内交流故事内容。

【设计意图】依托故事支架，化抽象为具体，充分感知故事中的人物形象，了解故事内容。这样既有效地吸引了学生的注意力，又可以让学生保持兴趣，实现持续阅读。

（二）角色扮演，享受趣味

小组内分角色表演喜欢的童话故事。

要求：

（1）将故事内容讲清楚，语言表达流畅。

（2）想象故事画面，尝试语气有变化。

（3）抓住关键词，尝试配上表情或者动作。

班内展示故事情节，并通过童话故事的演绎明白故事蕴含的道理。

【设计意图】“表演读”是学生“喜闻乐动”的好形式，又是潜移默化理解词句意思的好途径。通过情景再现，学生对故事内容有了真切的感受。

（三）创编故事，体会神奇

从下面两个话题中任选一个，小组内进行童话故事的创编。

（1）跃过龙门后，小鲤鱼们遇见了小燕子，当燕子把这个好消息捎给奶奶，奶奶会说什么呢？

（2）小鲤鱼还会遇到谁？又会发生什么事情呢？

【设计意图】学生在自主构思的基础上小组合作，通过小组交流创编故事的活动，让每一位学生都开动脑筋，展开合理的想象。学生先编后写，不仅提高了口语表达能力，也提升了思维能力和写作能力。

二、品评人物形象，体验故事情感

（一）人物点评，解读故事深意

阅读完了《小鲤鱼跳龙门》这本书，你是否了解了每个故事的主要内容，熟悉了每个人物形象？你觉得故事中的哪个主人公对你的影响最大呢？为什么？

（1）小组内进行交流，并选取小组代表进行班级内分享。

（2）班内交流。

（二）联结生活，体验故事情感

通过读故事，我们认识了好多好朋友，那么，在生活中你有没有发现和故事中主人公有类似经历的人或事呢？试着在本子上写一写。

学生交流讨论。

【设计意图】结合生活经验引导学生在阅读中自觉运用联结策略，将阅读梳理所得的信息重组后进行创意表达与分享，让阅读乐趣更多，思考更深入。

三、进行课堂总结，布置阅读任务

读童话故事，结识童话人物，明白做人道理，这就是阅读童话故事给我们带来的收获。课下，希望同学们读更多的童话故事，明白更多的道理。

《小鲤鱼跳龙门》延伸课教学设计

教学目标

（1）在深入阅读《小鲤鱼跳龙门》之后，感悟童话的独特魅力，并归纳童话作品的阅读策略。

（2）推荐阅读《孤独的小螃蟹》《一只想飞的猫》，观察封面、目录和阅读指导，全面了解书籍内容，提炼有效的阅读方法。

（3）规划拓展阅读清单，养成独立阅读的习惯。

教学过程

一、回顾精读书目，总结特点策略

最近，我们一起阅读了《小鲤鱼跳龙门》，这本书让我们领略了童话世界的神奇。伴随着小鲤鱼们的探险旅程，我们体验了一个又一个神奇的故事。书中的角色栩栩如生，给我们留下了难忘的记忆。通过共同探索《小鲤鱼跳龙门》，我们对童话有了更深刻的理解。接下来，让我们一起回顾一下童话的特点和阅读策略吧！

预设：

（1）童话特点。

①充满想象力。

②故事情节生动有趣。

③可以让我们明白好多道理。

（2）阅读策略。

①看封面，找书名和作者。

②根据书名、目录、内容大胆猜想。

③和故事中的人物对话，让自己成为故事中的一员。

④对书中的人物表达自己的看法。

⑤联系生活，发表看法；想象创编。

【设计意图】通过梳理童话故事的阅读策略，帮助学生将精读范例中习得的方法用于同类阅读，学以致用，感受读书的乐趣。

二、关注阅读策略，推荐同类阅读

（一）推荐《小鲤鱼跳龙门》其他版本

《小鲤鱼跳龙门》这一广为人知的儿童故事，拥有众多版本。通过阅读这些不同的版本，我们可以更加深入地探索金近的童话创作，步入他的奇幻故事世界，体验更丰富的真诚、善良与美好。不妨尝试阅读其他版本，对比一下这些版本和我们共同阅读的那一版有哪些独特之处吧！

（二）推荐阅读《孤独的小螃蟹》

1. 推荐书目

童话故事以其简洁的叙述和深刻的寓意深受人们喜爱。冰波爷爷创作的童话集《孤独的小螃蟹》也是中国文学史上较早专为儿童撰写的作品之一，它在中国儿童文学领域占有重要地位。翻开《孤独的小螃蟹》，你会发现在宁静的海边，潮水在怎样轻抚沙滩，贝壳在怎样述说故事。你还会了解到小螃蟹在寻找朋友的过程中经历了怎样的挑战与成长。

2. 分享阅读

翻阅《孤独的小螃蟹》的封面和目录，你注意到了哪些细节？在这些故事中，是否有你曾经阅读过的篇章？请向大家推荐一下你的阅读体验吧。

3. 策略梳理

我们曾一同走进《小鲤鱼跳龙门》，不仅经历了小鲤鱼的成长，还掌握了阅读童话的技巧。阅读《孤独的小螃蟹》，也要仔细阅读章节前的“阅读指导”。这些阅读指导会帮助我们深入理解《孤独的小螃蟹》。

《孤独的小螃蟹》阅读策略

篇目	阅读策略
《孤独的小螃蟹》	联系上下文，想想词语的意思，借助情节图，理解小螃蟹的变化
《恐龙鲁鲁》	展开想象，把自己当成鲁鲁或鲁鲁的朋友，体会人物心情

（三）推荐阅读《一只想飞的猫》

1. 推荐书目

同学们，我们都有自己的梦想。有一只可爱的猫也同样有它的梦想。它的梦想是什么呢？就是想“飞”。它是怎样追求梦想的呢？让我们一起走进《一只想飞的猫》，和它一起去经历成长和挑战吧！

2. 分享故事

浏览《一只想飞的猫》的封面和目录时，你发现了哪些特别之处？在这些故事里，有没有你曾经读过的内容？和大家分享一下你的阅读感受吧！

3. 策略梳理

翻开《一只想飞的猫》，读一读每一章节前的“阅读指导”，看看这本书有哪些阅读小妙招吧！

《一只想飞的猫》阅读策略

篇目	阅读策略
《一只想飞的猫》	制订阅读计划，读长故事
《阿丽思小姐》	制作阅读单，依次记录书中人物、地点、事件

三、制订阅读计划，开启同类阅读

（一）出示样表，制订计划

《孤独的小螃蟹》阅读计划表

班级		姓名	
阅读时限	____月____日—____月____日		
阅读内容	阅读时间	阅读成果	
《孤独的小螃蟹》	开始时间：____月____日 完成时间：____月____日 所用时间：____天		
《恐龙鲁鲁》	开始时间：____月____日 完成时间：____月____日 所用时间：____天		

《一只想飞的猫》阅读计划表

班级			姓名	
阅读时限	____月____日—____月____日			
阅读内容	阅读时间		阅读成果	
《一只想飞的猫》	开始时间：____月____日 完成时间：____月____日 所用时间：____天			
《阿丽思小姐》	开始时间：____月____日 完成时间：____月____日 所用时间：____天			

（二）创设情景，发布任务

同学们，学校即将举办二年级的“童话盛宴”活动，希望大家在阅读了《孤独的小螃蟹》《一只想飞的猫》之后，选出你认为最经典的童话故事来分享，积极参加到这场激动人心的“童话盛宴”中来。

二年级下册：
读读儿童故事（儿童故事）

“快乐读书吧”教材解析

本次“快乐读书吧”推荐了四部作品，供学生选择阅读。这些作品都很经典，脍炙人口。洪汛涛的《神笔马良》讲述了善良正义的马良用神笔惩恶扬善的故事；苏联作家卡达耶夫的《七色花》讲述了小姑娘珍妮被赠予了一朵七色花，她只要撕一片花瓣扔出去，就可以实现一个愿望；印度诗人泰戈尔的《愿望的实现》讲述了在仙女的帮助下，淘气的儿子和严厉的爸爸互换身份后发生的一系列故事，情节既合理又新奇，充满童趣；《一起长大的玩具》精选了金波描写儿童生活的散文和童话，有《一起长大的玩具》《快乐鸡毛》《老鸹枕头》等文章，既有作者对儿时生活的回忆，也有作者对儿童生活的美好想象。这些作品既贴近儿童的日常生活，又常常有意想不到的情节，能够激发学生浓厚的阅读兴趣和多样的感受。

本次“快乐读书吧”的教学要点是：

要学会看书的目录。这是二年级上册认识书的封面基础上的进一步提升。插图中提供了《一起长大的玩具》目录，让学生了解书的目录一般呈现的内容。小贴士提示了目录的用处：可以从目录中了解书的主要内容，还可以知道要读的内容从哪一页开始。

"读读儿童故事"语文要素和教学目标

"快乐读书吧"主题	推荐书目	语文要素	教学目标
读读儿童故事	《神笔马良》 《七色花》 《愿望的实现》 《一起长大的玩具》	①朗读课文，注意语气和重音 ②要学会看书的目录	①看书的时候，要学会看目录，目录告诉我们书里主要写了什么，要读的内容从哪一页开始 ②读过的儿童故事跟小伙伴一起分享

推荐书目阅读策略梳理

中外儿童故事，版本很多，我们推荐阅读的版本是"快乐读书吧・名著阅读课程化丛书"，推荐阅读的书目是《神笔马良》《七色花》《愿望的实现》《一起长大的玩具》，根据四本书的篇目分组和阅读指导，我们梳理了相应的阅读策略，如下表所示：

《神笔马良》阅读策略

篇目	阅读策略
《神笔马良》	借助插图，讲讲这个故事
《牧童三娃》	借助表格，梳理故事
《大奖章》	发挥想象，试编故事

《七色花》阅读策略

篇目	阅读策略
《七色花》	制作小目录，理清故事内容
《十二个月》	想象画面，讲故事
《渔夫和金鱼的故事》	借助阅读单提取主要信息

《愿望的实现》阅读策略

篇目	阅读策略
《愿望的实现》	借助表格梳理内容，联系自己生活表达想法
《纸牌国》	借助人物图理解故事
《校庆日》	制作人物卡，还可以选择一个场景演一演

《一起长大的玩具》阅读

组别	篇目	阅读策略
第一组	《一起长大的玩具》《脸谱》《快乐鸡毛》《老鸹枕头》4 篇	制作玩具卡片，整理故事内容，并借助玩具卡片介绍自己最喜欢的玩具
第二组	《长长的街树》《尖尖的草帽》《会飞的枯叶》《站着睡觉》《会走动的红玛瑙》等 8 篇	看目录，猜一猜它们分别写的是什么并验证自己的猜测
第三组	《开满“兔儿伞”花的地方》《蜗人》《壁虎，变美些》《曼曼钓鱼》等 6 篇	边读边圈出文中特别美妙的片段，把页码记到目录上

《神笔马良》1221 教学模式教学设计

《神笔马良》导读课教学设计

教学目标

（1）通过观察封面、目录以及阅读指导等提取信息，掌握故事的基本架构，激发学生阅读儿童故事的兴趣。

（2）学习“借助插图讲故事”的阅读策略，为深入阅读奠定基础。

（3）学会制订简单的阅读计划，开启整本书的阅读。

教学过程

一、结合单元内容，梳理阅读策略

（一）回顾所学，感悟特点

出示“我爱阅读”《笋芽儿》。（通过回顾笋芽儿在春雨、雷公、妈妈、太阳的关爱下长成健壮的竹子的过程，体会笋芽儿的成长，感悟我们的成长。）

（二）总结特点，梳理策略

1. 体裁特点

儿童故事，是讲给儿童听的故事。故事里都是各种各样的儿童，有的过着跟我们相似的生活，有的会有意想不到的奇遇……儿童故事贴近生活，生动有趣，充满想象。

2. 阅读策略

（1）封面：找书名，知作者，猜内容。

（2）目录：数文章，知页码，会猜读。

（3）内容：想画面，测发展，会创编。

教师小结：儿童故事是宝藏，蕴含着无尽的想象与成长智慧。这些故事内容丰富多样，情节生动有趣，读起来既愉快又富有教育意义。孩子们，你们准备好踏入故事的世界，去探索小故事中的大道理了吗？那就让我们一起翻开《神笔马良》，开启这段奇妙的旅程吧！

【设计意图】立足单元学习，总结儿童故事的特点及阅读策略，搭建从单篇阅读到整本书阅读、从课内阅读到课外阅读的桥梁，为阅读整本书奠定坚实的基础。

二、出示阅读书目，提取阅读策略

（一）观察封面，获取信息

1. 认识封面

仔细观察书的封面，你知道了什么？

学生交流。

2. 作者简介

洪汛涛（1928—2001），原籍浙江浦江。他是 20 世纪一位享有盛名的儿童文学作家，毕生致力于儿童文学的创作与研究，为中国儿童文学事业的繁荣与发展做出了杰出的贡献。因创作童话《神笔马良》而被誉为“神笔马良”之父。

（二）结合目录，猜测内容

1. 浏览目录，发现秘密

“目录”中的第一个故事就叫《神笔马良》，和我们这本书的书名是一样的，这是怎么回事呢？

《神笔马良》这本书是一本儿童故事集，这本书就是以其中的第一篇故事——

《神笔马良》的题目命名的。由此可见，《神笔马良》这个故事的影响力是非常大的。

2. 识别目录，获取信息

通过观察目录，我们知道了书中有哪些故事。那么，你还能通过目录获取哪些信息？

预设：

（1）从目录中，我知道了这本书一共有 3 个儿童故事：《神笔马良》《牧童三娃》和《大奖章》。

（2）从目录中，我知道了要想读《神笔马良》就要翻开第 1 页，要想先读《牧童三娃》就要翻到第 25 页，要想读《大奖章》，就要翻到第 67 页。

3. 结合目录，猜测内容

看到目录中《神笔马良》这个故事的题目，你最想知道哪些内容呢？

预设：

（1）为什么他的笔叫“神笔”？他的“神笔”怎么来的？他的“神笔”都能干什么？他用他的“神笔”做了什么事？

（2）目录中还有《牧童三娃》和《大奖章》这两个故事，它们又讲的是什么故事呢？

（三）阅读指导，提取策略

阅读有技巧，方法我来找。在每篇文章的第一页都有“阅读指导”，它能够有效地帮助我们进行阅读。翻阅每一组的“阅读指导”，你有什么新发现吗？

出示《神笔马良》这本书中 3 个童话故事的“阅读指导”页，提取阅读策略。如下表所示：

《神笔马良》阅读策略

篇目	阅读策略
《神笔马良》	借助插图，讲讲这个故事
《牧童三娃》	借助表格，梳理故事
《大奖章》	发挥想象，试编故事

【设计意图】通过关注封面、目录、阅读指导等内容，整体感知《神笔马良》

这本书的主要内容和阅读策略，引导学生掌握高效的阅读技巧。

三、运用阅读策略，共读精彩情节

（一）展示插图，引导观察

请仔细观察这幅图，说一说图画上有谁？他们在做什么？

（二）结合插图，猜测情节

你能猜出这是《神笔马良》中的哪个情节吗？

（三）利用插图，讲好故事

请根据插图和已有的故事经验，尝试复述“仙人赠笔”的情节。

（四）阅读故事，预测发展

书中很有很多这样的插图呢，赶快结合插图，边读边推测故事的发展。阅读完毕后，在小组内分享你对这个故事的看法。

【设计意图】儿童故事《神笔马良》的阅读策略是借助插图讲好故事，先让学生观察插图，再进行大胆猜测，利用已有故事知识，复述“仙人赠笔”。借助阅读策略，为学生提供阅读支架，帮助学生更直观理解故事内容，还可以激发学生的想象力和阅读兴趣，培养学生的综合素养。

四、制订阅读计划，发布阅读任务

（一）出示样表，制订计划

阅读要有计划，思路要有轨迹，读书才有所收获。请同学们根据内容制订阅读计划，一起探索书中的奇妙世界，享受阅读带来的乐趣和成长吧！

《神笔马良》阅读计划表

<table>
<tr><td>班级</td><td colspan="2"></td><td>姓名</td><td></td></tr>
<tr><td>阅读时限</td><td colspan="4">____月____日—____月____日</td></tr>
<tr><td colspan="2">阅读内容</td><td colspan="2">阅读时间</td><td>阅读成果</td></tr>
</table>

续表

《神笔马良》	开始时间：____月____日 完成时间：____月____日 所用时间：____天	
《牧童三娃》	开始时间：____月____日 完成时间：____月____日 所用时间：____天	
《大奖章》	开始时间：____月____日 完成时间：____月____日 所用时间：____天	

（二）创设情境，发布任务

同学们，学校要举办二年级“儿童故事分享会”活动啦！你想把书中精彩的故事分享给大家吗？赶紧走进《神笔马良》这本书，搭上儿童故事的列车，开启我们的快乐阅读吧！

【设计意图】通过制订阅读计划，有计划地进行阅读，培养学生良好的阅读习惯。并通过创设“儿童故事分享会”活动的情境，激发学生阅读的兴趣，真正实现高效阅读。

《神笔马良》推进课（1）教学设计

教学目标

（1）交流阅读情况，唤醒阅读记忆。

（2）多种形式梳理故事内容，了解故事大意。

（3）了解儿童故事，初步感知人物形象。

教学过程

一、交流阅读进度，唤醒阅读记忆

学生汇报读书进度。

【设计意图】“好的开端是成功的一半”，教师与学生交流阅读进度，肯定学生的阅读方法和阅读习惯，激发学生的阅读兴趣。

二、师生共读故事，梳理阅读方法

（一）借助插图，梳理故事

通过上节课的学习，我们知道了《神笔马良》这个故事里一共有十二幅插图。请用简洁的语言描述下面插图的内容，注意观察图中的人物及其动作，清晰叙述故事情节。

学生依次说出插图的内容，教师指导。

小结：通过一个接一个的句子把这么长的故事讲出来，这种方法就是我们学过的“串联图片法”。

（二）借助“时间轴”，梳理故事

根据故事发展的时间顺序，把重要的故事情节串联起来，形成一个完整的记录，再运用图文的形式呈现给大家，这就是“时间轴”。它最大的作用是可以将故事情节系统、完整、清晰地呈现出来，便于我们更有条理地梳理故事情节。

（三）借助表格，梳理故事

《神笔马良》这本书中有三个故事，每一个故事的情节都跌宕起伏，引人入胜。其中《牧童三娃》讲述的是：善良勇敢的牧童三娃，踏上了寻找羊群的征程。一路上，他经历了风雨，巧遇了花神，也英勇地战胜了凶恶的敌人。读完以后想一想，花神给三娃的三粒种子分别变成了什么？试着填一填下面的表格。

种子	变成了什么	做了什么
第一粒	大凿子	凿开石洞门
第二粒		
第三粒		

【设计意图】运用“串联图片法”“时间轴”“表格整理”等方法整理故事情节，为学生讲述长篇故事搭建支架，减少阅读障碍，提高阅读效率。

三、理清文章思路，感受人物形象

（一）问题导入，引发思考

读完故事后，你觉得马良是一个什么样的人？为什么？

学生讨论交流。

预设：

善良、勤劳、勇敢、机智、有志气……

（二）策略引领，学以致用

通过分析人物的语言和行动来验证我们的观点，这就是“运用具体事例来验证观点”。读文章，不仅要学会体会人物的性格，还要会找出相关的语句，比如，哪些地方体现了马良是一个很有志气的孩子呢？（先小组讨论再全班交流。）

证明“有志气”的事例
①他想：“为什么穷孩子不能拿笔，连画也不能学呢？我就是要学画画！”
②他看透这财主的坏心肠，任凭财主怎样哄他、吓他，要他画金元宝，他就是不肯画。

找出文中体现马良善良、勤劳、勇敢、机智的句子读一读，小组交流。

【设计意图】在阅读策略的指导下，教师帮助学生更有效地解读和整理文本内容。通过教师示范、小组讨论等活动，指导学生从文中寻找证据，提升学生的阅读理解能力。

四、进行课堂总结，布置阅读任务

同学们，这节课我们学习了梳理故事的方法，还知道了如何运用事例来验证观点。请同学们继续深入阅读《神笔马良》这本书中的三个故事，运用适当的阅读策略提高阅读效率。

《神笔马良》推进课（2）教学设计

教学目标

（1）在轻松愉快、形式多样的闯关游戏中，回顾阅读经历，体验成功的喜悦。

（2）在阅读故事的过程中感知人物形象，了解人物特点。

（3）学会边阅读边推测，根据文章线索触发思考，结合生活实际深化对故事内容的理解。

教学过程

一、趣味闯关挑战，检测阅读效果

（一）复习所学，激发兴趣

（1）《神笔马良》这本书的作者是谁？（　　）

A. 洪汛涛　　B. 曹文轩　　C. 陈先云

（2）《神笔马良》故事中的神笔是谁给马良？（　　）

A. 皇帝　　B. 画师　　C. 白胡须老人

（3）下面哪项不是马良的特点？（　　）

A. 沉着镇定　　B. 机智勇敢　　C. 爱钱如命

（4）《牧童三娃》故事中第三粒种子帮了什么忙？（　　）

A. 救活羊儿　　B. 凿开洞门　　C. 消灭蛇精

（二）图片排序，整体感知

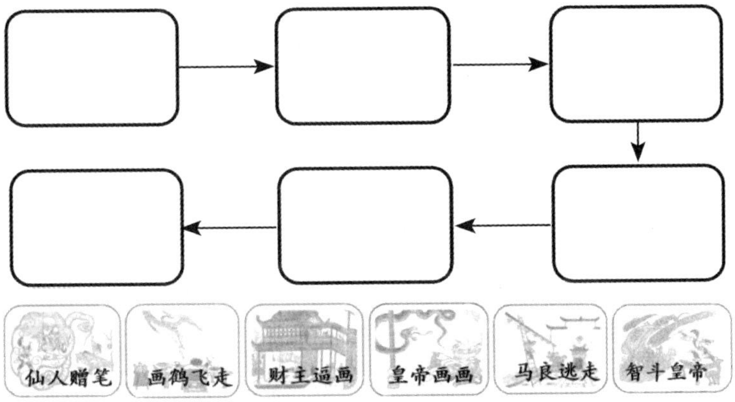

【设计意图】以闯关的形式进行检测，调动学生的积极性，准确把握学生的阅读成效。通过关键信息的引导，运用情节图，为学生有效叙述故事搭建支架，降低阅读难度。

二、聚焦马良神笔，感受人物品质

（一）图文对照，梳理内容

洪汛涛先生说：“愿每一个孩子都是马良，愿每一个孩子都有一支神笔。”你觉得可能吗？

学生交流。

书中的插图有3幅讲马良渴望得到“神笔”，有1幅讲得到“神笔”，更多的是在讲他如何使用“神笔”。再来看一看在这个故事之中，“渴望笔”写了4页，“得到笔”写了1页，而“使用笔”写了14页。你有什么发现？

学生回答。

思考：最重要的是“渴望笔”以及怎么去“使用笔”。马良从小就喜欢画画，可是一支笔也没有，所以想要“得到笔”跟什么有关呢？

学生交流。

（二）依托神笔，分析人物

马良的这支“神笔”，究竟“神”在什么地方呢？

学生交流。

（1）为善良的穷人画画。

这支神笔只能用来画画吗？马良还用“它”做什么？

（2）不怕恶人和强权的逼迫。

财主哄他、吓他，他就是不肯给财主画，这也是对马良的考验。如果你对某件事情充满热爱，并且日复一日地以极大的努力和专注去实践，你将获得一份珍贵的礼物，它可能是“神笔”或者其他任何东西。然而，更为关键的是随后的考验，那就是你将如何运用你的天赋或才华。

当马良逃走后，面对更有权势的皇帝，这个时候他要不要画？

无论面对有钱的财主，还是地位更高的皇帝，马良都经受住了考验。故事的最后，有的说马良回到了家乡，有的说他到处流浪给穷人画画，你觉得他的笔会不会一直神奇下去？为什么？

学生交流。

如果白胡子老爷爷早一点把神笔送给马良，这样他是不是就不用一边干活一边学画了？是不是就可以更早一点为民造福了呢？

学生交流。

【设计意图】通过情节分析和插图解读探讨神笔的“奇妙”之处。同时，通过对比那些渴望得到帮助的普通民众与贪婪、专制的富翁和皇帝的态度，马良展现出了截然不同的风貌。这种对照鲜明地凸显了马良那如同金子一般高尚的品格。

三、奇妙故事联读，寻找共同之处

我们不仅可以选择逐个阅读故事，还可以尝试将几个故事串联起来阅读。关于这三个故事，你有没有注意到它们之间的共同点呢？

（1）出示学习单。

找一找：三个故事相似的地方
我们发现这三个故事都很（　　　　　　　　　　　　　　　）
我们发现三个故事里都出现了（　　　　　　　　　　　　　　　）
我们发现故事里的孩子都（　　　　　　　　　　　　　　　）
我们还发现（　　　　　　　　　　　　　　　）

（2）小组讨论，完成学习单。

（3）互动交流，引发更多发现。

（4）联结自我，畅谈阅读感想。

【设计意图】通过小组合作汇报的形式，训练学生组织能力和团队精神，让学生在“思与辩”中深入故事情节，锻炼学生的梳理、整合和表达能力。

四、课堂随想练笔，畅想“神笔”妙用

假如，你也有一支神笔，你想画些什么呢？

假如我有一支神笔

假如我有一支神笔，

我会为____________画____________。

让______________能____________。

假如我有一支神笔，

我会为____________画____________。

让______________能____________。

假如我有一支神笔，________________________________。

【设计意图】此环节旨在鼓励学生大胆发挥想象力，让学生在轻松愉悦的学习氛围中，提升对写作的兴趣和热情。

五、进行课堂总结，布置阅读任务

当你站在一个充满书香的小角落，每一本书都像是通往另一个世界的门户。在阅读故事时，我们可以利用情节图来串联故事内容，探索其中的奇妙之处。请大家在下周的阅读课上，分享一个你喜爱的人物或者你感兴趣的故事给大家听。

《神笔马良》分享课（1）教学设计

教学目标

（1）借助思维导图、手抄报讲述故事。

（2）通过朗读故事，深入理解故事的内容，享受阅读的快乐。

教学过程

一、出示字谜游戏，猜测故事名称

“神仙下凡赠神笔，大笔一挥现奇迹。画匹马来生机现，若辨忠良去寻他。”猜猜这个谜底是什么？

学生回答。

【设计意图】通过猜字谜的游戏，提高了学生对故事学习的兴趣和学习积极性。

二、借助思维导图，讲述故事内容

同学们通过提炼故事关键词梳理了故事情节和人物关系，并以思维导图的形式对故事内容进行了整理。现在，请向大家展示并分享你的思维导图，让我们共同探讨故事中的精彩细节。

（1）小组内进行展示。

（2）小组推荐代表在班级内进行展示，并评选出“最佳讲述者”。

【设计意图】借助思维导图，学生可以清晰地把握故事情节的进展，并在此过程中激发创造力和视觉化的思考能力。

三、借助手抄报，展示故事内容

儿童故事中所包含的寓意不仅让我们联想到日常生活中的各种情境，同时也为我们提供了许多有益的指导。接下来，请同学们分享一下你的阅读收获吧。

（1）小组内进行展示。

（2）小组推荐代表在班级内进行展示。

【设计意图】通过绘制手抄报，不仅有助于学生更深入地把握和记忆故事情节，同时也培养了学生的思维能力和创新能力。

四、分角色读故事，理解故事内容

朗读是一种阅读，更是一种创造。朗读让阅读变得有声有色，更具生命力。接下来，就让我们一起走进朗读的神奇世界中，从字里行间感受文字带给我们的美好。

（一）熟记规则，把握要点

三人一组进行朗读，分别扮演马良、皇帝和旁白。

朗读标准：

(1) 发音准确，语调自然，富有节奏感。

(2) 停顿恰当，情感丰富，读出马良不畏权贵的勇气和皇帝贪婪自私的内心。

（二）声情并茂，自然表达

课件出示："皇帝逼画"的对话情节。

学生分角色朗读。

【设计意图】通过讲述故事，引导学生深入体会情节和角色，提升学生的理解能力和口头表达能力。

五、进行课堂总结，布置阅读任务

通过这段时间的沉浸式阅读，老师深切地感受到你们每个人的心中都有一个像"小马良"那样善良勇敢的灵魂。请同学们利用课余时间，通过创作绘本或塑造人物形象，将那些触动你心灵的故事展现出来吧！

《神笔马良》分享课（2）教学设计

教学目标

(1) 通过创作绘本，塑造人物形象，加深对故事的理解，唤起交流与分享的热情。

(2) 通过角色扮演，续写故事，分享阅读感悟，深入领会故事中蕴含的道理。

教学过程

一、课堂风采展示，分享阅读成果

（一）借助绘本，讲述故事

今天，我们将一同走进绘本《神笔马良》的世界，共同探索这支神奇画笔的非凡魔力，并从中学习马良的智慧与勇气。让我们一起分享阅读收获吧！

先在小组内进行分享，然后小组派代表在班级内进行分享。

（二）借助人物模型，讲述故事

学生通过塑捏的人物模型，用自己的语言复述故事内容，并阐述手中模型对应故事中的具体情节。

（1）小组内部进行分享，每位成员讲述自己的故事和创作思路。

（2）每个小组选派一名代表，向班级内展示作品并讲述故事内容。

【设计意图】通过绘制故事绘本、捏制人物形象，增强学生的阅读体验，促进跨学科的学习，帮助学生在不同领域之间建立联系，实现知识的整合。

二、走进儿童剧场，体验人物形象

同学们，课本剧是我们最喜欢的一种形式，现在让我们一同走进“儿童故事小剧场”的魔法世界，来欣赏几位同学的精彩表演吧！

课本剧内容：

三娃智斗蛇精

三娃（站在洞口，坚定地。）：蛇精，你为什么要偷我们的羊？你必须把它们还给我们！

蛇精（嘲讽地。）：哈哈，小牧童，你竟敢来找我麻烦？这些羊是我的美餐，你休想带走！

旁白：三娃眼中闪过一丝坚毅，他深知不能退缩，必须为了村庄和羊群战斗。

三娃（拿出种子，轻声念叨。）：种子，种子，帮帮我的忙！

花神（温柔的声音。）：去吧，孩子，用我的力量开辟道路。

（种子变成凿子。）

三娃（用凿子敲击石壁。）：我要打破这扇门，救出羊群！

蛇精（愤怒地。）：你这个小家伙，竟然敢破坏我的洞府！我要让你付出代价！

（蛇精扑向三娃。）

三娃（躲避蛇精的攻击。）：我不会让你得逞的！

（三娃与蛇精展开激烈战斗。）

旁白：三娃巧妙地躲避着蛇精的攻击，同时寻找着机会。

三娃（再次拿出种子，祈祷。）：种子，种子，我需要你的力量！

花神（鼓励地。）：勇敢的三娃，用这把剑结束这场战斗。

（种子变成涂有剧毒的宝剑。）

三娃（挥剑刺向蛇精。）：为了羊群，为了村庄，我必须战胜你！

蛇精（痛苦地。）：啊！你怎么会有这样的力量！

（蛇精被三娃斩杀。）

旁白：蛇精倒下了，它的邪恶统治终于被终结。三娃的勇敢和智慧赢得了胜利。

羊群（欢快地。）：咩咩……我们的英雄三娃救了我们！

三娃（安抚羊群。）：好了，大家不要怕，我们现在可以回家了。

【设计意图】通过扮演故事角色进行情景的重现，帮助学生更生动地把握故事发展，增强语言和表演技巧，同时激发想象力和创造力。

三、充分发挥想象，创编儿童故事

同学们，今年的运动会结束了，在大家心目中的胖胖的笨笨的小熊经过刻苦练习，获得冠军，得到了那枚大奖章，而上届冠军小驴却因为骄傲自满输了这场比赛。那么，下一届运动会又是什么样的呢？请你发挥想象，试着编一个属于自己的《大奖章》故事吧。

（1）小组内交流分享。

（2）小组内派代表在班级进行交流分享。

【设计意图】通过创编新的儿童故事，不仅可以唤起学生创作儿童故事的热情，同时也提升了学生将所学知识应用于新情境的能力。

四、进行课堂总结，布置阅读任务

在图书角，我们摆放了《七色花》《一起长大的玩具》《大头儿子和小头爸爸》和《愿望的实现》等儿童故事书。请同学们运用我们在课上学到的整本书阅读技巧，深入探索这些故事，体会阅读的乐趣，并在阅读的过程中实现自我成长。

《神笔马良》延伸课教学设计

教学目标

(1) 在阅读《神笔马良》的基础上，体会儿童故事的特点，总结儿童故事的阅读策略。

(2) 推荐阅读《七色花》《一起长大的玩具》，关注封面、目录、阅读指导等信息，整体感知儿童故事的内容，采用适当的方法阅读儿童故事，从中领悟生活道理。

(3) 制订阅读计划，开启自主阅读。

教学过程

一、回顾精读书目，总结特点策略

最近，我们一起阅读了《神笔马良》，这本书展现了儿童故事世界的奇妙，随着马良的神奇画笔，我们见证了一个又一个令人惊叹的故事。接下来，让我们一起回顾一下儿童故事的特点和阅读方法吧！

预设：

(1) 儿童故事特点。

儿童故事里都是各种各样的儿童。有的过着跟我们相似的生活，有的会有意想不到的奇遇……

内容：贴近生活、充满想象、教育意义。

情节：生动有趣。

人物：形象鲜明。

语言：生动简练。

(2) 阅读策略。

①封面：找书名，知作者，猜内容。

②目录：数文章，知页码，会猜读。

③内容：想画面，测发展，会创编。

【设计意图】通过整理儿童故事的阅读策略，指导学生将精读范例中学到的策略应用于同类作品中，感受阅读的乐趣。

二、关注阅读策略，推荐同类阅读

儿童故事凭借其简洁的叙述风格、鲜活的人物刻画以及富含深意的主题，深受小朋友的喜爱。这些故事不仅拓展了孩子们的思维边界和情感体验，而且潜移默化地传授了生命的智慧。

（一）推荐《神笔马良》其他版本

《神笔马良》这一深受孩子们喜爱的经典故事，存在着多种不同的版本。翻阅不同的版本，我们能够进一步感受洪汛涛笔下的作品魅力，进一步领略故事中的真诚与善良。

（二）推荐阅读《七色花》

1. 推荐书目

《七色花》是一本感人且富有教育意义的童书。当你翻开《七色花》的书页，你会步入一个充满奇幻色彩的世界，看到七色花如何在阳光下绽放出绚丽的光彩，每一片花瓣都承载着不同的愿望。你将体会到故事中的小女孩在七色花魔法的帮助下，经历了一系列奇妙的冒险，学会了关爱他人、珍惜友谊，并在每一次许愿中逐渐成长为一个善良、智慧的孩子。

2. 分享故事

浏览《七色花》的目录，你会看到封面上那朵栩栩如生的七色花，它的每一瓣颜色都鲜艳夺目，仿佛在诉说着即将展开的奇幻故事。看看里面有没有读过的故事，请选择一个你喜欢的故事分享一下。

……脚步，掌握了阅读故事的技巧，那么翻阅《七……探索的过程中，我们可能会遇到一些小小的困……导”为我们引路！

……色花》阅读策略

阅读策略
制作小目录，理清故事内容
想象画面，讲故事
借助阅读单提取主要信息

（三）推荐阅读《一起长大的玩具》

1. 推荐书目

《一起长大的玩具》是作家金波创作的一部温情儿童作品，它细腻地描绘了孩子们与玩具共度的欢乐时光以及一同成长的经历。故事以孩子们最亲密的伙伴“玩具”为中心，向我们展现了一个充满友情、陪伴、回忆与成长的故事。当你翻开《一起长大的玩具》的书页，你将感受到在童年的每个角落，玩具一直在默默守护着孩子们的梦想，陪伴着他们度过了每一个欢笑与泪水的时刻。

2. 分享故事

翻阅《一起长大的玩具》的目录时，你注意到了哪些独特之处？在这些故事中，是否有一些章节是你曾经阅读过的？不妨和大家交流一下你的阅读体验。

3. 梳理策略

在阅读之前，请仔细读一读每个章节开头的“阅读指导”，这将帮助我们更深入地发掘《一起长大的玩具》的故事内涵。

《一起长大的玩具》阅读策略

组别	篇目	阅读策略
第一组	《一起长大的玩具》《脸谱》《快乐鸡毛》《老鸹枕头》4篇	制作玩具卡片，整理故事内容，并借助玩具卡片介绍自己最喜欢的玩具
第二组	《长长的街树》《尖尖的草帽》《会飞的枯叶》《站着睡觉》《会走动的红玛瑙》等8篇	看目录，猜一猜它们分别写的是什么并验证自己的猜测
第三组	《开满“兔儿伞”花的地方》《蜗人》《壁虎，变美些》《曼曼钓鱼》等6篇	边读边圈出文中特别美妙的片段，把页码记到目录上

【设计意图】从单一儿童故事书的阅读延伸至多样的儿童文学作品，把课堂教学中掌握的阅读策略迁移至课外阅读活动中，丰富学生的阅读体验，提高学生的阅读能力，培养学生对阅读的终身热爱。

三、制订阅读计划，开启同类阅读

（一）出示样表，制订计划

示例①：

《七色花》阅读计划表

<table>
<tr><td>班级</td><td colspan="2"></td><td>姓名</td><td></td></tr>
<tr><td>阅读时限</td><td colspan="4">____月____日—____月____日</td></tr>
<tr><td colspan="2">阅读内容</td><td colspan="2">阅读时间</td><td>阅读成果</td></tr>
<tr><td colspan="2">《七色花》</td><td colspan="2">开始时间：____月____日
完成时间：____月____日
所用时间：____天</td><td></td></tr>
<tr><td colspan="2">《十二个月》</td><td colspan="2">开始时间：____月____日
完成时间：____月____日
所用时间：____天</td><td></td></tr>
<tr><td colspan="2">《渔夫和金鱼的故事》</td><td colspan="2">开始时间：____月____日
完成时间：____月____日
所用时间：____天</td><td></td></tr>
</table>

示例②：

《一起长大的玩具》阅读计划表

<table>
<tr><td>班级</td><td colspan="2"></td><td>姓名</td><td></td></tr>
<tr><td>阅读时限</td><td colspan="4">____月____日—____月____日</td></tr>
<tr><td colspan="2">阅读内容</td><td colspan="2">阅读时间</td><td>阅读成果</td></tr>
<tr><td colspan="2">第一组</td><td colspan="2">开始时间：____月____日
完成时间：____月____日
所用时间：____天</td><td></td></tr>
<tr><td colspan="2">第二组</td><td colspan="2">开始时间：____月____日
完成时间：____月____日
所用时间：____天</td><td></td></tr>
<tr><td colspan="2">第三组</td><td colspan="2">开始时间：____月____日
完成时间：____月____日
所用时间：____天</td><td></td></tr>
</table>

【设计意图】通过有计划、有目的的阅读活动，帮助学生养成稳定且持续的阅读习惯，确保学生能够在既定时间内完成阅读任务，提升阅读效率，进而达到持续阅读的目的。

（二）创设情境，发布任务

同学们，我们即将迎来一次充满欢乐的“儿童故事狂欢节”。老师希望你们深入阅读《七色花》《一起长大的玩具》等儿童故事书，并选择一个触动你心灵的故事分享给大家。让我们看一看哪个故事能够赢得大家的喜爱，成为“儿童故事狂欢节”上的明星！

三年级上册：在那奇妙的王国里（童话故事）

“快乐读书吧”教材解析

本册“快乐读书吧”以“在那奇妙的王国里”为主题，引导学生阅读中外经典童话。这是在二年级上册“快乐读书吧”读读童话故事和三年级上册“童话世界”单元基础上的提升。

教材由导语、“你读过吗”“小贴士”和“相信你可以读更多”四部分组成。

导语描述了四个充满想象而又美好、温馨的画面，旨在激发学生阅读童话的兴趣。

“你读过吗”和“相信你可以读更多”，通过列举经典故事、展示精彩片段、简要介绍故事内容的方式，引导学生阅读《安徒生童话》《稻草人》和《格林童话》，三本童话集编选的都是脍炙人口的经典，并且贴近儿童生活、趣味性强、想象奇特、语言生动，适合三年级学生阅读。

小贴士提出了本次读书活动的阅读要素。第一个小贴士要求学生读童话时，边读边发挥自己的想象，以感受童话的魅力。这是对本册教材“童话世界”单元“感受童话丰富的想象”这一要素的巩固。第二个小贴士要求学生把自己融入故事中，设身处地、感同身受地去阅读。

下表中的阅读要素是根据童话本身的特点、三年级上册教材的阅读要素和学生的发展水平来安排的。

书名	阅读要素
《安徒生童话》	第一组：边读边预测故事情节的发展
	第二组：引导学生身临其境地进行有感情朗读
	第三组：带着问题读，理解故事内容
《稻草人》	第一组：读童话，能说出故事的大意
	第二组：引导学生结合语句，体会童话中美好的想象
	第三组：读童话，能有自己的想法
《格林童话》	第一组：体会民间童话惩恶扬善的特点
	第二组：感受童话中生动、鲜明的想象
	第三组：边读边发挥想象，感受童话的奇妙，并结合故事内容和自己的想象，把不完整的插图补充完整

推荐书目阅读策略梳理

中外童话故事，版本很多，我们推荐阅读的版本是“快乐读书吧·名著阅读课程化丛书”，推荐阅读的书目是《安徒生童话》《稻草人》《格林童话》，根据三本书的篇目分组和阅读指导，相应的阅读策略梳理如下：

《安徒生童话》阅读策略

组别	篇目	阅读策略
第一组	《丑小鸭》《拇指姑娘》《坚定的锡兵》《野天鹅》	预测
第二组	《祖母》《雏菊》《小意达的花儿》	把自己想象成童话中的主人公
第三组	《老头子做的事总是对的》《蜗牛和玫瑰树》《亚麻》《枞树》	列出问题清单

《格林童话》阅读策略

组别	篇目	阅读策略
第一组	《灰姑娘》《白雪公主》《狼和七只小山羊》《亨塞尔与格莱特》《自动上菜的桌子》《吐金子的毛驴和自个儿》《从口袋里蹦出来的棒槌》	做人物卡
第二组	《青蛙王子》《穿靴子的猫》《勇敢的小裁缝》《六只天鹅》	通过童话认识更多的朋友
第三组	《玫瑰小姐》《莴苣》《鼓手》《大拇指》《井边的放鹅姑娘》	边读边想象，感受故事的奇妙

《稻草人》阅读策略

组别	篇目	阅读策略
第一组	《稻草人》	故事卡片
第二组	《小白船》《一粒种子》《芳儿的梦》《新的表》《鲤鱼的遇险》	做“小书签”
第三组	《眼泪》《画眉》《花园外》《祥哥的胡琴》《快乐的人》《古代英雄的石像》《含羞草》	想法记录单

《安徒生童话》1221 教学模式教学设计

《安徒生童话》导读课教学设计

教学目标

（1）能根据单元学习，梳理童话的特点和阅读策略。

（2）能根据封面和目录提取信息，整体感知《安徒生童话》。

（3）通过《野天鹅》精彩片段，学习预测猜读，掌握阅读策略。

（4）通过制订目录式计划，强化对整体内容的认知，培养良好阅读习惯。

教学过程

一、回顾单元内容，梳理阅读策略

乘着想象的翅膀，游历奇妙的童话王国，看花儿跳舞，听星星唱歌，这是多

么美妙的事情。在童话王国里。小蝌蚪四处寻找自己的妈妈，小壁虎着急地向别的动物借尾巴，雪孩子和小白兔在一起嬉戏玩耍，王子和公主过上了幸福的生活……在那里，一切都有可能发生，一切都妙不可言。通过本单元的学习，我们不仅认识了很多童话人物，还了解了童话的特点和学习方法，大家还有印象吗？一起来说说看。

预设：

（1）童话特点。

在童话的世界里，动植物会说话，也有喜怒哀乐。童话充满了丰富的想象。阅读童话，我们能交到很多奇特的朋友，经历一些不可思议的事情，还能获得很多启示。

（2）阅读策略。

①童话世界无奇不有。只有发挥想象，才能真正领会童话的魅力。

②我们可以把自己想象成童话中的主人公，和故事中的人物一起欢笑，一起悲伤。

【设计意图】从单元学习导入，立足单元之篇回顾童话的特点和阅读策略，搭建由篇到本、由课内向课外延伸的桥梁，为整本书阅读奠定基础。

二、出示阅读书目，提取阅读策略

出示《安徒生童话》，指导阅读。

（一）观察封面，获取信息

拿到一本书，首先看到的就是封面，每一本书的封面都是经过精心设计的，上面标注了非常重要的信息，赶快拿起《安徒生童话》，看看封面，说说你的发现吧！

1. 封面信息

封面为我们提供了很多信息，比如书名、作者、故事插图、主编、出版社等信息，观察封面是我们拿到一本书开始阅读的第一步。

2. 简介作者

安徒生（1805—1875），19 世纪丹麦童话作家。他出生于丹麦一个贫困的家庭，父亲是鞋匠，母亲是佣人；11 岁父亲病逝，14 岁去外地求学，历经磨难，经过自己不懈的努力，成为全世界人们心中的童话大师。代表作有《丑小鸭》《坚定的锡兵》《海的女儿》《拇指姑娘》等童话作品。

3. 创作背景

在安徒生所处的时代，丹麦仍是一个君主专制主义社会。进入19世纪以后，发生了一系列重大历史变动：如拿破仑战争造成的国力虚耗、在挪威问题上的失败、经济衰退。这些使得国王由保皇立场转向独裁，中产阶级谨小慎微、委曲求全，整个社会基本处于政治压迫和文化愚昧状态。在安徒生的作品中，我们也可以处处感到这个时代的灰色和压抑。安徒生将童话作为一种现代表达方式来进行创作，他借用童话的“儿童”视角反映当时人们的复杂生活。

4. 文学价值

安徒生被誉为“世界儿童文学的太阳”。他的童话是情感的万花筒，是人生百态的浓缩。他爱憎分明，赞美劳动人民的善良和纯洁，无情地揭露和批判王公贵族的愚蠢、无能、贪婪和残暴。每一篇故事都像是一个情感的熔炉，既有对美好生活的向往，也有对现实世界的批判。他的童话，影响了一代又一代的儿童。

（二）浏览目录，整体感知

除了封面，目录中也隐含着许多重要的信息，用我们的火眼金睛，看看《安徒生童话》的目录，请你思考以下几个问题。

（1）通过目录，你知道这本书有多少个童话故事，一共分了几组吗？

（2）你读过哪些童话故事？能给大家分享一下吗？

（3）如果让你快速找到某一篇童话，你能找到吗？

（三）阅读指导，梳理策略

我们知道，这本《安徒生童话》共11篇，分了3组。大家翻开书看一看，每一组的前面都有单独的一页，内容是什么呢？

预设：

每一组文章的前面都有一页是专门的“阅读指导”，告诉我们这一组童话该用什么样的方法去读。

请同学们打开“阅读指导”页，看一看，你能提炼出什么样的阅读方法呢？

同学们真是火眼金睛，智慧超凡，发现了这么多的秘密。老师也给大家梳理了一下阅读策略，大家按照下面表格呈现的阅读策略，就可以快速高效地阅读这本书了。

《安徒生童话》阅读策略

组别	篇目	阅读策略
第一组	《丑小鸭》《拇指姑娘》《坚定的锡兵》《野天鹅》	预测
第二组	《祖母》《雏菊》《小意达的花儿》	把自己想象成童话中的主人公
第三组	《老头子做的事总是对的》《蜗牛和玫瑰树》《亚麻》《枞树》	列出问题清单

【设计意图】通过3组童话故事的“阅读指导”，让学生发现不同组别的童话故事有不同的阅读策略，并以表格的形式提炼出来，建构“内容＋策略”的阅读体系，实现更加高效的阅读。

三、师生共读童话，学习预测猜读

以《野天鹅》为例：

片段①：

这位美丽的仙女出来迎接她，她非常美丽，全身散发着光辉。虽然如此，但这位仙女看起来却很像那个老婆婆——那个老婆婆曾经在森林中给她浆果吃，并且告诉她那些头戴金冠的天鹅的行踪。……你可以把它搓成线，织出十一件长袖的披甲来。只要你把它们披到那十一只野天鹅的身上，他们身上的魔力就可以解除。不过要记住，从你开始工作的那个时刻起，一直到你完成的时候为止，即使这全部的工作需要一年的光阴，你也不可以说一个字。你说出的一个字就会像一把锋利的短剑，刺进你的哥哥们的心里，他们的生命是悬在你的舌尖上的，请记住这一点。

——《野天鹅》

读片段，完成以下学习任务：

(1) 故事中的十一只野天鹅是谁？你是怎么知道的？

(2) 抓住关键信息，用自己的话说说这个片段写了什么？

(3) 艾丽莎会听从老婆婆的话，为哥哥们编织披甲吗？请你猜一猜。

小结：在这个片段里我们掌握了什么人、在哪里、做了什么事这样的信息，就能很快理清故事。

片段②：

这时，山间响起了一阵打猎的号角声，她害怕起来。这声音越来越近，她听到猎狗的叫声，连忙惊慌地躲进洞里……

——《野天鹅》

读片段，完成以下学习任务：

结合自己的阅读经验，猜一猜艾丽莎会遇到谁？她编织的披甲有没有被发现？这中间又会发生怎样惊险的故事？试着说一说。

同桌互相说一说，再全班交流。

小结：根据故事内容和读书经验，边读边猜想后面可能会发生的故事，和作者共鸣，和主人公对话，这样读起来特别有意思。

【设计意图】“预测”是三年级的重点阅读策略，也是《安徒生童话》第一组文章最适合的策略，所以阅读第一组文章，应该反复强化“预测”，培养学生的思维能力。

四、制订阅读计划，开启童话阅读

（一）出示样表，制订计划

有计划地读书能提高我们的阅读效率，大家拿出上课前发给大家的目录式计划表（如下图），仔细地阅读《安徒生童话》的目录，根据自己的阅读时间和习惯，试着制订一下阅读计划吧（阅读总时间不超过一个月）。

《安徒生童话》阅读计划表

<table>
<tr><td>班级</td><td></td><td>姓名</td><td></td></tr>
<tr><td>阅读时限</td><td colspan="3">____月____日—____月____日</td></tr>
<tr><td colspan="2">阅读内容</td><td>阅读时间</td><td>阅读成果</td></tr>
<tr><td colspan="2">第一组（4 篇）：
《丑小鸭》《拇指姑娘》《坚定的锡兵》《野天鹅》</td><td>开始时间：____月____日
完成时间：____月____日
所用时间：____天</td><td></td></tr>
<tr><td colspan="2">第二组（3 篇）：
《祖母》《雏菊》《小意达的花儿》</td><td>开始时间：____月____日
完成时间：____月____日
所用时间：____天</td><td></td></tr>
<tr><td colspan="2">第三组（4 篇）：
《老头子做的事总是对的》《蜗牛和玫瑰树》《亚麻》《枞树》</td><td>开始时间：____月____日
完成时间：____月____日
所用时间：____天</td><td></td></tr>
</table>

（二）创设情境，发布任务

同学们，学校要举办三年级“童话大王”的评选活动，你想不想参加？还等什么？一起走进《安徒生童话》，开启我们的童话阅读之旅吧！

【设计意图】通过制订阅读计划，有计划地进行阅读，培养学生良好的阅读习惯。并通过创设“童话大王”评选的情境，激发学生阅读的兴趣，真正实现高效阅读。

《安徒生童话》推进课（1）教学设计

教学目标

（1）能通过阅读片段，感受童话的魅力。

（2）能根据故事地图、情节梯等形式梳理故事情节，简要讲述故事。

（3）乐于与大家交流自己独特的阅读感受。

教学过程

一、结合阅读进度，检测阅读收获

（一）结合计划，了解进度

同学们按照自己的计划阅读了《安徒生童话》，书中的故事一定也深深吸引了你，说一说你读到了哪里？你是怎么读这本书的？

预设：

（1）我读到了124页，我一边读一边根据故事内容猜测后面的故事。

（2）我读了100页，我一边读一边勾画优美语句，做摘抄积累。

（3）我在阅读时，有的故事情节比较多，我容易丢落，我想向大家请教怎样才能把故事记清楚。当我读到感兴趣的地方我会写下自己的感受。

（二）阅读文字，猜猜人物

请你读读下面的文字，猜一猜这是故事中的谁？你是怎么猜出来的？说说理由。

（1）这只小鸭子简直大得吓人，别的没有一只像他这样，而且长得太丑了，到处挨打，被排挤，被讥笑，不仅在鸭群中是这样，连在鸡群中也是这样。这只可怜的小鸭不知道躲到什么地方去才好，只觉得非常悲哀，因为自己长得那么丑陋，而且成了全体鸡鸭的嘲笑对象。

——《丑小鸭》

（2）二十五个锡兵是由同一个旧的锡汤匙铸出来的。他们肩上扛着毛瑟枪，双眼直视前方，穿着一半红一半蓝的制服看起来非常漂亮。只有一个稍微有点不同，因为锡不够用了，他只有一条腿。不过他用一条腿照样站立得和别人一样稳。

——《坚定的锡兵》

（3）“这是一朵很美的花。”女人说着在美丽的花瓣上吻了一下，不过正当她吻着的时候，花忽然开放了。现在可以看得出来，这是一朵真正的郁金香，但是在这朵花的正中央，在那根绿色的花蕊上坐着一位娇小的姑娘。她看起来又白又嫩又可爱，还没有大拇指的一半长。

——《拇指姑娘》

小结：童话中的人物个性鲜明，各自有着鲜明的特点，阅读时抓住人物的特点，关注人物的外貌、语言、动作等描写，可以加深对人物的印象，能够让我们进一步感受人物形象。

【设计意图】通过童话人物猜一猜，激发学生阅读童话的兴趣，引导学生读书时要关注对人物特点描写的语句，感悟人物形象。

二、运用阅读策略，破解阅读密码

请看，安徒生爷爷给我们发出了邀请函。

邀请函

亲爱的孩子们：

大家好！你们是一群拥有童话天赋的小家伙！我要郑重地邀请你们成为童话王国的永久居民，通过阅读搭建一间属于自己的童话小屋，快快行动起来，寻找读书的密码吧！

那我们就赶紧行动起来吧！

（一）梳理故事情节

1. 借助故事地图，梳理故事情节

童话中的故事情节曲折动人，引人入胜，我们可以用什么方法来梳理故事，理解故事内容呢？我们再来读读《丑小鸭》这个故事，想想用什么方法来梳理，小组合作完成。

预设：

我们小组按照丑小鸭出生在哪？它先到了哪里？再到了哪里？最后到了哪里？都发生了什么事？结果怎么样？做了故事地图，了解了《丑小鸭》的故事，请大家听我讲一讲。

小结：根据人物到了哪里、发生了什么事、结果怎么样一步一步梳理，就能很快理清故事。这真是一个很好的读书密码。

2. 借助情节梯，梳理故事情节

我们还可以用什么样的方法梳理故事内容呢？

预设：

我们小组根据人物和在他身上发生的故事，用情节梯的形式来梳理故事内容，请听我们小组的汇报。

小结：用情节梯的形式来梳理故事内容，一目了然，更清楚，这就要求我们要反复多读几遍故事，记住人物所到之处发生的事件，用小标题的形式概括，能够很快帮助我们理清故事。《坚定的锡兵》《野天鹅》等故事，也可以用上以上方法做梳理。

【设计意图】通过故事地图、情节梯的形式，将长故事读短，搭建理解故事的支架，让学生练习简要讲述故事，训练概括表达的能力。

（二）边读边想象

童话故事有着丰富的想象，文字中就藏着许多美好的画面，让我们边读边想象画面吧！

学习提示：

（1）自由朗读以下片段，关注生动的语句。

（2）当你读到生动的语句时，你的眼前浮现了怎样的画面？仿佛听到了怎样的声音？

（3）把自己想象成故事中的主人公，有感情地朗读出来。

片段①：

在乡下靠近公路的地方有一座住宅，可能你曾经从那里走过，看到过它。……有一天早晨，雏菊盛开了，雪白的花瓣围着黄色的花心散开，像是一圈阳光。……正好相反，它十分快活，向太阳转过来，抬起头，听高空里云雀的歌唱。

——《雏菊》

片段②：

大朵的牡丹花使劲地吹着豆荚，把脸都吹红了。蓝色的风信子和小小的雪莲花发出叮当叮当的响声，好像身上戴着铃铛似的。这音乐真有些滑稽！不一会儿，许多别的花儿也来了，它们一起跳着舞，蓝色的堇菜花、粉红的樱草花、雏菊、铃兰都来了。这些花儿互相接着吻，看起来真是美极了。

——《小意达的花儿》

小结：看来童话故事不仅有扣人心弦的情节，它的语言也能让我们产生丰富的想象，我们可以把自己想象成故事中的主人公，置身于故事之中，感受会更深刻。这个读书密码也很不错吧！

【设计意图】好的语言是有画面感的。《安徒生童话》想象奇特、语言生动，能激发学生展开丰富的想象，从而感受童话故事极具想象力的特点。

三、进行课堂总结，布置课后作业

这节课我们借助故事地图、情节梯的形式，找到了理清故事的好方法，又通过阅读文字，感受了文字带来的美好画面。好书不厌百回读，书中还有很多精彩的故事和鲜明的人物等着你去寻找，课下请你做人物形象卡，进一步了解人物，借助故事地图继续讲故事，小组内开展精彩片段朗诵会，期待同学们精彩的分享哦！

《安徒生童话》推进课（2）教学设计

教学目标

（1）能运用策略阅读童话故事。

（2）能借助故事，了解童话的特点，感受童话的神奇。

（3）能初步了解人物的特点，感受人物魅力。

教学过程

一、回顾阅读方法，畅谈阅读收获

（一）回顾阅读，交流方法

上节课我们找到了很多读书的密码，请你回想，我们可以怎么去读一本书呢？

预设：

（1）阅读时边读边预测，猜测故事，体会人物特点。

(2) 用故事地图、情节梯等方式来梳理故事内容。

(3) 积累优美语句，边读边想象画面。

(二) 结合阅读，畅谈感受

让我们再次打开童话王国的大门走进这些经典故事，谈谈你在读书过程中，哪个人物给你留下了深刻的印象，借助人物卡把你的感受说给大家听。

【设计意图】回顾阅读，让学生交流读书收获，启发阅读，激发学生阅读兴趣，使其更好地投入到以后的阅读中去。

二、聚焦故事内容，感受童话特点

(一) 朗读文字，感受奇妙

请同学们朗读下面的文字，当你读到生动的语句时，你的眼前出现了怎样的画面？你的心中是否为之一动？

祖母的周围出现了一片美丽的树林，阳光从树叶中间渗进来。这时祖母又变得年轻起来。她成了一个美丽的小姑娘，长着一头金黄色的卷发，红红的圆脸庞又好看又秀气，任何一朵玫瑰花都没有她这样鲜艳。而她的那双眼睛，那双温柔的、纯洁的眼睛，永远是那样温柔和纯洁。在她旁边坐着一个男子，那么健康，那么高大。他送给她一朵玫瑰花，她微笑起来——祖母现在可不能露出那样的微笑了！是的，她微笑了。可是他现在已经不在了，许多思想、许多形象从她面前浮过去了。

——《祖母》

小组合作，交流分享。

小结：童话故事丰富的想象吸引着我们，阅读时把自己想象成故事里的主人公，和故事中的人物一起欢笑，一起悲伤，才能使阅读理解更深刻，从而体验到更多阅读的乐趣。

(二) 深入故事，了解反复

1. 回顾课文，重温反复

同学们还记得我们刚刚学过的《总也倒不了的老屋》这篇课文中，故事情节有什么样的特点吗？

2. 读情节绳，说说发现

读一读《老头子做的事总是对的》这个情节绳，说说你的发现。

出示情节绳：

把马换成了牛——把牛换成了羊——把羊换成了鹅——把鹅换成了鸡——把鸡换成了烂苹果——跟英国人打赌——得到了金子

在《安徒生童话中》你还发现哪个故事也有这样的特点呢？

小结：这些故事都是围绕一个核心事件去展开，不断出现新的不同的情景，在不同的情景中经历磨难，这就是童话故事中明显的反复结构。学会了这种方式，你完全可以借助这种方法，预测故事发展，甚至可以预测到故事结局。

【设计意图】通过阅读故事片段，让学生进一步了解童话故事的特点，感受童话的魅力。

三、聚焦故事人物，感受人物形象

（一）结合故事，感受形象

童话故事富有想象性，故事中的动物、植物都像人一样会说话，具有人的情感。

（1）出示拇指姑娘、丑小鸭、坚定的锡兵的图片，说说作为童话中的主人公，他们有什么共同的特点。

（2）小组内交流特点，再指名说一说。

小结：安徒生爷爷写童话故事的时候，就是把主人公当作人来写，赋予其不同的性情，这就是童话王国中人物形象的奇妙之处。

（二）人物对比，浅谈感受

童话中的很多人物都有鲜明的形象，大部分人物形象来源于生活，我们把身边的人物和故事中的人物进行对比，看看你有什么发现？

1. 教师提问，引导思考

故事中，老头子换的东西一次不如一次，请你想一想，这是为什么？

2. 联系生活，分析特点

在我们生活中，也有这样的事发生过吧，我们来看看这个例子，和故事中的人物有没有相似之处？想一想故事中的老头子和老太婆是一个怎样的人？

（1）如果你的爸爸拿你们家中唯一的一匹马换了一袋烂苹果回来，你妈妈会怎么说、怎么做？

（2）老头子的妻子——老太婆又是怎么说、怎么做的？

（3）老头子和老太婆的相同之处是什么？

小结：这是一对多么乐观的夫妻，无论生活怎样的贫困，始终保持着一颗快乐的心。现实生活中也有这样的人，只要我们保持积极向上、乐观的心态，运气总是不会差的。

【设计意图】通过学生阅读分享、了解童话故事中的人物拟人化，和身边的人进行对比，进一步了解童话故事的特点，感受童话中主人公的情感。

四、进行课堂总结，布置课后作业

本节课我们体会了童话故事中丰富的想象，感受了鲜明的人物形象。运用本节课所学到的童话特点，选择一组，以他们为主人公，展开奇妙的想象，一起来创编故事。

①铅笔　橡皮　卷笔刀　　　②眼睛　耳朵　鼻子　嘴巴

③树林　虫子　小鸟　　　　④小鸟　荷叶　蝴蝶

要求：

①可根据“发生的时间、地点、人物、遇到的困难、故事结局”列出简单提纲。

②给创编的故事起一个吸引读者的名字。

③发挥想象，故事有寓意。

④小组内分工合作，完成创编。

《安徒生童话》分享课（1）教学设计

教学目标

（1）能积极分享阅读《安徒生童话》的收获。

（2）通过梳理《安徒生童话》的写作方法，了解童话的特点。

（3）能运用多种方法，发挥想象，尝试续编童话故事。

教学过程

一、重温童话故事，畅谈个人感受

（一）谈话导入，激发兴趣

这段时间我们阅读了《安徒生童话》这本书，书中的故事和人物一定给你留下了深刻的印象，你一定已经做好了争当“故事大王”的准备，让我们开始挑战自我吧！

（二）结合提示，畅谈感受

在《安徒生童话》中，你最喜欢哪个故事或者人物呢？为什么？

《安徒生童话》中，我最喜欢的故事/人物是＿＿＿＿＿＿，因为＿＿＿＿＿＿＿＿＿＿＿＿＿＿＿＿＿＿＿＿＿＿＿＿。

【设计意图】带领学生回忆喜欢的童话故事或人物，激发分享热情，活跃课堂氛围，为本课的积极分享奠定基础。

二、借助故事片段，交流阅读感悟

（一）朗读片段，谈谈感受

（1）读一读下面的片段，说一说感受。

（2）说一说你还积累了哪些类似的语句？分享给组内同学。

片段①：

乡下真是非常美丽。现在正是夏天，小麦是金黄的，燕麦是绿油油的，干草在绿色的牧场上堆成垛。鹳鸟迈着又长又红的腿在散步，喋喋不休地讲着埃及话，这是他从妈妈那儿学到的一种语言。

——《丑小鸭》

片段②：

田沟里、篱笆上，到处都结满了最美丽的绿色葡萄和紫色葡萄。树林里到处挂着柠檬和橙子。空气里飘着桃金娘和麝香草的香气。路上有许多非常可爱的小孩子在跑来跑去，跟一些颜色鲜艳的大蝴蝶嬉戏。

——《拇指姑娘》

小结：《安徒生童话》的特点：语言优美、有着神奇的想象力。

（二）结合人物，表达分享

在丰富的想象下，除了优美生动的语言，安徒生爷爷还塑造了很多个性鲜明的人物，请阅读以下片段结合人物来表达看法。

片段①：

这可真是谁都不能比的了！我从来没有想到过！我是多么走运啊！歌儿根本就没有完，现在才不过是开始呢！这真是什么也比不上的！虽然我受了苦，但总是会苦尽甘来的。我是所有事物中最最幸福的！我这么结实，这么柔软，这么白又这么长！这和只当植物可不一样，虽说植物会开花，但是没有人照顾你，而且只有在下雨的时候才有点儿水。现在我得到了照料，女佣人每天早晨给我翻身，每天晚上给我在水盆里洗澡，我不能再幸福了！

——《亚麻》

小结：亚麻面对多重改变，是多么积极乐观的态度，我们也要学习这种坚韧不拔的精神。

请你再读下面的文字，你会提出怎样的问题？又会有怎样的想法呢？

片段②：

枞树哆嗦得多么厉害啊！现在它会遭遇什么事情呢？几位年轻小姐走过来，一些仆人帮助她们装饰这棵树。……“只等天一黑，”枞树想，“这些蜡烛就会点起来，接下来我就可以知道还会发生什么事情了。”

——《枞树》

片段③：

不错，看来您从来不费神思考问题！您是否曾经考虑过，您为什么开花，开花是怎么一回事，为什么是这个样子而不是别的样子呢？……泥土往我身体内注入一股力量，这股力量涌来时，总是那么新鲜，那么充分，我感到一阵幸福，因此我必须不断开花。

——《蜗牛和玫瑰树》

玫瑰树尽自己最大的努力开花，虽然平凡，花朵的生命也很短暂，但它仍然坚持开花，是多么令人佩服啊！

小结：安徒生童话作品中，处处洋溢着纯洁的感情和无私的真爱，很多人读到安徒生童话都觉得温暖、治愈，具有诗意的美，但是这份美好同时也伴随着悲伤、贫穷、苦难、磨难，甚至是死亡，这就是安徒生童话的特色。

三、多种方式展示，分享阅读成果

（一）妙笔生花，摘抄展示

童话故事语言优美，让我们体会到故事的纯真和美好，同学们用画笔制作了精美的书签，让我们一起欣赏同学们的杰作！

（二）妙语连珠，分享故事

精彩的故事一定深深吸引了你，请把你最喜欢的故事跟大家分享吧。

【设计意图】学生借助自己梳理的作品来展示，将内在的阅读用多种形式外化，使学生体会到读书的快乐。

四、小组合作交流，创编童话故事

（一）合作交流，梳理方法

（1）交流童话是一座五彩缤纷的大花园，充满了丰富的想象。

（2）童话故事奇妙有趣的“妙招”——“情节有反复”。

（3）童话表达真善美，给人以美好，给人以启迪。

童话的创编方法：想象要丰富、情节有反复、故事有启迪。

（二）借助方法，合作创编

《安徒生童话》中的故事深受大家的喜爱，可有时候故事的结局总是让人浮想联翩，比如丑小鸭发现自己是美丽的天鹅后又会有怎样新的故事？拇指姑娘嫁给花世界的国王后过上了怎样的生活？请同学们插上想象的翅膀，为自己最喜欢的童话故事续写结局吧！

小组内选定要续写的篇目，讨论续写的方法，口头完成续写框架。

【设计意图】抓住童话故事“想象丰富”“情节反复”和“富有启迪”的特点，引导孩子们体会安徒生爷爷的创作手法，激发想象力，发挥创造力续写童话。

五、进行课堂总结，布置课后作业

本节课同学们积极分享自己的阅读收获，让我们对故事及人物又加深了印象。课下请你继续用自己喜欢的方式争当“童话大王”，并通过小组合作完成续写故事。

《安徒生童话》分享课（2）教学设计

教学目标

（1）能清楚地讲述故事，并乐于分享。

（2）能认真倾听，积极评价，感受故事的魅力。

（3）能借助书中人物品质，激励自己的学习和生活。

教学过程

一、分享童话故事，争做故事大王

安徒生爷爷乐于分享他的成果，给我们带来了一个个妙趣横生的故事，相信你也能争当“故事大王”，用你的魅力感染大家吧！

（一）借助泥塑，讲述故事

我发现有的同学用橡皮泥捏出了故事内容，我们请他讲一讲。

同学讲故事，其他同学结合以下评价标准进行评价。

讲故事评价表

评价标准	通顺流畅、情节完整	表情丰富、动作自然	语言规范，吐字清晰
评价等级	☆☆☆☆	☆☆☆☆	☆☆☆☆

（二）借助故事盒子，讲述故事

有的同学制作了故事盒子，非常精美，也请他们为我们讲一讲故事吧。其他同学结合评价标准来评一评。

【设计意图】通过争当“故事大王”的评选，激发学生分享的欲望，调动学生学习兴趣。通过讲故事锻炼学生口语表达能力和表演能力。

二、聚焦人物特点，启迪智慧人生

（一）结合人物，浅谈看法

在安徒生爷爷笔下的童话世界里，有许多鲜明的人物让人难以忘怀。每个人物各自的性格和命运也截然不同，你觉得哪个角色最让你难以忘怀呢？结合故事中的人物，对照自己的生活和学习，谈谈看法！

同桌互说，指名分享。

（二）借助故事，启迪人生

在现实生活中，挫折无处不在。安徒生童话中的人物，在逆境中具有乐观向上的积极心态，他们克服了各种艰难困苦，最终“苦难一经过去，它就会变为甘美”。我们借助以下事例，结合童话中的人物，说说你是怎样解决生活中所遇到的困难的。

（1）当爸爸妈妈有事晚上不在家，你没有大人陪伴的情况下，你会怎样做呢？

（2）和家人一起去爬山一路兴奋不已，当你爬到半山腰爬不动时，你会怎么办呢？

同学们，在成长的道路上我们难免会遭遇磨难，但不要惧怕磨难，因为磨难会让幸福闪闪发光。所以我们要正确对待挫折，积极的人生心态是必不可少的。

【设计意图】用故事中的人物引领自己的生活，教育学生要有直面困难的勇气和坚持不懈的毅力。

三、小组合作探究，续写童话故事

（一）组内讨论，续写修改

小组内展示各自的续写故事，推举最优秀的全班分享。

（二）全班展示，评选优秀

评出优秀小组，颁发最佳创意奖。

【设计意图】通过续写故事，进一步深化学生对童话特点的理解，感受童话神奇的色彩，发展学生的思维，锻炼学生的表达能力。

四、回顾作者生平，建立人物联系

安徒生与《安徒生童话》：

（1）重温安徒生的阅读材料。

（2）你发现安徒生和丑小鸭之间有什么联系吗？

出示《丑小鸭》故事梗概：

丑小鸭出生后长得很丑，毛发是灰色的，长得既不像天鹅，也不像小鸡，丑得无法比喻。在它的成长过程中先是受到小鸭和小鸡的排挤，被佣人责骂。它承受不住，便逃出了鸭圈，流落到外面。冬天，丑小鸭被冻僵了，小朋友发现了它，觉得很可怜就带回了家里。因不被小朋友喜爱，还受到家禽的欺负，它再次逃走。经过几个月的流浪后，丑小鸭来到一个湖上，发现了自己的倒影，原来已经由一只丑小鸭变成了一只漂亮的白天鹅。

（3）读了安徒生和《丑小鸭》的故事，我想你一定有许多话想鼓励像丑小鸭一样正在经历逆境的人吧，请你说一说。

【设计意图】借助童话情节来引导学生理解、认识安徒生童话的特点。从了解安徒生的经历联想到丑小鸭的故事，初步了解安徒生的写作经历。

五、进行课堂总结，布置课后作业

这节课我们评选了“故事大王”，再次对他们表示祝贺。书中人物的优秀品质让我们感动，时刻激励着我们的学习和生活。读书就是读自己，写作也是写自己，将自己读进书中，会有不一样的阅读体验，课下请你用在《安徒生童话》中所学的阅读方法，试着自主阅读《稻草人》和《格林童话》。

《安徒生童话》延伸课教学设计

教学目标

（1）在阅读《安徒生童话》的基础上，体会童话的特点，总结童话的阅读策略。

（2）推荐阅读《稻草人》《格林童话》，关注封面、目录、阅读指导，整体感知书目信息，提取阅读策略。

（3）制订拓展书目阅读计划，养成自主阅读习惯。

教学过程

一、回顾精读书目，总结特点策略

这段时间，我们共读了《安徒生童话》，感受了童话故事丰富的想象，认识了很多形象鲜明的人物，如卖火柴的小女孩、善良的拇指姑娘、坚定的锡兵、历经磨难的丑小鸭等，都给我们留下了难以磨灭的印象。通过共读《安徒生童话》，大家一定对童话这个体裁有了更加深入的了解。我们一起来回顾一下童话的特点和阅读策略吧！

预设：

（1）童话特点。

童话是一座五彩缤纷的大花园。在童话的世界里，动植物不仅会说话，还有喜怒哀乐。童话通过丰富的想象塑造鲜明的人物形象。阅读童话，我们能交到很多奇特的朋友，经历一些不可思议的事情，获得人生的启迪。

（2）阅读策略。

①边读边预测故事情节的发展。

②把自己想象成童话中的人物，和他们一起同喜同悲。

③带着问题读，理解故事内容，列问题清单。

【设计意图】在师生共读《安徒生童话》的基础上梳理童话的特点和阅读策略，是为了更好地开启同类阅读。让学生在同类阅读的过程中进一步体会童话的特点，并运用恰当的阅读策略实现高效阅读。

二、关注阅读策略，推荐同类阅读

（一）推荐《安徒生童话》其他版本

《安徒生童话》是家喻户晓的世界经典童话，有很多的版本。不同的版本收录的篇目不一样，不同的译者翻译的内容也略有不同。阅读其他的版本，会更加深入地了解安徒生，走进他的童话世界，感受更多的真善美。试着读一读，感受一下和我们共读的版本有哪些不同吧！

（二）推荐阅读《稻草人》

童话故事简单而寓意深刻，深受人们的喜爱，叶圣陶爷爷也写了一部童话集《稻草人》，成为中国文学史上最早为儿童创作的文学作品之一。

1. 推荐书目

《稻草人》是叶圣陶爷爷的一部童话集，它反映的是一百年前的旧中国风雨飘摇的苦难。这部童话集是以其中的一篇《稻草人》为题来命名的，因为《稻草人》这篇童话以其独特的视角和深刻的内涵，为我们呈现了一个充满善良与无奈的世界，成为了中国儿童文学的经典之作。当你走进《稻草人》的世界，你会知道在夜间的田野，星星怎样眨眼，月亮怎样微笑。你还会知道，田野的人们有着怎样的辛苦和悲伤。

2. 分享故事

浏览《稻草人》的封面和目录，你发现了什么？看看这些故事，你以前读过哪一个？给大家分享一下吧。

3. 梳理策略

我们已经读过了《安徒生童话》，也掌握了童话的阅读策略，《稻草人》的阅读应该不是问题啦。不过，《稻草人》写的是一百年前的旧中国，可能内容的理解会困难一点。不怕，我们有“阅读指导”来帮忙！大家翻开每一组前面的“阅读指导”，用我们的火眼金睛，去发现“阅读指导”中的小妙招吧！

老师也用表格的形式进行了梳理：

《稻草人》阅读策略

组别	篇目	阅读策略
第一组	《稻草人》	故事卡片
第二组	《小白船》《一粒种子》《芳儿的梦》《新的表》《鲤鱼的遇险》	做“小书签”
第三组	《眼泪》《画眉》《花园外》《祥哥的胡琴》《快乐的人》《古代英雄的石像》《含羞草》	想法记录单

思考：为什么不同的童话采用不同的阅读策略呢？

第一组为什么采用“故事卡片”的阅读策略，因为《稻草人》情节曲折、故事性比较强。第二组为什么要做小书签，因为第二组的童话语言特别优美，适合积累优美生动的语言。第三组采用想法记录单的方式，因为第三组的童话思想性比较强。所以虽然都是童话，不同特点的童话我们可以采用不同的阅读策略。当然啦，预测的策略是可以贯穿始终的。

（三）推荐阅读《格林童话》。

1. 推荐书目

《格林童话》是德国著名的格林兄弟所收集整理的一系列童话故事，包括《白雪公主》《灰姑娘》《青蛙王子》等许多家喻户晓的故事。这些故事以丰富的民间传说为基础，通过生动曲折的故事情节，展示了人类最纯粹的情感和品质。翻开《格林童话》，你能从一个个妙趣横生的故事中，感悟生活的真谛和做人的道理。

2. 分享故事

浏览《格林童话》的封面和目录，你发现了什么？看看这些故事，你以前读过哪一个？给大家分享一下吧。

3. 梳理策略

阅读需要巧方法，打开“阅读指导”，来看看这本书有哪些阅读策略呢？

《格林童话》阅读策略

组别	篇目	阅读策略
第一组	《灰姑娘》《白雪公主》《狼和七只小山羊》《亨塞尔与格莱特》《自动上菜的桌子》《吐金子的毛驴和自个儿》《从口袋里蹦出来的棒槌》	做人物卡
第二组	《青蛙王子》《穿靴子的猫》《勇敢的小裁缝》《六只天鹅》	通过童话认识更多的朋友
第三组	《玫瑰小姐》《莴苣》《鼓手》《大拇指》《井边的放鹅姑娘》	边读边想象，感受故事的奇妙

好的办法会提速阅读，相信大家一定会在策略的引领下实现高效阅读，在童话的宝库中感受它带给我们的启迪。

（四）比较思辨，提升阅读

无论是《安徒生童话》，还是《稻草人》和《格林童话》，都是国内外文化艺术的瑰宝，都有许多动人的故事。在一个个妙趣横生的故事中我们看到了人性的真善美和假恶丑。读完这三本童话故事集，我们可以来试着体会体会书中的异同，我们可以从下面的角度入手。

（1）阅读《丑小鸭》《一粒种子》《勇敢的小裁缝》，你会发现什么？（不同的童话故事人物形象具有相似的品质，告诉我们的道理也相似。）

（2）比较《安徒生童话》与《稻草人》《格林童话》的异同，你会发现什么？（重点关注不同的地方。）

【设计意图】思辨阅读能让学生在阅读的过程中学会对比，开阔视野，锻炼思辨能力，提高审美能力，破解同类阅读方法，全面提升核心素养。

三、制订阅读计划，开启同类阅读

（一）出示样表，制订计划

（1）出示《安徒生童话》阅读计划表，回顾总结目录式计划的好处。

（2）给学生分发《稻草人》《格林童话》的阅读计划表，学生填写完整。

示例：

《稻草人》阅读计划表

班级		姓名	
阅读时限	____月____日—____月____日		
阅读内容		阅读时间	阅读成果
第一组（1 篇）： 《稻草人》		开始时间：____月____日 完成时间：____月____日 所用时间：____天	
第二组（5 篇）： 《小白船》《一粒种子》《芳儿的梦》《新的表》《鲤鱼的遇险》		开始时间：____月____日 完成时间：____月____日 所用时间：____天	
第三组（7 篇）： 《眼泪》《画眉》《花园外》《祥哥的胡琴》《快乐的人》《古代英雄的石像》《含羞草》		开始时间：____月____日 完成时间：____月____日 所用时间：____天	

（二）创设情境，发布任务

同学们，学校要举办三年级“童话大王”的评选活动，请你读完《安徒生童话》《稻草人》《格林童话》之后，选择喜欢的故事，发挥创意，积极参加活动吧！

【设计意图】制订阅读计划，创设阅读情境，激发学生阅读兴趣，学习有计划地阅读，养成良好的阅读习惯，并产生强烈的阅读期待，是高效阅读、高阶阅读的基础。

三年级下册：
小故事大道理（寓言故事）

“快乐读书吧”教材解析

本册“快乐读书吧”以“小故事大道理”为主题，引导学生阅读中外寓言故事，从中汲取智慧，学会分辨生活中的是与非，懂得为人处世的道理。

教材由导语、“你读过吗”、小贴士和“相信你可以读更多”四部分组成。导语用简练的话语点出了寓言的特点；小贴士提示了读寓言的方法；“你读过吗”和“相信你可以读更多”，通过展示精彩片段、内容概述等方法，推荐阅读《中国古代寓言》《伊索寓言》和《克雷洛夫寓言》。

教材以小贴士的形式介绍了读寓言的方法。读寓言，第一步是要读懂故事，然后要去思考故事中蕴含着的道理。做到了这些，才算是初步读懂了寓言。第二步，还要能把寓言与自己生活中的人和事联系起来，才算是真正读懂了寓言。

教材推荐阅读的《中国古代寓言》《伊索寓言》《克雷洛夫寓言》三本寓言集均以教材介绍的读寓言的方法为核心，设置了一系列的阅读指导，为学生在阅读实践中运用读寓言的方法提供了便利，特做如下安排：

书名	阅读要素
《中国古代寓言》	第一组：从由文言文改编的寓言故事中收获思考和启示
	第二组：引导学生转换角色，设身处地地思考
	第三组：边读边提出问题，理解寓言故事内容，体会寓言的道理
	第四组：由寓言故事激发学生想象
	第五组：理解故事内容，体会寓言的道理
	第六组：不同的寓言故事体现相同的道理
《伊索寓言》	第一组：读寓言故事，理解内容，体会寓意
	第二组：反复读故事，联系生活中的经验体会道理
	第三组：通过个性交流，从不同角度体会寓言故事的寓意
	第四组：感受和积累书中有哲理的句子
	第五组：引导学生根据关键词讲寓言故事
	第六组：挑选自己喜欢的故事，改一改，编一编
	第七组：读故事，联系生活中的人和事
《克雷洛夫寓言》	第一组：读故事，体会道理
	第二组：感受寓言故事的魅力，学会分享
	第三组：和伙伴分角色朗读，表演寓言故事
	第四组：引导学生结合语句，感受寓言故事中美好的想象
	第五组：联系生活实际读寓言故事
	第六组：通过交流，解决困难和疑问，感受寓言的寓意

推荐书目阅读策略梳理

中外经典寓言，版本很多，我们推荐阅读的版本是“快乐读书吧 · 名著阅读课程化丛书”，推荐阅读的书目是《中国古代寓言》《伊索寓言》和《克雷洛夫寓言》，根据三本书的篇目分组和阅读指导，梳理相应的阅读策略，如下表所示：

《中国古代寓言》阅读策略

组别	篇目	阅读策略
第一组	《叶公好龙》《望洋兴叹》《眉眼嘴鼻》等 14 篇	故事卡片
第二组	《曲突徙薪》《郑人买履》《截竿入城》等 12 篇	想法记录单
第三组	《折箭》《愚公移山》《干涸车沟里的鱼》等 13 篇	列问题清单
第四组	《买椟还珠》《我只看见金子》《掩耳盗铃》等 14 篇	续编故事
第五组	《卖油翁》《歧路亡羊》《搬到越国去》等 13 篇	学习启示卡
第六组	《三人成虎》《打井得一人》《认人不认货》等 10 篇	把体现类似道理的寓言故事画图归类

《伊索寓言》阅读策略

组别	篇目	阅读策略
第一组	《狮子和报恩的老鼠》《狮子和海豚》《毛驴、狐狸和狮子》等 16 篇	用画图表现寓言故事
第二组	《狮子和公牛》《狐狸和装病的狮子》《小羊和狼》等 16 篇	故事卡片
第三组	《狐狸和面具》《狐狸和豹》《老鼠开会》等 16 篇	辩论会
第四组	《渔夫和鲻鱼》《渔夫》《驴子和他的主人》等 18 篇	摘录书中有哲理的句子做积累，做“小书签”
第五组	《农夫和他的儿子们》《野猪和狐狸》《狮子和野猪》等 19 篇	故事会
第六组	《狐狸和山羊》《狮子、狼和狐狸》《披着羊皮的狼》等 19 篇	创编故事
第七组	《狐狸和葡萄》《断了尾巴的狐狸》《狐狸和狮子》等 22 篇	想法记录单

《克雷洛夫寓言》阅读策略

组别	篇目	阅读策略
第一组	《乌鸦和狐狸》《橡树和芦苇》《青蛙和牯牛》等 10 篇	故事卡片
第二组	《天鹅、梭子鱼和虾》《狮子和蚊子》等 17 篇	推荐卡
第三组	《狼和小羊》《大象和哈巴狗》《苍蝇和马车》等 10 篇	课本剧
第四组	《狐狸和葡萄》《狼落狗舍》《鹰和蜘蛛》等 11 篇	摘取充满想象力、富有画面感的语句，做“小书签”
第五组	《农夫和蛇》《一个遭遇不幸的农夫》《悔过的狐狸》等 8 篇	想法记录单
第六组	《青蛙们要一个国王》《好模仿的猴子》《猴子和眼镜》等 15 篇	交流会

《中国古代寓言》1221 教学模式教学设计

《中国古代寓言》导读课教学设计

教学目标

（1）通过关注封面、目录、阅读指导等信息，了解《中国古代寓言》的内容框架，调动已有的寓言阅读经验开启新的阅读之旅。

（2）运用“故事＋道理＋联想”的方法阅读寓言故事，明白寓意，感受中国古代劳动人民的智慧。

（3）制订阅读计划，开启整本书阅读。

教学过程

一、回顾单元内容，梳理阅读策略

（一）回顾所学，梳理策略

寓言是生活的一面镜子。小小寓言蕴含大道理，让我们从中汲取智慧，学会分辨生活中的是与非，懂得为人处世的道理。

通过本单元的学习，我们阅读了四篇中外寓言故事，明白了很多做人的道理。大家还记得寓言的特点和阅读方法吗？

预设：

（1）寓言特点。

①寓言就是通过一个故事说明一个道理。寓言故事虽短小精悍，但寓意深刻，能够启发人们的思考，引导人们的行为。

②寓言常用讽刺和批判的手法，唤起人们的警觉。

许多寓言故事给我们留下了深刻的印象，就是因为这些故事让我们想到生活中的许多人和事，能给我们带来人生的启迪。比如《乌鸦喝水》《守株待兔》《揠苗助长》等，这样的故事读过就不会忘记。

（2）阅读策略。

①读寓言，先要读懂故事内容，再体会故事中的道理。

②联系生活中的人和事，可以帮助我们更深入地理解故事中的道理。

小结：中国古代寓言故事中凝结着中华民族的智慧。这些寓言故事题材广泛，形式活泼，读起来轻松有趣，既发人深省又好玩。大家想不想走进寓言这个魔袋，去感受小故事大道理呢？赶紧拿出《中国古代寓言》这本书吧！

【设计意图】从单元学习导入，立足单元之篇回顾寓言的特点和阅读策略，搭建由篇到本、由课内向课外延伸的桥梁，为整本书阅读奠定基础。

二、出示阅读书目，提取阅读策略

（一）观察封面，提取信息

拿到一本书，我们第一眼看到的就是封面，每一本书的封面都是经过精心设计的，上面标注了非常重要的信息，赶快拿起《中国古代寓言》，看看封面，说说你的发现吧！

1. 发现封面信息

封面为我们提供了很多信息，比如书名、作者、故事插图、主编、出版社等信息，观察封面是我们拿到一本书开始阅读的第一步。

2. 试讲封面故事

可以一人扮演两种角色，讲一讲封面上的故事。

（二）浏览目录，整体感知

除了封面，目录中也隐含着许多重要的信息，用我们的火眼金睛，看看《中国古代寓言》的目录，说说你有哪些发现呢？

预设：

（1）通过目录，我知道这本书收录了76个寓言故事。一共分了6组。

（2）目录中的这些寓言故事，有的我已经读过，非常的有意思。比如《掩耳盗铃》《滥竽充数》等，这些寓言都是通过一个形象有趣的故事，说明一个深刻的道理。

（三）阅读指导，梳理策略

细心的同学一定还会发现一个小秘密，那就是每一组文章的第一页都是“阅读指导”，可以更好地帮助我们阅读。找一找每一组的“阅读指导”，你发现了什么？

预设：

每一组的寓言故事不一样，阅读策略也不一样。

同学真是火眼金睛，智慧超凡，发现了这么多的秘密。老师也给大家梳理了一下阅读策略，大家按照下面表格呈现的阅读策略，就可以快速高效地阅读这本书了。

《中国古代寓言》阅读策略

组别	篇目	阅读策略
第一组	《叶公好龙》《望洋兴叹》《眉眼嘴鼻》等 14 篇	故事卡片
第二组	《曲突徙薪》《郑人买履》《截竿入城》等 12 篇	想法记录单
第三组	《折箭》《愚公移山》《干涸车沟里的鱼》等 13 篇	列出问题清单
第四组	《买椟还珠》《我只看见金子》《掩耳盗铃》等 14 篇	续编故事
第五组	《卖油翁》《歧路亡羊》《搬到越国去》等 13 篇	学习启示卡
第六组	《三人成虎》《打井得一人》《认人不认货》等 10 篇	把体现类似道理的寓言故事画图归类

【设计意图】通过 6 组寓言故事的“阅读指导”，让学生发现不同组别的寓言故事有不同的阅读策略，并以表格的形式提炼出来，建构“内容＋策略”的阅读体系，实现高效阅读。

三、师生共读寓言，感悟蕴含道理

根据上面的阅读策略梳理，我们一起试着读一读第一组寓言故事，大家边读边思考：

(1) 本组一共有几篇寓言？(14 篇。) 你以前知道哪个故事？

(2) “通过故事讲道理”是寓言的显著特点，阅读本组寓言故事，想一想故事背后蕴含的道理。

示例：

师生共读《叶公好龙》

1. 看插图，说发现

出示《叶公好龙》插图，请你观察插图，说说发现。

2. 读故事，来预测

阅读《叶公好龙》这个故事，边读边预测故事发展。

读完组内讲一讲这个故事。

3. 品人物，悟道理

读完故事，你觉得叶公是一个怎样的人？你是从哪儿看出来的？找到相关语句，作为判断的理由，并谈谈自己的感受。

4. 联生活，说做法

如果你是故事中的主人公，你会怎么做？你身边有这样的人吗？你想对这样的人说什么？

如何来制作故事卡片呢？

我们可以采用“故事+道理+联想”的方式，既有寓言故事的内容，又有蕴含的道理（寓意），又能联系生活中的人和事，从而获得生活的启示。

请大家默读第一组中的《眉眼嘴鼻》《八哥学舌》《五十步笑百步》三个寓言故事，想一想这三个寓言告诉了我们什么道理，并完成下面的连线。

《眉眼嘴鼻》	不应该一味地模仿别人。
《八哥学舌》	不能专看别人的缺点，而看不到自己的缺点。
《五十步笑百步》	不能只看到自己的功劳，不顾集体

【设计意图】结合单元语文要素，通过“故事+道理+联想”的方式学习寓言故事，并学会联想生活中的人和事，深入理解寓言故事的含义，启智增慧，提升学生的核心素养。

四、出示计划样表，制订阅读计划

（一）观察样表，制订计划

有计划地读书能提高我们的阅读效率，大家拿出上课前发给大家的目录式计划表（如下图），仔细地阅读《中国古代寓言》的目录，根据自己的阅读时间和习惯，试着制订一下阅读计划吧（阅读总时间不超过一个月）。

《中国古代寓言》阅读计划表

班级		姓名	
阅读时限	____月____日—____月____日		
阅读内容	阅读时间	阅读成果	
第一组（14 篇）： 《叶公好龙》《望洋兴叹》《眉眼嘴鼻》等	开始时间：____月____日 完成时间：____月____日 所用时间：____天		
第二组（12 篇）： 《曲突徙薪》《郑人买履》《截竿入城》等	开始时间：____月____日 完成时间：____月____日 所用时间：____天		
第三组（13 篇）： 《折箭》《愚公移山》《干涸车沟里的鱼》等	开始时间：____月____日 完成时间：____月____日 所用时间：____天		
第四组（14 篇）： 《买椟还珠》《我只看见金子》《掩耳盗铃》等	开始时间：____月____日 完成时间：____月____日 所用时间：____天		
第五组（13 篇）： 《卖油翁》《歧路亡羊》《搬到越国去》等	开始时间：____月____日 完成时间：____月____日 所用时间：____天		
第六组（10 篇）： 《三人成虎》《打井得一人》《认人不认货》等	开始时间：____月____日 完成时间：____月____日 所用时间：____天		

【设计意图】制订阅读计划，有利于培养学生良好的阅读习惯。目录式阅读计划，就是为了让学生对整本书的编排体例和大致内容有一个概括的了解。通过制订阅读计划、实施阅读过程，反复认知，强化记忆，培养学生的整体思维能力。

（二）创设情境，发布任务

同学们，学校要举办“寓言故事大会”，邀请三年级全体同学参加。你想不想做一个寓言故事大王呢？认真阅读寓言故事，积极准备吧！

【设计意图】以创设情境，发布任务的形式布置作业，开启整本书阅读，可以激发学生的阅读兴趣、为持续阅读、深度阅读奠定坚实的基础。

《中国古代寓言》推进课（1）教学设计

教学目标

（1）通过交流阅读情况，激活阅读记忆。

（2）能通过多种形式阅读寓言，了解故事大意，明白寓言寓意。

（3）通过探究寓言典故，能初步了解人物形象，感悟其中道理，并能联系生活运用寓言劝说他人。

教学过程

一、谈话交流导入，激发阅读兴趣

读寓言，明道理，联生活，是我们学习寓言的方法。相信大家一定读得非常认真。这节课我们就一起聊聊《中国古代寓言》这本书。

（一）对话交流，了解情况

你读到了哪里？哪个故事给你留下了深刻的印象？在阅读中遇到了哪些困难？

（二）闯关挑战，激活记忆

我们来玩个闯关游戏，检测自己的读书情况吧！

第一关：根据线索，猜猜寓言。

（1）线索1：卖竹竿⟶线索2：卡城墙⟶线索3：截竹竿⟶《截竿入城》

（2）线索1：看螳螂⟶线索2：找树叶⟶线索3：遮眼睛⟶《一叶障目》

第二关：根据道理，猜想寓言。

根据故事的道理，猜猜这是哪个寓言故事？

（1）做人要实事求是，要有真才实学，弄虚作假的人是经不住时间考验的，终究会露出马脚。（《滥竽充数》）

（2）做事情要从实际出发，不要卖弄聪明，多此一举，反而会弄巧成拙。（《画蛇添足》）

第三关：讲述故事，试说道理。

让我们接着挑战第三关，请你简要地讲一个你印象最深的故事，说说你的感受和启发，争做寓言推荐官。

【设计意图】通过交流调查，了解学情，依据学情设计方案，指导阅读。根据学生的年龄特点，设计“闯关”游戏，检测学生的阅读情况，唤起学生阅读记忆，激发继续阅读的兴趣。

二、共读寓言故事，体会寓言道理

（一）共读故事，试说道理

老师带来了一个可笑的故事《截竿入城》，请你读读这个故事，借助问题清单，完成以下任务：

（1）讲一讲：同桌互讲故事，抓住故事的起因、经过和结果梳理故事内容。

（2）找一找，圈画出故事中可笑的地方，再说一说：这个地方为什么可笑？

（3）议一议：他只想到________，没想到________。（同桌交流。）

（4）你想对这个人说什么？如果是你，你会怎么做？

小组内交流。

全班交流。

小结：刚才我们通过讲故事，理解了故事内容，又通过圈画关键语句找一找，找出了故事笑点，最后说一说，议一议，明白了寓言故事所蕴含的道理，你们真会学习！

（二）自读故事，体会道理

接下来，在小组内自读《郑人买履》《万字》，完成以下学习任务。

（1）小组合作，选一个寓言故事读，完成以下任务。

①我们小组共读的寓言故事是________________请________为大家讲一讲。

②我们觉得故事中的________（主人公）真可笑呀，________。（可笑在哪儿？）

③他只想到________，没想到________。

④如果是你，你会怎么做？为什么？

（2）小组内交流，代表汇报。

（三）关键句段，体会道理

寓言故事能够告诉我们很多的道理，道理也往往就藏在句子之中。

出示片段，对比阅读，体会道理。

学习提示：

（1）读下面节选的两个片段，说说你有什么发现？

（2）这样的寓言故事能解决生活中的哪些问题？

片段①：

蛀木虫哭着对蛀虫说：“世界上的坏家伙数不清，但只有我和你得到个‘蛀虫’的坏名声……老天爷的眼光是非常锐利的，你别去碰钉子吧！”

——《蛀虫》

片段②：

他望着极目无边的海洋，感叹道……成为天下众人所耻笑的对象！

——《望洋兴叹》

小结：你发现了吗？道理有的是作者直接讲出的，有的是故事中的人物讲出的。我们只要找到这些关键句子，就能很快发现寓言故事的道理。

（四）借助故事，进行劝说

通过交流，我们发现他们之所以可笑，是因为只想到一方面，却没有想到另外一方面。聪明的孩子们，请你们来劝劝他们。

请对以上三个故事的主人公分别进行劝说。

我想对故事中的________说：______________________。

小结：大家对他们的劝说其实就是故事所蕴含的道理。读寓言故事除了让我们感到好笑，也能引发我们的思考，让我们明白更多的道理。

【设计意图】通过跟着问题读故事能够帮助学生快速理解故事；通过阅读练习，反复建构阅读思路，发现人物形象的相似之处，启发学生学会在寓言中看到自己或是他人的优秀与不足，不断反思和成长，充分发挥语文课程的育人功能。

三、联系生活实际，告诫劝说他人

同学们，像这样用寓言故事能解决生活中的很多问题。当遇到这些情况的时候，你会用哪个寓言来劝说他？

（1）芳芳晚上不敢一个人睡觉，总是觉得闭上眼睛有可怕的怪物。我想安慰她说：“你可千万别（　　　　），那样只会自己吓自己！”

（2）数学考试最后一题，明明很快做完了，但他总觉得步骤写太少，又添了几步。成绩出来后发现这道题因为多加的步骤扣了好几分。我想告诉他：“你这不是（　　　　）吗？可别再多此一举啦！”

（3）讲一个寓言故事劝劝小丽：小丽因为小明的作业一个字没写被老师批评，就嘲笑他。其实她自己的语文作业也没有完成。

小结：小小寓言大道理，它能够告诫我们在生活中该怎么做是正确的。

【设计意图】注重课堂的情境性和实践性，回归生活，内化方法，学会运用寓言故事分析并解决现实中的问题。

四、进行课堂总结，布置课后作业

本节课，我们通过共读故事，体会了寓言故事中的道理，并借助寓言来告诫自己。课下完成以下作业：

（1）找故事中最可笑、最愚蠢、最有智慧的人物，做人物卡，突出人物特点。

（2）选择自己喜欢的寓言故事，画一画，并试着讲故事。

《中国古代寓言》推进课（2）教学设计

教学目标

（1）通过回顾阅读过程，能交流自己独特的阅读感受。

（2）通过提炼理解寓意的方法，进一步感受寓言的特点。

（3）联系生活加深对寓言寓意的理解，并能尝试运用寓言故事分析和解决现实中的问题。

教学过程

一、猜测寓言故事，激发阅读兴趣

寓言故事短小精悍，文言文的寓言更是如此。让我们一起来读读这两则寓言，说说你的发现吧！

出示小古文《掩耳盗铃》《滥竽充数》指名读故事，生猜故事，说说理由。

【设计意图】通过古文阅读，激发学生阅读兴趣，鼓励学生持续阅读。

二、借助多个角度，感悟故事寓意

寓言故事能够启发我们在生活中该如何做人做事。我们一起来读读下面的寓言，看看它们告诉我们怎样的道理？

（一）对照生活，感悟寓意

默读《老人粘蝉》。

（1）说一说这则故事讲了一件什么事，又揭示了怎样的道理，将与道理有关的语句画出来。

①交流故事内容。

②交流揭示道理的关键句。

小结：抓住能够体现故事道理的关键句，初步体会寓言故事背后的大道理。

（2）交流《老人粘蝉》这则故事对自己的学习、生活的启示。

小结：联系生活可以多角度地体会故事背后的大道理。

（二）对比分析，感悟寓意

关注“寓意相同，故事不同”的寓言。

对比《三人成虎》《打井得一人》，发现寓意相同，故事不同。

在阅读第六组寓言故事的时候，你是否还发现了其他具有相同寓意的故事？学生汇报。

预设：

在这一组故事中我发现《疑邻盗斧》《疑心生暗鬼》和《杯弓蛇影》这三个故事都是说明对人或事不要乱猜疑的道理。

小结：通过比较，我们发现一些故事所蕴含的道理是一样的，可以用不同的故事，不同的人物来表达。

（三）续写结尾，感悟寓意

寓言故事的结尾，往往让我们意犹未尽，你一定也想创编一下故事的结局。下面请大家读第四组故事中的《鹬蚌相争》，和同桌一起读完续编故事的结局，并合作说一说。

（四）生活情境，进行劝告

学习寓言，就是让我们能够从中吸取经验和教训，正确地去学习和生活，请你结合下面的例子，说说可以用哪则寓言来劝说。

事例①：小明学习弹钢琴不久，在音乐课上为大家表演了一曲，结果遭到同学们的嘲笑。

事例②：小红学习不努力，考试只考了 68 分，却笑话考了 58 分的小明。

事例③：小华是学校篮球队队员，平时只要一有空，就会去篮球场练习投篮，每次比赛，他都能投进 3 分球。

小结：寓言是生活的一面镜子，联系生活理解寓言背后的大道理，不仅能促进自身进步，还能劝解、开导他人，帮助他人进步。

【设计意图】根据寓言文体特征，尝试结合整本书的编排特点，通过提问题、对比分析、联系生活和想象结尾等方法体会故事的道理，引导学生在自主学习中感悟寓意。

三、人物形象归类，评选人物之最

（一）认识人物，感知形象

1. 老师带学，寻找愚人

师生共同从故事中寻找荒唐可笑的愚人，交流他愚在哪？

学生交流。

2. 小组合作，寻找奇人

找一找“身怀绝技的奇人”和“善于思辨的智者”。

学习提示：

（1）每个小组选择一类人。

（2）找一找这类人的代表人物，每个小组成员选择其中一个人物，简要说其行为，从中明白了什么道理。

小组汇报，相机评价。

（二）合作评选，人物之最

小组合作借助人物卡，选出“最（　）的人”排行榜，想一想你想评什么样的人。如：最愚蠢的人/技艺最高超的人/最智慧的人/最持之以恒的人……注意把上榜理由说清楚，要让别人信服。

小组合作，交流汇报。

【设计意图】读完整本书后，通过寻找寓言故事中最（　）的人，使学生更系统地对故事中的人物进行分析归类，提高学生的思辨能力和表达能力。

四、进行课堂总结，布置课后作业

这节课我们通过归类阅读寓言，明白了不同的寓言也有相似的道理，又按照人物特点找到了愚人和奇人，请你继续阅读完成以下作业：

（1）评选人物之最，画人物形象思维导图。

（2）续写故事，创编寓言。

（3）创作封面，讲故事，秀一秀

《中国古代寓言》分享课（1）教学设计

教学目标

（1）能借助人物卡、手抄报、连环画讲故事。

（2）通过编演课本剧，深入理解《中国古代寓言》中的经典故事及其寓意。

教学过程

一、出示人物卡片，猜猜寓言故事

寓言中的故事一定给你留下了深刻的印象，故事中的人物也一定让你难以忘怀，请你看看这几幅图片，猜一猜是哪个故事？

出示《愚公移山》《刻舟求剑》《掩耳盗铃》《叶公好龙》人物卡猜一猜，说一说猜测理由。

【设计意图】通过猜一猜，创造轻松愉悦的课堂氛围，促进学生思维能力发展。

二、借助情节图画，讲讲寓言故事

有的同学根据故事情节，用图画的形式把故事呈现出来，制作了精美的连环画。

（一）根据连环画讲故事

组内讲一讲，再选代表讲。

（二）创作封面，讲讲故事

还有的同学把自己喜欢的故事画了下来，当作了这本书的新封面，请他们借助新封面再来讲讲故事吧！

举手投票，评选出“寓言故事大王”和“寓言插画小能手”。

【设计意图】借助连环画讲故事降低了讲故事难度，促进情感共鸣与价值观引导，从而使学生更好地感受中国古代寓言的魅力。

三、借助手抄报，秀秀寓言故事

寓言故事中的道理，能让我们想到生活中的人和事，带给我们很多启发，一起分享收获吧！

小组内展示自己的手抄报，讲讲故事。

选代表上台展示。

【设计意图】通过绘制手抄报，激发学生分享阅读成果的兴趣，让学生感受阅读带来的成就感。

四、自编寓言剧本，趣演寓言故事

我们还可以把寓言故事编写成课本剧演一演呢。出示《郑人买履》课本剧，请同学读一读。

中国寓言故事之《郑人买履》

人物：卖鞋人、买鞋人、买鞋人妻子、路人甲、三两个路人

第一幕

地点：买鞋人家里。

（买鞋人家里，买鞋人在屋里踱步。）画外音：我怎么能买到大小合适的鞋子呢？这可不好办。

（买鞋人作恍然大悟状。）画外音：有了，我何不先量好脚的尺码，这样绝对不会买大或者买小了。

（慌张找木棍，量好尺码，满意状。将放置于桌上，下场。）

第二幕

地点：集市上，路人三三两两闲逛，卖鞋人整理摊位。

卖鞋人：多好的鞋子啊，纯手工制作，经久耐穿，价格便宜，快来买呀！

买鞋人：（踱步到鞋摊儿前，拿起鞋子挑选。）

卖鞋人：客官选一双吧，多好的鞋子，价钱可以商量。

买鞋人：嗯嗯，确实不错，但我要先看看符合不符合我的尺码。

（做吃惊状。）哎呀，坏了，我把量好的尺码忘在家里了。（转身跑步下场。）

卖鞋人：等等，等等，你怎么就不……（望着买鞋人的方向，无奈摊手。）算了，跑远了。

第三幕

（买鞋回到家，翻找尺码，在桌子上发现尺码，转身急急往外走。）

买鞋人妻子：等等，你这么急匆匆地回来干什么？

买鞋人：（摇头，晃一下手里的木棍。）嗨，脑子越来越不好用了，记不住事儿了。

要去集市上买鞋，结果我量好了尺码却忘带来，只能回来拿一趟。不说了，我赶紧去买鞋了，去晚了集市就散了。（转身快步下场。）

买鞋人妻子：你真是蠢，你就不能……（望着买鞋人的方向。）算了，跑远了。

第四幕

（买鞋人来到集市上，集市已经散了，空荡荡的。路人甲在打扫街道。）

买鞋人：（呆立在街道中央，嘴里喃喃自语。）怎么这么快就散了

（叹气。）唉，都怪了忘带尺码才没买到鞋子呀。

路人甲：（笑着。）你为什么不直接用自己的脚去试一试鞋子的大小呢？

买鞋人：（把头一拧，不服气状。）那怎么行？我的尺码可是我精确量好的，和我的脚不差分毫。我宁肯相信我量好的尺码，也不能相信自己的脚啊。

（幕落。）

这样是不是很有意思？你想变身小演员过一把演员瘾吗？

课后请你们选出角色，分角色演一演吧。

【设计意图】课本剧表演深受孩子们的喜爱，只有真正读懂了寓言故事，了解了寓意，才能声情并茂地表演出来，才能对寓言进行很好的诠释。

五、进行课堂总结，布置课后作业

这节课同学们的分享非常精彩，看来，未来的表演艺术家就可能藏在你们中间，课下请你继续创作完成：

（1）故事新编，改编寓言。

（2）以小组为单位把你喜欢的寓言编成课本剧演一演。

《中国古代寓言》分享课（2）教学设计

教学目标

（1）发现《中国古代寓言》的表达特点，尝试创编。

（2）联系生活中的人和事，深入理解寓言的道理，并尝试劝说他人。

教学过程

一、运用寓言故事，尝试劝解他人

读寓言故事能让我们从中受益，带给我们很多启发。这节课我们继续分享。

（一）寓言生活家

寓言故事往往与生活息息相关，它可以帮助我们解决很多生活问题！我们一起来见证吧。

出示寓言信箱，读一读，帮助主人公解决他们的小烦恼！

情境①：小刚的求助信息。

情境②：明明的烦恼。

同桌合作，代表说一说。

（二）寓言“魔法袋”

魔袋①：同学早读，一个孩子混在其中，不动唇也不出声。

魔袋②：小明渴望自己有一技之长，可象棋学了三周，觉得太难，不肯再去；街舞刚学两周，觉得太累，也不肯去了；画画才学两周，没有进步，又不去了……他很苦恼，觉得掌握一项技能太难了。

学习提示：

（1）小组活动：每个小组选择一个魔袋，先讨论想到了哪个寓言故事，每个人像刚才这个同学一样先讲故事，再用寓意来劝说，小组里轮流练一练，推荐讲得最好的同学，上台展示。

（2）派代表汇报，全班模拟劝说。

【设计意图】有些寓言本身就是要通过故事劝解别人的。“寓言生活家”和“寓言‘魔法袋’”是寓言道理的生活运用，可以进一步感知寓言带给我们的启发。

二、借助寓言故事，调解日常纠纷

（一）出示案例，分析案例

日常生活中的纠纷案例时有发生，如邻里纠纷、同学之间的矛盾等，思考如何运用寓言故事中的哲理进行调解？

案例①：小红的故事。

案例②：一个没有完成作业的学生嘲笑另一个没写作业的学生，两人争吵了起来。

小组合作讨论，全班交流。

（二）角色扮演，调解纠纷

分组角色扮演，模拟纠纷场景，每组选出一名“调解员”，尝试运用寓言故事中的哲理进行调解，其他组可以提出问题和建议，共同探讨更有效的调解方法。

【设计意图】人与人之间总会产生一些纠纷，如果我们合理恰当地运用寓言进行调解，或许能够化解纠纷，让双方相互理解、握手言和。

三、寓言故事新编，尝试合作创说

一个故事就是一段神奇的经历，一个故事就是一场奇妙的旅行，只要开动脑筋，也能成为小小寓言剧作家。

选择一个印象深刻的故事中的人物，来个故事新编，让他有不一样的结局。

如《鹬蚌相争》中的渔翁捉住鹬和蚌之后，鹬和蚌会说些什么呢？我们可以改变一下结果——两个人不再相争了，而是通力协作了。《一叶障目》，故事中的那个楚国人，被扭送到衙门里，面对审问会怎么说呢？《叶公好龙》中的叶公并不是真的喜欢龙，大家都嘲笑他，于是会发生什么事情呢？

同桌选一个，合作试着说一说，再全班交流。

【设计意图】向孩子传递更深层次的道德观念、生活哲理以及对于社会现象的反思，引导他们关注社会现实、思考人生问题、树立正确的价值观。

四、模仿故事结构，创写寓言故事

（一）搭建支架，构思故事

（1）我们可以模仿这样的故事结构，来构思自己的故事。

寓言故事	想要表达的道理	借用的形象	所讲的故事
墨鱼避敌	事物具有双面性，如果使用不当，长处也会变成短处	墨鱼用墨汁逃避天敌，渔民却用墨汁来判断墨鱼的位置，成功抓到墨鱼	墨鱼生活在大海里，它有一项特殊的技能……

（2）我们编写的这个《墨鱼避敌》的寓言故事大致就是这样的，课件出示《墨鱼避敌》请同学读一读。

（二）设定主题，创编寓言

你也可以通过这样的思考来编写自己的寓言故事，请你选择一个形象来创编自己的寓言故事吧。

（1）设定主题和寓意。

①外表的美丽只是肤浅的。

②慢下来与稳重的态度才能取胜。

③必须要进行选择的话，两害相权衡取其危害较少的那一项

……

（2）分组讨论。

（3）编写故事。

（4）小组分享。

【设计意图】激发学生的创造力和想象力，深化学生对寓言寓意的理解，提升学生的语言表达和写作能力。

五、进行课堂总结，布置课后作业

寓言故事短小精悍，但它却隐藏着深刻的道理。用阅读《中国古代寓言》的方法，阅读《伊索寓言》和《克雷洛夫寓言》。准备参加学校组织的“寓言故事大会”吧。

《中国古代寓言》延伸课教学设计

教学目标

（1）在阅读《中国古代寓言》的基础上，体会寓言的特点，总结寓言的阅读策略。

（2）推荐阅读《伊索寓言》《克雷洛夫寓言》，关注封面、目录、阅读指导等信息，整体感知寓言内容，能用“故事＋道理＋联想”的方法阅读寓言故事，从中汲取智慧，懂得做人的道理。

（3）制订阅读计划，开启自主阅读。

教学过程

一、回顾精读书目，总结特点策略

这段时间，我们共读了《中国古代寓言》这本书，知道了寓言故事虽然短小精悍，但却饱含深刻的道理，真可谓“小故事大道理”。通过《中国古代寓言》的阅读，你发现了哪些寓言的特点？又总结了哪些寓言的阅读策略呢？

预设：

（1）寓言特点。

①寓言就是通过一个故事说明一个道理。寓言故事虽短小精悍，但寓意深刻，能够启发人们的思考，引导人们的行为。

②寓言常用讽刺和批判手法，唤起人们的警觉。

（2）阅读策略。

如边读边预测、制作故事卡片、填写想法记录单、列问题清单、续编故事、制作学习启示卡、对体现类似道理的寓言进行归类等。

二、关注阅读策略，推荐同类阅读

（一）推荐《中国古代寓言》其他版本

中国古代寓言是我国古代劳动人民智慧的结晶，内容丰富、构思巧妙、寓意深刻，同时版本众多。不同的版本收录的篇目是不一样的，阅读其他的版本，可以帮助我们更加深入地了解寓言故事，感悟蕴含的道理，获得人生的启迪。

（二）推荐阅读《伊索寓言》

小故事蕴含大道理，中国的寓言如此，外国的寓言也一样。除了中国的寓言，我们还可以读一读其他国家的寓言。比如伊索寓言、克雷洛夫寓言，它们都在世界上有很大的影响。

1. 推荐书目

出示《伊索寓言》。

《伊索寓言》包含很多古希腊的民间故事，就像一个奇妙的动物王国。漫步其中，我们会看到吃不到葡萄说葡萄酸的狐狸，还会遇到咬死救命恩人的蛇……

2. 分享故事

浏览《伊索寓言》的目录，看看这些故事，你以前读过哪些？给大家分享一下。（唤醒已知，激发兴趣。）

3. 梳理策略

那么如何阅读《伊索寓言》呢？方法和《中国古代寓言》类似，还是利用每一组前面的“阅读指导”，大家先看看，每一组都有哪些寓言，适合采用什么样的策略，先小组交流再全班交流。梳理如下表：

《伊索寓言》阅读策略

组别	篇目	阅读策略
第一组	《狮子和报恩的老鼠》《狮子和海豚》《毛驴、狐狸和狮子》等16篇	用画图表现寓言故事
第二组	《狮子和公牛》《狐狸和装病的狮子》《小羊和狼》等16篇	故事卡片
第三组	《狐狸和面具》《狐狸和豹》《老鼠开会》等16篇	辩论会
第四组	《渔夫和鲻鱼》《渔夫》《驴子和他的主人》等18篇	摘录书中有哲理的句子做积累，做“小书签”
第五组	《农夫和他的儿子们》《野猪和狐狸》《狮子和野猪》等19篇	故事会
第六组	《狐狸和山羊》《狮子、狼和狐狸》《披着羊皮的狼》等19篇	创编故事
第七组	《狐狸和葡萄》《断了尾巴的狐狸》《狐狸和狮子》等22篇	想法记录单

有了《中国古代寓言》的阅读经历，相信大家一定会在策略的引领下读好《伊索寓言》，快速阅读，高效阅读，在小小的寓言故事中明白更多的道理。

（三）推荐《克雷洛夫寓言》

1. 推荐书目

读克雷洛夫寓言，你会发现，很多故事都似曾相识，却被赋予了新的意义。老故事，新道理，这也是很多古老的寓言都能代代相传、历久弥新的原因。快来打开世界寓言宝库的大门，一起来获得人生的启迪吧！

2. 分享故事

浏览《克雷洛夫寓言》的目录，看看这些故事，你以前读过哪一个，给大家分享一下。

3. 梳理策略

阅读需要巧方法，我们来看看这本书有哪些阅读策略呢？

《克雷洛夫寓言》阅读策略

组别	篇目	阅读策略
第一组	《乌鸦和狐狸》《橡树和芦苇》《青蛙和牯牛》等 10 篇	故事卡片
第二组	《天鹅、梭子鱼和虾》《狮子和蚊子》等 17 篇	推荐卡
第三组	《狼和小羊》《大象和哈巴狗》《苍蝇和马车》等 10 篇	课本剧
第四组	《狐狸和葡萄》《狼落狗舍》《鹰和蜘蛛》等 11 篇	摘取充满想象力、富有画面感的语句，做“小书签”
第五组	《农夫和蛇》《一个遭遇不幸的农夫》《悔过的狐狸》等 8 篇	想法记录单
第六组	《青蛙们要一个国王》《好模仿的猴子》《猴子和眼镜》等 15 篇	交流会

好的办法会提速阅读，相信大家一定会在策略的引领下实现高效阅读，在世界寓言的宝库中寻得人生至宝。

（四）比较思辨，提升阅读

无论是《中国古代寓言》，还是《伊索寓言》和《克雷洛夫寓言》，都是世界寓言的文化宝库，都有思想相通的地方。但是由于每个国家的风土人情、价值观念等多方面的原因，也都会呈现出不同的地域色彩。读完这三本寓言故事集，我们可以来试着体会体会中外寓言故事的异同，我们可以从下面的角度入手。

（1）阅读《东郭先生和狼》《农夫和狼》《农夫和蛇》，你发现了什么？（不同的寓言故事表达了相似的道理。）

（2）比较《中国古代寓言》与《伊索寓言》《克雷洛夫寓言》的异同，你发现了什么？（重点关注不同的地方。）

【设计意图】让学生在进行同类阅读的过程中学会对比，学会思辨，开阔视野，提升审美能力，破解同类阅读密码，全面提升核心素养。

三、制订阅读计划，开启同类阅读

（一）出示样表，制订计划

（1）出示《中国古代寓言》阅读计划表，回顾总结目录式计划的好处。

（2）给学生分发《伊索寓言》《克雷洛夫寓言》的阅读计划表，学生填写完整。《伊索寓言》计划表可参考下表。

《伊索寓言》阅读计划表

班级		姓名	
阅读时限	____月____日—____月____日		
阅读内容	阅读时间	阅读成果	
第一组（16篇）： 《狮子和报恩的老鼠》等	开始时间：____月____日 完成时间：____月____日 所用时间：____天		
第二组（16篇）： 《狮子和公牛》等	开始时间：____月____日 完成时间：____月____日 所用时间：____天		
第三组（16篇）： 《狐狸和面具》等	开始时间：____月____日 完成时间：____月____日 所用时间：____天		
第四组（18篇）： 《渔夫和鲻鱼》等	开始时间：____月____日 完成时间：____月____日 所用时间：____天		
第五组（19篇）： 《农夫和他的儿子们》等	开始时间：____月____日 完成时间：____月____日 所用时间：____天		
第六组（19篇）： 《狐狸和山羊》等	开始时间：____月____日 完成时间：____月____日 所用时间：____天		
第七组（22篇）： 《狐狸和葡萄》等	开始时间：____月____日 完成时间：____月____日 所用时间：____天		

（二）创设情境，发布任务

学校要举办“寓言故事大赛”啦！赶紧读完《伊索寓言》《克雷洛夫寓言》，准备参加学校活动吧！

【设计意图】制订阅读计划，创设阅读情境，激发学生阅读兴趣，学习有计划地阅读，养成良好的阅读习惯，并产生强烈的阅读期待，是高效阅读、高阶阅读的基础。

四年级上册：
很久很久以前（神话传说）

“快乐读书吧”教材解析

本册“快乐读书吧”以“很久很久以前”为主题，引导学生阅读中外神话。这是本册神话单元的拓展与延伸，能使学生更全面地了解神话、感受神话。

教材由导语、“你读过吗”、小贴士和“相信你可以读更多”四部分组成。导语旨在通过几个问题激发学生阅读神话的兴趣，并用简练的语言告诉学生神话是什么及其流传的方式。“你读过吗”和“相信你可以读更多”，通过展示精彩片段、简要介绍作品内容，引导学生阅读相关作品。

教材还以小贴士的形式介绍了与神话有关的知识和阅读神话的方法。第一个小贴士旨在让学生明白神话在先民心中的地位；第二个小贴士则提示学生读神话时要注意发挥想象，感受其中的神奇。推荐的两本书，均以教材介绍的阅读方法为核心，结合本册的语文要素，设置了一系列阅读指导，引导学生更好地开展阅读实践。

围绕神话本身的特点、四年级上册教材的阅读要素和学生的发展水平，做了如下安排：

阅读要素一览表

书名	阅读要素
《中国神话传说》	第一组：梳理人物间的关联
	第二组：边读边批注
	第三组：分析人物的优缺点
	第四组：搜集和神话相关的文字和事物的信息
《世界经典神话与传说故事》（上、下）	第一组：了解人物特点及故事
	第二组：了解故事的起因、经过、结果，把握故事的主要内容
	第三组：能从不同角度提出问题
	第四组：通过人物的语言、动作、神态体会人物的心情
	第五组：能简要复述故事内容
	第六组：了解神话故事的特点

推荐书目阅读策略梳理

我们推荐阅读的版本是“快乐读书吧·名著阅读课程化丛书”，推荐阅读的书目是《中国神话传说》《世界经典神话与传说故事》（上、下），根据书的篇目分组和阅读指导，相应的阅读策略梳理如下：

《中国神话传说》阅读策略

组别	篇目	阅读策略
第一组	《宇宙起源》《人类起源》《神话时代的宇宙景观》	神话人物之间的关系
第二组	《东方天地伏羲》《南方天地炎帝》	作批注
第三组	《中央天帝黄帝》《西方天帝少昊和北方天帝颛顼》《帝喾时代的神话传说》	选择感兴趣的人物，说说优点和不足
第四组	《尧帝时代的神话传说》《舜帝时代的神话传说》《大禹时代的神话传说》	与神话相关的文字和事物

《世界经典神话与传说故事》（上、下）阅读策略

组别	篇目	阅读策略
第一组	《欧罗巴》《德墨忒耳》《法厄同》《代达罗斯和伊卡洛斯》《俄耳浦斯和欧律狄刻》《赫拉克勒斯的故事（节选）》《丘比特和普叙刻》	抓住关键语句和故事情节
第二组	《众神之王奥丁》《西芙的金发》《奥丁的预感及离开阿斯加尔德》《探访智慧泉》《青春女神和她的苹果》	故事情节图梳理
第三组	《洪水》《那罗和达摩衍蒂》《沙恭达罗》	针对部分或全文提问；针对题目提问；联系生活提问
第四组	《长角鹿母》《霍加加西》《阿里巴巴和四十大盗的故事》《航海家辛伯达的故事（节选）》	抓住人物的语言、动作、神态体会人物的心情
第五组	《辉夜姬》《八仙女》《海公的传说》	串联几个关键的人物和事件；借助情节图；抓住故事的起因、经过、结果
第六组	《辛格比捉弄北风》《云端的孩子》	抓住人物、故事情节、故事所讲述的内容体会神话的特点

《中国神话传说》1221教学模式教学设计

《中国神话传说》导读课教学设计

教学目标

（1）能对阅读《中国神话传说》产生兴趣，知道阅读神话的方法，感受神话特点。

（2）能了解神话故事的起因、经过、结果，学习把握故事的主要内容。

（3）能通过制订阅读计划，产生阅读期待。

教学过程

一、结合单元内容，盘点神话传说

（一）聚焦神话人物

神话，是人类童年时代飞腾的幻想。通过本单元的学习，你认识了哪些神话人物，他们有哪些动人的故事呢？（课件出示本单元神话故事图片：盘古开天地、

精卫填海、普罗米修斯、女娲补天）这些神话人物给你留下了怎样的印象呢？（为人类造福。）

（二）盘点神话特点

出示“交流平台”，阅读交流神话传说的特点。

（1）神奇的想象。

（2）神话人物个性鲜明。

（3）古人用神话故事表达对世界的认识。

（三）梳理阅读策略

结合单元课文的学习，梳理一下神话传说的阅读策略有哪些呢？先和同桌交流再全班交流。

预设：

（1）了解事情的起因、经过、结果，把握文章的主要内容。

（2）边读边想象画面，感受神话中神奇的想象和鲜明的人物形象。

【设计意图】通过单元主题，引导学生对神话故事有进一步认识，并从中感受神话故事的特点并梳理阅读策略，为开启《中国神话传说》整本书阅读奠定基础。

二、出示阅读书目，提取阅读策略

同学们知道下面问题的答案吗？

（1）世界是如何起源的？

（2）人类是怎样产生的？

（3）神和英雄是怎样生活的？

同学们交流看法。

教师引导：如果你想知道答案，就一起来阅读“很久很久以前”的故事吧。（课件出示书目《中国神话传说》。）

（一）观察封面，了解作者

（1）观察封面，你发现了哪些信息？

预设：

书名、作者、插图等。

（2）封面的插图是哪个神话传说呢？你能试着讲讲这个故事吗？

（3）作者简介。

（二）浏览目录，整体感知

阅读本书的目录，看看都有哪些内容，你发现了什么？

（课件出示目录。）

目录的题目格式大多是以神话故事的人物加上他做的事情命名的，也就是谁干什么。

读了目录和《写在前面的话》，我们大体知道了本书的主要内容。

本书内容主要包括三大部分：

第一部分介绍了宇宙起源神话、人类起源神话以及最初的宇宙景观。

第二部分介绍“五方天帝”的神话和传说，他们分别是东方天帝伏羲、南方天帝炎帝、中央天帝黄帝、西方天帝少昊和北方天帝颛顼。

第三部分介绍了四位人间远古帝王的神话传说，分别是帝喾、尧帝、舜帝和大禹。

（课件出示本书的三大部分内容。）

通过主要内容，我们可以看出，在零散材料的背后，隐藏着一个中国神话的体系。《中国神话传说》全书以时间顺序，从盘古开天地，到女娲造人、伏羲教民，再到东西南北各神首领的传说，最后讲述夏商周朝的建立和灭亡。

（三）阅读指导，提取策略

我们在课本里学了很多阅读神话故事的方法。《中国神话传说》这本书的“阅读指导”中也给我们提供了很多相应的阅读指导，一起来看一下。

学生自读“阅读指导”，先小组交流，再全班交流，最后教师小结。出示阅读策略表。

《中国神话传说》阅读策略

组别	篇目	阅读策略
第一组	《宇宙起源》《人类起源》《神话时代的宇宙景观》	神话人物之间的关系
第二组	《东方天地伏羲》《南方天地炎帝》	作批注
第三组	《中央天帝黄帝》《西方天帝少昊和北方天帝颛顼》《帝喾时代的神话传说》	选择感兴趣的人物，说说优点和不足
第四组	《尧帝时代的神话传说》《舜帝时代的神话传说》《大禹时代的神话传说》	与神话相关的文字和事物

【设计意图】通过提取重要信息、了解主要内容，梳理阅读策略，让学生对《中国神话传说》有个总体认识，为深入阅读打下坚实的基础。

三、运用阅读策略，共读精彩片段

带着方法去阅读，可以让我们收获更多不一样的精彩。下面我们就从书中摘取三个片段，运用我们学过的方法一起读一读，看我们能有哪些收获。

（一）把握主要内容

请同学们快速默读《嫦娥奔月》这个故事。读完之后概括一下这个故事的主要内容。

学生默读，全班交流。

当我们知道了故事的起因、经过、结果后，基本上也就把握了整个故事内容。

（课件出示《嫦娥奔月》主要内容。）

（二）感受神奇之处

在阅读神话故事时，我们还要展开合理想象。请同学们读一读这三句话。发挥你的想象，你看到了一个怎样的昆仑山？

出示《众神在人间的都城——昆仑山》节选，全班交流。

（三）体会鲜明形象

读神话，我们会认识许多有高尚品质的神话人物。请一位同学读一读《尧帝的治国奇迹》的片段，你看到了一个怎样的尧帝？

（课件出示《尧帝的治国奇迹》片段。）

学生自由交流。

预设：

大公无私、责任心强、为国为民、关心百姓、一心只想着百姓等。

这些片段只是给我们打开了一扇了解《中国神话传说》这本书的窗户。书中还有许多神奇的故事、人物和情节等着大家去发现去感受呢！

就让我们一起阅读这本《中国神话传说》吧。

【设计意图】运用学过的阅读策略进行抛砖引玉式的阅读，不仅回顾了阅读方法并灵活运用，而且为孩子们继续深入阅读做好了铺垫。

四、制订阅读计划，发布阅读任务

（一）出示样表，制订计划

阅读这本《中国神话传说》之前，你准备怎么安排阅读时间，保障自己阅读进度呢？拿出老师发的阅读计划表，请同学们结合目录内容，合理制订阅读计划。

《中国神话传说》阅读计划表

班级		姓名	
阅读时限	____月____日—____月____日		
阅读内容		阅读时间	阅读成果
第一部分：宇宙人类起源		开始时间：____月____日 完成时间：____月____日 所用时间：____天	
第二部分：五方天帝		开始时间：____月____日 完成时间：____月____日 所用时间：____天	
第三部分：远古帝王		开始时间：____月____日 完成时间：____月____日 所用时间：____天	

（二）创设情境，发布任务

学校要举办四年级“我是神话传说传讲人”活动啦，让我们一起走进《中国神话传说》，开启神话传说阅读之旅，争做优秀传讲人吧！

【设计意图】通过制订阅读计划，发布阅读任务，让学生对《中国神话传说》产生阅读期待，走进深度阅读。

《中国神话传说》推进课（1）教学设计

教学目标

（1）交流阅读进度与计划完成情况，维持阅读热情。

（2）借助各种方式梳理故事的起因、经过、结果，试着讲一讲神话故事。

（3）了解用勾画批注、提取整合、思维导图等方法把握人物形象和人物特点。

（4）继续阅读《中国神话传说》，了解神话故事中的神奇之处。

教学过程

一、汇报阅读进度，了解阅读情况

学生汇报阅读进度。

课件出示三名同学的阅读进度，你有什么发现吗？

预设：

（1）有的同学是按照阅读计划阅读的。

（2）有的同学没有跟上自己的阅读计划。

（3）有的同学超额完成了阅读计划。

总结阅读提示：读书要有计划。在阅读过程中，有时我们会由于一些原因没有按照阅读计划阅读，我们可以根据实际情况修改计划，及时做出调整，使计划更科学更有效。

【设计意图】制订阅读计划并按照计划读书是非常好的阅读习惯，有助于提高阅读效率，避免遗漏或重复，同时也能帮助学生更好地理解和吸收书中的知识。

二、检测阅读成果，激发阅读兴趣

（一）神奇人物填一填

课件出示女娲、盘古、曦和浴日的图片，猜一猜。

阅读描写神话人物的文字，猜一猜。

（二）神奇景物说一说

课件出示描述神奇景物的文字，同学们说一说。

（三）神奇关系理一理

看文字描述或人物关系图，说出这个人是谁。

【设计意图】阅读能提高学习能力，丰富知识储备，塑造正确的价值观，培养良好的思想品质。

三、交流阅读困惑，助力持续阅读

（一）共性个性兼顾，提出阅读困惑

在阅读中你遇到什么困难或者有什么困惑吗？

预设：

（1）书中有很多不认识、难理解的字词，比如人名、地名等。

（2）书中还有一些难懂的句子……

（二）解锁阅读障碍，助力持续阅读

阅读这本书遇到不理解的地方，你是怎么做的呢？

指导阅读方法：看封面、目录，查字典，查资料，请教他人，“圈、画、批、注”等方法。

总结：同学们，我们共同解决了阅读中存在的一些问题，也学会了更多阅读方法，只有掌握了好的方法，阅读才会事半功倍。

【设计意图】通过学生的反馈，了解学生阅读过程中普遍存在的问题，解决前期阅读遇到的困难和困惑。既对第一课时阅读方法进行回顾，也为阅读有困难的学生提供了策略，顺利进行后期的阅读。

四、梳理故事情节，把握故事内容

（一）赏析精彩故事

课件出示《女娲造人》《女娲缔造婚姻制度》，一边读，一边用自己喜欢的方法找出故事的起因、经过、结果。

方法一：借助山形图说说故事的起因、经过、结果。

方法二：借助鱼骨图把经过说得更清楚。

合作展示。

小结：通过第四单元的学习，同学们已经熟练地掌握了“通过了解故事的起因、经过、结果，把握文章的主要内容”的方法。在整本书阅读中，我们要学会运用这一方法。

（二）讲述精彩故事

学生自读《颛顼与共工之间的战争》，试着自己提取故事的起因、经过、结果，讲一讲这个故事。

温馨提示：在讲神话故事时，要感受神话人物的语气语调、想象当时神话人物的神态、肢体动作等，借助奇特大胆的合理的想象将神奇之处夸张，把这些加入你讲的故事当中，会使故事更生动，更吸引人。

【设计意图】每个学生在阅读能力和兴趣方面都存在差异，教学时为学生提供多种读整本书的方法，引导学生根据实际情况选择恰当的读书方法，满足不同学生的学习需求。因材施教，让每个学生都遇见最好的自己。

五、提出阅读要求，指导持续阅读

（一）从内容到精神

神话传说讲述的是远古时代的神灵和英雄们的故事，所以在阅读他们的故事的同时，一定要注意体会这些神话人物的精神品质，挖掘他们的思想内涵。

（二）从个体到民族

盘古开天、女娲补天、羿射九日、大禹治水等，这些神话人物都是中华民族的人文始祖。他们的精神品质有哪些共同的地方呢？在后续的阅读中，一定要注意挖掘中华民族精神的内核。

【设计意图】读神话传说，树立正确的价值观，树立文化自信。

《中国神话传说》推进课（2）教学设计

教学目标

（1）回顾《中国神话传说》阅读过程，分享收获，在收获中成长。

（2）通过读书沙龙，实现深入阅读，感悟神话人物形象。

（3）学会“联结”“抓住关键词句勾画批注”“提取整合”等方法，为阅读赋能。

（4）感受传统文化魅力，感悟神话人物的探索、担当和不屈不挠为民造福的民族精神。

教学过程

导入：神话，是远古历史的回音。这段时间我们一直徜徉在《中国神话传说》的海洋里，相信同学们从这本书中收获了很多，下面就让我们一起回顾奇妙的阅读之旅吧！

一、展示阅读成果，分享阅读收获

（一）观读书风采

爱读书使人变得更睿智。课件出示学生聚精会神、认真阅读的照片，回顾阅读过程。

（二）赏精彩批注

课件展示优秀作品。

（三）学多样积累

阅读积累是写作的丰盈仓储。师生共同欣赏积累成果，见证阅读收获。

【设计意图】此环节旨在唤醒学生对神话故事的记忆，简要梳理自己的阅读成果和收获，享受阅读的成就感。

二、开展阅读沙龙，感悟神话魅力

（一）搜集传统神元素

课前学生以小组为单位，搜集传统神话元素，课上进行汇报。

预设：

（1）神话元素在成语中常有所体现，就像我们熟知的开天辟地、夸父逐日等。

（2）我们组搜集到了和神话传说相关的古诗词，如“嫦娥应悔偷灵药，碧海青天夜夜心”与《嫦娥奔月》相关；“夸父诞宏志，乃与日竞走”与《夸父逐日》相关。

（3）在这些传统元素中有一类既带有美好的寓意，又充满了玄幻色彩——传统神话动物，在首饰和服装设计中运用最频繁，这也是近年最流行的国潮风。

（二）打造神话朋友圈

过渡：神话故事风格浪漫，独具魅力。当中国神话遇上朋友圈，会碰撞出怎样的精彩呢?

（1）小组合作完成“假如中国神话也有朋友圈”学习单。

（2）分组展示作品，共享阅读收获。

（三）走进神话故事会

1. 理一理“故事群”

课件出示思维导图。小组合作跳读书籍完成导图。

2. 讲一讲“群故事”

（1）课件出示汇报范例：

神话故事《女娲补天》

女娲的形象

女娲是人类的保护神

女娲缔造婚姻制度

女娲的节日

女娲的结局

……

（2）仿照范例，小组借助完成的思维导图，合作讲群故事。

（3）全班进行分享交流，感悟神话人物形象。

3. 议一议“群主题”

教师引导学生寻找其他主题。

预设：

神的诞生、神的战争、神的文化、神的品质等。

总结：如果我们读到一个内容，脑海里想起生活中、其他书中、同一本书其他章节中有关联的内容，这就说明脑海里正在发生“联结”。联结、预测、提问、批注等阅读策略，都能帮助我们更好地理解故事内容。

【设计意图】通过阅读沙龙，拓宽学生阅读思维的广度和深度，使学生的阅读与神话人物同频共振，并从书中提取有效信息，进行结构化加工。

三、借助批注细品，感悟人物形象

过渡：相信通过阅读沙龙，你对神话故事一定有了更深刻的感悟。下面就让我们走进大禹，了解上古时代治水英雄的伟大事迹。

（一）赏析大禹治水，感悟人物品质

快速阅读《中国神话传说》172—182页，找到关键词句，边读边批注人物特点，并概括：大禹做了一件什么事？他有什么本领和品质呢？

学生汇报批注内容，并对人物形象进行概括。

（二）提炼群神功绩，升华神的精神

过渡：同学们，这本书中还有哪些人物令你印象深刻呢？

预设：

我认识了开天辟地、造化万物的盘古，他牺牲了自己的生命，身体幻化成日月山河，创造了一个丰富多彩的新世界……

追问：这些人物身上都具有一些共同的精神感染着我们，谁能来分享自己的感想？

预设：

（1）这些英雄往往能战胜自然，面对困难和挫折不轻易放弃。

（2）我们可以在这些英雄身上汲取力量，对未来充满希望。

总结：是啊，神话人物带给我们的不光有神奇的想象，还有他们战天斗地、造福人类、勇于献身的中国精神，需要我们去发扬和传承。

（三）布置人物名片，汲取神话力量

（1）请同学们课后为自己喜欢的神话人物制作一张名片，并借助名片把故事讲给别人听。

（2）把神话人物名片进行加工美化，可做成书签与同伴交换分享。

【设计意图】单篇看见一个神，整本则见证一群神。本环节教师引导学生以"神的功绩"为核心，归纳总结大禹形象，再拓展到其他人物，寻找、概括神话人物在改造自然、造福人类等方面的贡献，感悟他们身上勇于探索、敢于担当、不屈不挠的中国精神。

四、拓展视频资源，丰富阅读内容

中国神话故事，不仅可以让心灵变得澄澈，更能让我们张开想象的翅膀，感受到智慧、善良、勇敢的力量。今天，老师还要为大家推荐央视动画视频《中国神话故事》，共24集。大家一定要观看呦！

【设计意图】推荐央视倾力打造的《中国神话故事》动画视频，拓宽学生的阅读视野，丰富阅读体验。

《中国神话传说》分享课（1）教学设计

教学目标

（1）通过思维导图、讲故事以及故事表演等形式，对阅读《中国神话传说》后的收获进行展示，提高创新能力、语言表达能力以及团结协作等能力。

（2）通过对呈现内容的欣赏、评价，进一步深化对这本书的感悟。

（3）提高阅读兴趣，体会中国古代神话故事里的文化精神和智慧，树立文化自信。

教学过程

一、创设情境导入，引发学生兴趣

同学们，以书为伴，一生受益。这段时间我们一直徜徉在《中国神话传说》这本充满趣味又充满意义的书中。我相信同学们从这本书中收获了很多。接下来，请同学们在小游戏中回顾读过的故事。

看图片猜故事名称。

听声音猜人物姓名。

读句子猜成语故事。

二、分享神话故事，展演精彩瞬间

（一）多维导图展神话

1. 人物关系展

同学们，《中国神话传说》这本书中有众多神仙，各路神仙有着不同的特点，有时候读着读着我们就可能分不清他们的关系了。同学们有什么好的方法吗？

预设：

可以用思维导图或者表格的形式来展现人物关系。

教师引导：利用思维导图或者表格的方式梳理人物关系，可以将厚厚的一本书读成薄薄的，这是会思考的表现。我们班就有同学依据不同主题制作了思维导图，就让他们为大家好好介绍介绍吧！

学生展示思维导图。

2. 故事情节展

同学们，我们在四年级上册第四单元学习了通过了解故事的起因、经过、结果来把握文章的主要内容。课前同学们选择了喜欢的神话故事，有的同学通过思维导图的形式梳理了故事的起因、经过、结果。现在就让他们为大家讲解讲解吧！

学生讲解。

欣赏了思维导图小组的几个作品，同学们来评价一下这几位同学的表现吧！

学生评价。

3. 神奇本领展

神话故事的神与奇，深深吸引着我们。神话人物通常有着超凡的智慧、勇气、品德，有着令人难以置信的神奇本领，还有的拥有着神奇的武器，在绝境中获得奇迹般生还，在救济苍生时点石成金。有的同学在阅读过程中对神话故事中的人物本领进行了梳理，下面有请他们来进行展示。

学生展示。

教师提升：中国古代人民通过神话故事展现了对自然、社会的原始理解，赋予神话人物神奇的本领，这些神奇的本领让我们感受到丰富的想象与精神力量。

【设计意图】本环节意在引导学生在梳理总结过程中对于书中内容的认知从感性转向理性，从而让深度阅读悄然发生。

（二）绘声绘色讲神话

1. 讲拿手好故事

神话故事往往内容离奇、情节曲折、人物形象非常突出，同学们可以借助刚刚的故事情节思维导图，按照起因、经过、结果的顺序把故事讲出来，加上适当的动作会更加吸引人。下面有请“神话故事传讲人”上台，进行精彩的讲解。

学生分享。

引导：刚刚两组同学都选取了《羿射九日》，虽然内容相同，但是讲出来的故事精彩程度却不同。有的同学五六句话就把起因、经过、结果全都说完了，而有的同学则讲得比较详细，这是为什么呢?

教师提升：你们真是善于发现，勤于思考。在完善思维导图时可以提炼出精彩环节的关键词句进行概括，讲故事的时候再进行描述与拓展。大家还可以不拘泥于故事内容，进行适当发挥，讲出来的故事才会更加吸引人。

2. 讲创编好故事

有很多神话故事内容很短小，却充满着艺术魅力，请大家发挥想象，来试着续写或者创编神话故事吧！现在请“讲创编好故事”的小组进行展示。

小组展示。

教师提升：同学们的故事丰富、神奇、想象奇特。看来真的是用心了。

【设计意图】本环节意在实践运用，举一反三，鼓励学生讲神话故事时要发挥想象，感受其中的神奇。

（三）小小剧场演神话

1. 小小编剧创剧本

《中国神话传说》这本书中，所有故事都有许多神奇而又精彩的情节，我们导演组的同学把他们最喜欢的片段找出来，改编成了课本剧。让我们一起欣赏他们的精彩展示吧！

出示学生改编的剧本。

2. 小小舞台演剧本

这些同学还把改编的剧本演出来了。一起来欣赏他们精彩的表演吧！

教师小结：一个个小演员演绎了一段段经典的故事。同学们用自己的表演诠释了对神话传说的深刻理解。

【设计意图】本环节意在培养学生读写结合的能力，学生对自己感兴趣的部分改编成课本剧并进行表演。

三、总结展演成果，探寻传承精神

在今天的所有展示中你最喜爱的是哪一种展示方式呢？请拿出你的评价表来进行总结吧！

根据评价表格选出优秀奖。

展演评价表

奖项	评价
最佳导图之星	
最亮故事之星	
最佳剧本之星	
最佳创意之星	

今天的展示方式多种多样，同学们在准备、修改、协商、展示的各个环节都受益满满。而作为观众，我们欣赏了各组的精彩展示、感受到了神话故事的精彩。希望今后同学们能利用平时点滴时间读更多的神话故事，演绎更精彩的片段。

《中国神话传说》分享课（2）教学设计

教学目标

（1）课前准备人物名片，制作“伟大贡献神话人物卡”。

（2）全班交流“伟大贡献神话人物卡”，并找出众神的精神品质，从而提炼中华民族精神品质的内核。

（3）对比古代神话故事人物和当代在各个领域为人类做出巨大贡献的人，感受神话传说对现代科技的影响，感受中华民族伟大精神的传承、发展与创新，增强文化自信。

教学过程

一、激趣谈话引入，激发分享欲望

同学们上节课感受到了神话传说的神奇之处，这节课，就让我们继续探寻神话人物的伟大贡献，感受他们的精神品质。

二、分享神的贡献，感知众神精神

（一）聚焦神的贡献，探寻精神品质

我们课前根据神话人物名片完成了“伟大贡献神话人物卡”的制作，分别从神话人物主要贡献、精神品质和对人类的影响三方面进行了思考，下面就让我们把自己的收获分享给大家。

学生汇报，教师提升。

【设计意图】学生一边汇报，老师一边总结提升，与学生产生共鸣，深刻理解神话人物的精神品质。

（1）盘古。

学生展示。

教师提升：盘古敢于开天辟地，他的这种精神孕育出中华大地上多少惊天动地、可歌可泣的英雄人物！盘古的精神也成了中华民族开拓进取的精神源泉。

（2）女娲。

学生展示。

教师提升：女娲是“抟土造人”的创世神，是“炼石补天”的英雄女神，是中华各民族共同敬仰的人文始祖，是中华民族的母亲。

（3）燧人氏。

学生展示。

教师提升：“钻木取火”在今人看来实在是微不足道，但他使人类掌握了一种支配自然力的技能，把人从动物中分离出来，成就了人类文明。

（4）炎帝神农氏。

学生展示。

教师提升：神农是中华农耕文明的创始者。他开创了丰富多彩的原始物质文明和精神文明，这是中华文化的源头。

（5）大禹。

学生展示。

教师提升：大禹治水是中国历史上一段具有重大意义的篇章。大禹不仅成功治理了洪水，解救了天下百姓，更为后世留下了宝贵的精神财富和文化遗产。

【设计意图】学生通过交流进行深入思考，通过教师的提升指引学生更加关注神话人物所作的贡献对人类的长远影响。

（二）巧记神的贡献，提取中华精神

（1）大家在《中国神话传说》这本书中找到了这么多对人类有巨大贡献的神话人物，下面就让我们用“人物＋事件”的方法记住他们的贡献，并大声诵读来赞颂他们的功绩！

出示PPT，学生齐读。

（2）我们再来回顾一下，你记住了这些神话人物的哪些优秀品质？请你写在黑板上。

同学们自由发挥，在黑板上板书。

师总结提升：正是拥有这些优秀品质的神话人物，创造了华夏五千年的文明。这些优秀的精神品质也是我们中华民族最为宝贵的精神财富，传承了这些，我们才能追求和实现伟大梦想。

【设计意图】通过“人物+事件”的识记方法，让学生记住这些神话人物的主要功绩和优秀品质。

三、神话照进现实，感受传承之美

同学们，如今的中华民族屹立于世界民族之林，华夏儿女们传承了优秀文化基因，正在认识世界，改造世界，推动人类文明的发展中贡献着自己的力量。

下面就让我们打开历史的大门，看神话照进现实，感受神话人物的精神品质在中华大地上的传承吧！

（一）神话照进现实（科技篇）

（1）请同学们看图片上的神话人物和现代的科学家，说说他们对人类都有哪些贡献？

预设：

①屠呦呦发现青蒿素。

②袁隆平培育杂交水稻。

③王亚平在太空授课。

教师提升：中华民族从古至今涌现的科学家，让我们看到了“神话人物”的影子。他们都传承了什么？创新了什么？

（2）请同学们思考当代这些伟大人物或英雄都传承了神话人物的哪些精神品质呢？出示PPT。

学生交流。

（3）总结揭示传承创新从未间断。

教师总结：大家请看这组航天器的名称（PPT出示图片）：“神舟”“嫦娥”“玉兔”“天宫”“悟空”，这些名字在我们的神话传说中是如此的熟悉，这就是传承，曾经的神话传说正在慢慢照进现实。这是属于我们中国人独有的浪漫，这浪漫也是我们中华民族文脉传承至今的最好证明。

【设计意图】用短句联结古今。感受一脉相承的传承与创新，增强学生的民族自信和文化认同感。

（二）神话照进现实（古迹篇）

同学们，我们的家乡——保定，自古以来就是一座历史文化名城。请同学们看图片，有你熟悉的地方吗？

（1）这就是唐县的庆都山，传说这是尧帝的生母庆都生活的地方。顺平的伊祁山就是尧帝出生的地方，所以这里又叫“尧山”。还有满城的“方顺桥”、高阳的“颛顼公园”、望都的“尧母文化园”等，这些地方就是我们祖祖辈辈生活着的地方。

（2）看到我们家乡的这些名胜古迹，你有什么感想呢？

（3）山西长治被誉为“中国神话之乡”，很多妇孺皆知的神话故事就发生在这里。

教师提升：我们保定就是尧帝的故里；长治是中华民族发祥和繁衍生息的重要地区之一。遥远的神话并没有远离，我们就是永远的中国神话传承人！

四、分享主席寄语，树立文化自信

（1）请同学们齐读习爷爷的话，说一说你受到哪些启发？

在几千年历史长河中，中国人民始终心怀梦想、不懈追求，我们不仅形成了小康生活的理念，而且秉持天下为公的情怀，盘古开天、女娲补天、伏羲画卦、神农尝草、夸父追日、精卫填海、愚公移山等我国古代神话深刻反映了中国人民勇于追求和实现梦想的执着精神。中国人民相信，山再高，往上攀，总能登顶；路再长，走下去，定能到达。

——习近平2018年3月20日在第十三届全国人民代表大会第一次会议上的讲话

（2）只要同学们遵循习爷爷的教导，从小传承好我们的文化基因，长大才能创造更美好的未来！

【设计意图】以国家领导人的话作为课堂的结束语，开启他们传承民族精神实现伟大理想的大门，点明“传承中华文化基因，创造美好未来”的核心主旨。

《中国神话传说》延伸课教学设计

教学目标

（1）回顾神话特点和阅读策略，拓展阅读《世界经典神话与传说故事》，提取适合的阅读策略。

（2）对比阅读，探索中外神话故事异同，产生阅读兴趣，培养思辨能力。

（3）制订阅读计划，开启《世界经典神话与传说故事》的深入阅读。

教学过程

一、回顾精读书目，聚焦特点策略

（一）神话特点

同学们，《中国神话传说》让我们走进了一个神奇有趣的神话世界，感受到了中华人文始祖甘于奉献、为民造福、改造自然的伟大精神。大家还记得神话传说的特点吗？

预设：

（1）神话充满神奇的想象。

（2）神话人物个性鲜明。

（3）古人用神话故事表达对世界的认识。

（二）语文要素

我们课本中本单元的导读页提示的语文要素，也给我们明确了神话传说的阅读方法，一起来回顾一下。

（1）了解事情的起因、经过、结果，把握文章的主要内容。

（2）边读边想象画面，感受神话中神奇的想象和鲜明的人物形象。

（三）阅读策略

在我们读《中国神话传说》这本书的过程中，我们学到了许多读神话的方法，大家回忆一下，都有哪些呢？

预设：

想象画面、批注感悟、思考提问、把握内容、理清关系、感悟形象、联结生活……

【设计意图】立足精读范例，借助已知经验降低新知难度，激发阅读兴趣，为开启世界神话传说的阅读奠定坚实的基础。

二、出示拓展书目，提取阅读策略

（一）观察封面，提取信息

神话，是人类童年时代飞腾的幻想。它不只属于中国，世界各地也流传着多姿多彩的神话传说。在这些充满想象的故事中，有许多性格鲜明的神祇和英雄，这些人物形象至今仍然熠熠生辉。让我们一起打开世界神话传说的宝藏吧！

1. 锁定书名，预测猜想

《世界经典神话与传说故事》这本书分为上下两册，书中介绍了世界各个地域著名的神话故事。根据你们的了解，猜一猜，书中可能有哪些国家的神话传说呢？

预设：

（1）希腊神话。

（2）北欧神话。

（3）印度神话。

2. 观察封面，提取信息

观察封面，你发现了哪些信息？封面上的插图是哪个神话传说？你能试着讲讲这个故事吗？

（二）浏览目录，整体感知

浏览《世界经典神话与传说故事》的目录，说说你有哪些发现？

引导学生快速了解本书的主要内容。思考：这本书为什么分为六组，每组故事有什么不同呢？（学生不会的话留作阅读过程中思考的问题。）

（三）阅读指导，梳理策略

我们知道，“阅读指导”页给我们提示了这本书的阅读策略，赶紧打开每一组的“阅读指导”，提取一下这本书的阅读策略吧。一边浏览，一边用关键词提取阅读策略。

先小组交流，再全班交流，最后教师总结。

预设：

（1）抓关键语句和故事情节。

（2）用故事情节图梳理主要内容。

（3）针对部分或全文提问；针对题目提问；联系生活提问。

（4）抓住人物的语言、动作、神态等体会人物的心情。

（5）串联几个关键的人物和事件；借助情节图；抓住故事的起因、经过、结果。

（6）抓住人物、故事情节、故事所讲述的内容体会神话的特点。

【设计意图】策略引领下的阅读，使教师有法可依，让学生有章可循，实现了阅读从低效到高效的发展、从低阶向高阶的晋升。借助“阅读指导”提取每一组神话传说的阅读策略，用来指导学生的全程阅读，可以让学生少走很多弯路，从而实现高效阅读。

三、对比中外神话，凝聚精神内核

（一）对比如何取火

当我们读外国神话的时候，经常读到与中国神话相同题材的神话故事，这时候我们可以进行对比阅读，相信大家一定会有新的发现。大家回想一下第 14 课《普罗米修斯》和“阅读链接”里的《燧人氏钻木取火》，你有什么发现呢？

课件出示：《燧人氏钻木取火》《普罗米修斯》对比阅读表。

学生交流相同与不同点，初步感受中西方文化的异同。

教师总结：从这两个神话传说中我们可以看到，古今中外人民对美好生活的向往是相同的。但是由于区域的差异，思想体系的不同，追求美好的方式会有所不同。

（二）对比如何治水

无论是中国神话传说还是世界神话传说，都是远古时代人们对征服自然、改造自然、为民造福的神祇和英雄的传颂。古时候，人们面对的灾难可能相同，化解的方式却不尽相同，我们再来看看面对洪水这一自然灾害，中外神话传说中的记载有什么不同。

课件出示《大禹时代的神话传说》中《大禹治水》的片段和《洪水》中摩奴造船躲避洪水的片段。学生阅读，小组讨论。教师出示对比阅读单并进行小结。

（三）聚焦精神内核

中华神话和其他国家神话中的人物精神内核有什么不同呢？

预设：

（1）中国神话中的大禹治水等体现了中华民族的征服自然、改造自然、为民造福、艰苦奋斗、百折不挠、无私奉献的精神，这正是中华民族精神品质的内核。

（2）印度神话中摩奴则展现了对神的虔诚和个人英雄主义。

教师总结：每一个国家的神话传说都体现了这个国家的文化体系、思想体系，所以我们读的是神话传说，品的却是各国的文化。这才是深度阅读。

【设计意图】通过对比阅读，让学生更加深入地了解不同国家的文化背景和历史，提炼不同国家文明的精神内核，从而更加坚信中华民族精神内核的伟大，树立正确的世界观、价值观和人生观，树立文化自信。

四、制订阅读计划，发布阅读任务

（一）出示样表，制订计划

有计划地阅读，可以事半功倍，实现高效阅读，深度阅读。如何根据内容制订阅读计划呢？我们依然采用按照目录章节制订阅读计划的方法。

教师课件出示目录式计划样表，学生根据目录内容制订阅读计划。

（二）创设情境，发布任务

学校要举办四年级“我是神话传说传讲人”活动了，大家想以什么样的方式展示阅读成果呢？

预设：

（1）创作海报，感受神话神奇之美。

（2）文本批注，做记录册。

（3）边读故事边预测，借助导图，创编神话故事。

（4）边读边思辨，举行辩论赛。

（5）开展“神话传说传讲人”招募令活动，录制传讲人小视频，评选优秀传讲人。

教师总结：让我们满怀期待，一起走进《世界经典神话与传说故事》，做中华文明的传承者，做世界文明的推动者。

【设计意图】有目的、有计划地阅读，可以实现高效阅读。通过多种形式展示阅读成果，创设神话传讲人招募令的情境，激发学生阅读的兴趣、展示的愿望，更好地帮助学生持续阅读，最终引导学生做中华文明的传播者，做世界文明的推动者。

四年级下册：十万个为什么（科普读物）

“快乐读书吧”教材解释

本册“快乐读书吧”的主题是“十万个为什么”，引导学生阅读科普作品。这是对本册“科普”单元的拓展和延伸。学生通过阅读，可以了解更多的科学知识，从而产生探索科学世界的兴趣。

教材由导语、“你读过吗”、小贴士和“相信你可以读更多”四部分组成。导语针对生活中常见的几个现象设置问题，以唤起学生的好奇心和探究欲，进而激发学生阅读科普作品的兴趣。“你读过吗”和“相信你可以读更多”，通过简要介绍作品内容、展示精彩片段，引导学生阅读苏联作家米·伊林的《十万个为什么》、李四光的《看看我们的地球》、高士其的《灰尘的旅行》和贾兰坡的《人类起源的演化过程》为代表的中外优秀科普作品。这些科普作品涉及的知识贴近生活，符合儿童的认知，适合四年级学生阅读。

小贴士提示了本次读书活动的阅读要素。第一个小贴士提示学生在阅读科普作品的时候，遇到一些不理解的科技术语，可以试着运用在课上学过的方法去理解。第二个小贴士提示学生读完后，可以查一查书中谈到的一些科学问题，现在有什么新的研究成果。这是对本册教材“科普”单元语文要素的延伸和巩固。

本次“快乐读书吧”引导学生阅读科普作品，能够进一步拓宽学生的阅读面，激发学生对科学的兴趣，让他们在阅读中丰富自己的科学知识，发展科学思维，提高科学素养。

围绕四年级下册教材的阅读要素，做了如下安排：

阅读要素一览表

书名	阅读要素
《十万个为什么》	第一组：提出问题，尝试解决
	第二组：边读边批注，圈画出相关信息，并整理信息
	第三组：收集问题，尝试多种方法解决
	第四组：整理信息，并展开奇思妙想，写一写自己想发明的东西
《灰尘的旅行》（上、下）	第一组：收集问题，尝试多种方法解决，与大家分享
	第二组：遇到有难度的问题，可以跳过去，也可以与同伴交流讨论解决
	第三组：整理信息，深入了解
	第四组：整理信息，解决难点
	第五组：搜集资料，进一步了解
	第六组：试着了解文章背后的知识

推荐书目阅读策略梳理

我们推荐阅读的是“快乐读书吧·名著阅读课程化丛书”，推荐阅读的书目是《十万个为什么》（上、下）、《灰尘的旅行》（上、下），根据书中的篇目分组和阅读指导，相应的阅读策略梳理如下：

《十万个为什么》（上、下）阅读策略

组别	篇目	阅读策略
第一组	《房间旅行记》	把自己的问题列在问题清单，并想办法解决
第二组	《灯的故事》	整理信息
第三组	《时钟的故事》	解决不懂的科学术语
第四组	《书的故事》	时间轴展示相关信息，写或画“未来之书”

《灰尘的旅行》（上、下）阅读策略

组别	篇目	阅读策略
第一组	《灰尘的旅行》《土壤世界》《花儿为什么这样红》等	做问题清单，通过阅读文章、查阅资料解决问题
第二组	《细菌的衣食住行》《人类起源的演化过程》《进化史上的奇迹》等	绘制时间轴，理清文章线索
第三组	《水仙》《白果树》《桂花树和树上的生物》等	给动物或植物做一张名片
第四组	《影子的故事》《马浪荡炒栗子》《骆驼绒袍子的故事》等	画示意图
第五组	《谈眼镜》《纸的故事》《一支铅笔的诞生》等	做科普小报
第六组	《竖鸡蛋》《算数能使你聪明起来》《三个臭皮匠赛过诸葛亮》等	收集问题，开展科普知识竞赛

《十万个为什么》1221 教学模式教学设计

《十万个为什么》导读课教学设计

教学目标

（1）初步了解《十万个为什么》的主要内容和体裁特点。

（2）能产生阅读科普作品的兴趣，学会提出问题并解决问题的方法。

（3）自主规划阅读，制订阅读计划，产生阅读期待。

教学过程

一、结合单元学习，梳理阅读策略

（一）走进科普

课件出示：蓝天、森林、大海，蕴含着自然的奥秘；过去、现在、未来，述说着科技的精彩……

通过本单元的学习，我们领略了大自然的奥秘，也见识了现代科技的精彩。科普作品，为我们打开了一扇神奇的科学大门！

（二）阅读策略

通过这个单元的学习，我们知道了如何提出问题和如何解决问题。遇到不懂的问题，应该怎样解决呢？

预设：

（1）联系上下文。

（2）结合生活经验。

（3）查资料。

（4）请教别人。

【设计意图】通过回顾单元内容，结合“语文园地”中的“交流平台”，梳理解决问题的方法，为整本书阅读奠定基础。

二、出示阅读书目，整体感知内容

（一）封面信息

课件出示各种图片（炉灶、钟表、图书……），你看到家里的这些物品，会提出什么问题？

学生结合自身情况大胆提问。

这本书里也有很多的“为什么”，请同学们拿起手里的书，观察封面。你了解到了哪些信息呢？

预设：

（1）主编。

（2）作者。

（3）翻译。

（4）出版社。

（5）封面。

（二）书名由来

我们要读的就是米·伊林的《十万个为什么》。看到这个题目，你有什么疑问吗？

预设：

（1）真的有十万个那么多的“为什么”吗？

（2）这些“为什么”都是什么？

引导：《十万个为什么》这本书中的确没有十万个“为什么”，书名来自英国作家卢·吉卜林的一句话：“五千个哪里，七千个怎样，十万个为什么。”这本书从 1934 年翻译至中国，已经被数十家出版社竞相出版。

（三）认识作者

《十万个为什么》的作者是米·伊林。（课件出示米·伊林简介。）

我国著名科普作家高士其爷爷曾这样评价米·伊林的作品：“内容丰富，文字生动，思想活泼，段落简短。”高尔基评价米·伊林“有着简明扼要地描述复杂现象和奥妙事物的罕见才能”。

米·伊林这本书特别受欢迎，连世界著名的作家都赞誉有加，了解到这里，你有什么想法吗?

预设：

（1）米·伊林的书一定非常有趣。

（2）我很想读。

（四）浏览目录

让我们一起走进这本备受欢迎的《十万个为什么》。想要快速地知道书中的内容，我们可以怎样做?

预设：

阅读目录。（课件出示目录。）

请同学们阅读目录，你读到了什么呢?

预设：

（1）上下两册一共写了“房间旅行记”“灯的故事”“时钟的故事”和“书的故事”四个部分。

（2）每个部分都是以一个个问题呈现。

（3）房间旅行记是按“站”来写的，一共写了六站。

（五）阅读指导

在阅读目录过程中你一定已经被其丰富的内容所吸引，你能说说你对哪部分最感兴趣吗?

学生回答自己感兴趣的部分。

回顾我们单元学习的几篇科普作品，你对阅读科普作品有什么好的方法吗?

学生自由发言。

书中也为我们提供了阅读方法，那就是每个部分前边的“阅读指导”。（课件出示“阅读指导”。）

请同学们仔细观察“阅读指导”，你能总结出阅读科普作品的好方法吗？老师也为同学们进行了汇总。（课件出示阅读策略。）

《十万个为什么》阅读策略

组别	篇目	阅读策略
第一组	《房间旅行记》	把自己的问题列在问题清单，并想办法解决
第二组	《灯的故事》	整理信息
第三组	《时钟的故事》	解决不懂的科学术语
第四组	《书的故事》	时间轴展示相关信息，写或画“未来之书”

【设计意图】通过观察封面、浏览目录、读阅读指导，引导学生感知全书内容，掌握一定的阅读策略，为学生自主阅读奠定基础。

三、师生共读片段，学会解决问题

请同学们用已经掌握的方法，一起读一读吧！

片段①：

煎马铃薯时用大火，温度要比煮马铃薯高许多。高温下马铃薯表层的淀粉变成糊精，一种淀粉糊，它把淀粉颗粒黏到一起，形成一层薄薄的金黄色脆皮。

大家可能不止一次使用过用糊精做的糨糊，尽管不清楚它是用什么做的。顺便说一句，小药瓶上的标签就是用这种糨糊贴上去的。

——《为什么煎出来的马铃薯有脆皮，而煮的却没有?》

看到题目，我们可以进行思考，提一些不理解的问题，列出问题清单，并在阅读中寻找答案。《房间旅行记》的题目就是以问题形式出现的，我们可以带着这个问题在文中寻找答案。

片段②：

松明是个绝妙的发明。

……

松明发出的光非常亮。

不过，它会冒出黑烟，生出烟炱，带来的麻烦也真不少啊！

为防止火灾发生，人们在松明下面垫上一块铁板，而且还得站在旁边看着它，好及时换下要烧完的松明，放上新的。

——《松明取代火堆》

人类的照明工具经历了很多次变革。文章中介绍的松明在使用时有什么优点，又有什么不足呢？阅读中，我们可以一边阅读，一边梳理信息。

片段③：

时轮带动第二个小齿轮。擒纵轮就随着这个小齿轮转动。这些构造跟伽利略和惠更斯时代的时钟相差无几。略有不同的地方是：这种时钟没有回转栅门和平衡轮，它们被别的装置代替了。这个装置能控制擒纵轮，不让重锤落得太快。

——《钟摆说了些什么》

在阅读时遇到了“擒纵轮”“平衡轮”这种不理解的科学术语，我们可以用什么办法来解决呢？联系上下文，结合生活经验，查资料，请教别人等都是不错的方法。

片段④：

世上的第一本书与今天的书有天壤之别。这本书有手有脚，会说话，会唱歌，自然不会被摆在书架上。你猜对了，这本“书”就是人。

——《“活的”书》

其实，在人们还没有掌握文字的时候，他们就是用结绳扣的方法记事的。南美洲的印加人（古代秘鲁人）就善于使用这种方法记录事情。

——《记忆所依》

在阅读《书的故事》时，可以把了解到的关键信息做成时间轴，展示人类信息传递的发展历程。读完文章不是思考的结束，而是产生新问题的开始，这是我们应该具备的学习态度。只有更广泛地阅读才能解开一个又一个的谜团。

【设计意图】师生共读片段，一起感受科普作品的神奇魅力，掌握阅读的方法。学生对这本书产生兴趣的同时，也对阅读产生兴趣，为学生养成良好的阅读习惯打下基础。

四、制订阅读计划，发布阅读任务

（一）观察样表，制订计划

这么有趣的一本科普书籍，我们想要有条理地完成阅读，就需要制订阅读计划。我们可以按照目录的顺序阅读，也可以先读自己喜欢的部分。请同学们观察阅读计划表，制订一个属于自己的阅读计划吧！如下表所示：

《十万个为什么》阅读计划表

班级		姓名	
阅读时限	____月____日—____月____日		
阅读内容		阅读时间	阅读成果
第一组： 《房屋旅行记》		开始时间：____月____日 完成时间：____月____日 所用时间：____天	
第二组： 《灯的故事》		开始时间：____月____日 完成时间：____月____日 所用时间：____天	
第三组： 《时钟的故事》		开始时间：____月____日 完成时间：____月____日 所用时间：____天	
第四组： 《书的故事》		开始时间：____月____日 完成时间：____月____日 所用时间：____天	

（二）创设情境，发布任务

有了阅读计划，按照计划阅读，一边读，一边用自己喜欢的方式记录阅读的收获。我们这学期将举行“科学小达人”评选活动，这本书里就有很多的知识，一定能给你带来很多乐趣！

【设计意图】通过制订合适的阅读计划，培养学生主动探究能力，提高学生对知识内容的理解和应用水平。同时也有助于培养学生良好的阅读习惯，为终身阅读打下坚实基础。

《十万个为什么》推进课（1）教学设计

教学目标

（1）能够在阅读中提出不懂的问题，并运用多种方法解决。

（2）能感受阅读科普作品的乐趣，了解更多阅读科普类文章的方法，产生继续阅读科普作品的兴趣。

（3）感受《十万个为什么》的语言特点，积累丰富的语言，养成热爱阅读、广泛阅读的习惯。

教学过程

一、知识比拼，检查阅读效果

经过一段时间的阅读，相信大家对《十万个为什么》这本书已经有了一定的了解。下面我们就来做一个游戏，比比谁读书读得更认真。

游戏：科普知识大比拼。

【设计意图】检验学生的阅读成果，让学生在读书中进一步感受科学带来的精彩世界。

二、交流问题，解决读中疑惑

（一）同伴阅读启示

（1）边读边批注。

课件出示学生阅读时在书中的勾画痕迹、批注。

方法指导：在阅读过程中做批注，边读边批注是阅读整本书的好方法，可以帮我们梳理文章内容。

（2）绘制房屋旅行路线图。

浏览整本书，用自己喜欢的方式绘制房屋旅行路线图，如表格式、阶梯图、情节图等。

（二）解决阅读困难

（1）同学们在阅读过程中遇到了什么困难吗？

预设：

①书中提到的物件有些没见过。

②有的科学术语不知道是什么意思。

课件出示课本“小贴士”。

（2）请同学们回忆在阅读过程中你都是怎么解决这些困难的？

预设：

①联系上下文。

②网络搜索通俗易懂的视频。

③向长辈请教。

④参观博物馆。

⑤参考百科全书类专业书籍。

⑥查字典。

⑦请教专业人士。

在阅读中，我们还可以积累理解了的专业术语，分享给你的小伙伴。

【设计意图】整本书阅读过程中及时发现和解决学生遇到的问题，提高阅读质量。

三、品读文本，联系生活思考

指导品读《古时候的人吃什么？》

阅读任务单

阅读前：问题猜测	古人可能吃什么
阅读中：知识整理	作者用了哪些说明方法
阅读后：学习提问	对比现在，你有什么发现

（一）阅读前，问题猜测

如何阅读可以让我们有最大的收获呢？看到《古时候的人吃什么？》这个题目你会想到什么？

在阅读前先对问题进行猜测，猜猜古人可能吃什么？试着记录下来。

预设：

（1）牛羊肉。

（2）面包。

（3）蔬菜。

（二）阅读中，知识整理

在阅读中，我们进行知识的梳理与积累。圈画文中所描写的古人可能吃的食物，给特别印象深刻的地方做标记，并思考作者用了哪些说明方法？

这篇文章，作者只写了两种食物，有哪些地方让你印象深刻或者感到惊讶呢？

学生自读、圈画、批注、分享。

（三）阅读后，学习提问

（1）同学们在读前做了猜测，在读中进行了整理，阅读后我们可以试着提问，你有没有新的问题或者想法呢？

预设：

古代人没有食物，可是现在的人却有浪费的现象，为什么？

引导：看来我们要学会珍惜粮食了。

（2）古人吃的食物很简陋，食物来得不容易。我们现在可以吃到这么多食物，一对比，你发现了什么呢？课件出示我们的超市蔬菜与食物。

预设：

①我们生活条件变好了，以后还会有更丰富的食物。

②我们要珍惜现在来之不易的生活。

③好好学习科学知识，研究更高产的粮食，造福人类。

小结：食物史就是一段文明史，我们从食物的变化就可以看到人类文明的变化。

读前猜测问题，读中整理问题，读后提出问题。读完一篇文章不是代表问题的结束，而是代表新的问题又开始了。这才是一个学习者的状态，相信同学们都可以做到。

【设计意图】整本书阅读教学，应以学生自主阅读为主。引导学生了解阅读的多种策略，运用不同阅读方法。

四、比较阅读，感悟语言魅力

课件出示主要内容相同但表达方式不同的两个片段。

片段①：

我们再看看巴黎。巴黎人很少换洗衬衣，一个月换一次，有人甚至两个月才换一次，他们关心的不是衬衣是否干净，而是袖口上的花边是否名贵，胸襟上的绣花是否漂亮。

…………

那时候，有钱人会在床上挂华丽的床幔。挂它不仅仅是为了好看，更重要的是可以防止天花板上的虫子掉到床上。……

但是，床幔上有很多褶皱，臭虫很容易藏匿其中，所以床幔的作用并不大。那时也没有下水道。巴黎人直接从窗口把脏水泼到街上，脏水流到街中间的沟里，臭气熏天。行人只好尽量贴着房子边行走。

——《人从什么时候开始洗澡的？》

片段②：

中世纪欧洲贵族的行为堪称惊世骇俗，洗澡于他们而言，简直是天方夜谭。那位声名远扬的路易十四及其王后，一生竟仅仅洗过两次澡。而英王詹姆斯一世更是将不洗澡贯彻到底，他的卧室里，虱子和跳蚤泛滥成灾，那是一个常人难以想象的污秽之地。

——《中世纪欧洲贵族：不洗澡的“臭”名昭著生活大揭秘》

请同学们阅读两段文字，你更喜欢读哪一片段？请你说一说理由。

预设：

（1）我更喜欢片段一，语言很有条理，更容易明白。

（2）喜欢片段一，娓娓道来，像讲故事。

教师小结：“简明的叙述，条理清晰”“讲有趣的故事”是《十万个为什么》的语言特点。

你读到了哪些有趣的片段？请分享给大家，并说说你的感受。

预设：

“那时候，有钱人会在床上挂华丽的床幔。挂它不仅仅是为了好看，更重要的是可以防止天花板上的虫子掉到床上。”天花板还会有虫子掉下来，让我感到很生动有趣。还讲了一个古代王宫的例子，更有说服力。

教师小结：“生动的语言”也是《十万个为什么》经历百年却经久不衰的原因。

布置任务：作者写得这样有条理，又生动有趣、风趣幽默，请你继续深入阅读米·伊林的《十万个为什么》，从中发现更多有趣的故事和科学知识，并把它们讲给你的伙伴听吧！

《十万个为什么》推进课（2）教学设计

教学目标

（1）学习更多阅读科普作品的方法，并试着用在自己的习作当中。

（2）产生对中国版《十万个为什么》等科普作品的阅读兴趣。

（3）根据自己的读书经验和收获，尝试编写自己的科学作品集。

教学过程

一、创设情境，检测阅读效果

正确答案我来选。

科学知识我判断。

【设计意图】以口头形式进行测验，了解学生的阅读情况。

二、运用方法，解决阅读问题

（一）记录专业术语

同学们在阅读过程中遇到了很多的科学术语，并且通过各种方法了解了它们的意思，你是用什么方法进行总结的呢？

预设：

（1）列表格的方法。

（2）制作科学小报。

课件出示学生的摘抄表格，科学小报。

总结：《十万个为什么》这本书，以严谨的科学态度和通俗易懂的语言，为读者解答了很多科学问题，让读者在阅读过程中不仅增长了知识，还开阔了视野。

（二）积累阅读方法

《十万个为什么》中《书的故事》提到了很多内容。通过阅读，你对书有了更深的了解吗？作者是怎样把书的历史写清楚的？

课件展示片段。

片段①：

世界上的第一本书与今天的书有天壤之别。这本书有手有脚，会说话，会唱歌，自然不会被摆在书架上。你猜对了，这本“书”就是人。

——《“活的”书》

片段②：

其实，在人们还没有掌握文字的时候，他们就是用结绳扣的方法记事的。南美洲的印加人（古代秘鲁人）就善于使用这种方法记录事情。今天，在秘鲁依旧可以找到掌握这种用绳扣记事的牧人。

古时，印加人不在手帕上打结，而是要选一条粗绳子，在这条绳子上再系上颜色不同、粗细和长短不一的细绳，在细绳上打结。细绳上的结离粗绳越近，就表示这个结所代表的事情越重要、越紧急。

——《记忆所依》

文字是传递信息的重要载体，读了上面的文字，关于“书”你了解到了什么？

预设：

（1）最开始是口口相传。

（2）后来人们在手帕或绳子上打结。

这种随着时间的变化而改变的内容，我们可以制作一个时间轴：

口口相传—结绳记事—（　　　　）—（　　　　）—……

也可以用列表格整理信息的方法梳理信息：

《书的故事》阅读记录单

书的发展	较之前的优势	不足
口口相传		
绳结记事		
（　　　）		
（　　　）		

作者是怎样为我们把这些科普知识讲清楚的？

预设：

（1）按照一定顺序。

（2）简洁生动有趣的语言。

（3）使用说明方法。

【设计意图】关注学生整个阅读过程，提高学生阅读整本书的能力。

三、联结生活，探究科学发现

（一）浅谈科技发展

随着时间的推移，科学技术水平也随之提高，之前的研究也有了新的发现。经过这一段时间的阅读与积累，书中谈到的一些科学问题，现在有什么新的研究成果吗？说说你都有哪些新的发现？

学生说一说。

（二）畅想未来之书

随着现代信息技术的发展，人们记录信息的方式正在发生巨变，书的形态也随之发生变化，未来的人们会怎么改变自己记录信息的方式，又会把这些信息记录在什么材质上呢？

预设：

（1）电子书。

（2）云平台。

同学们的心中一定有一本“未来之书”，把你心目中的“未来之书”写出来或画出来吧！

（三）编写科学发现

《十万个为什么》中揭示了许多和生活息息相关的知识和学问，凝结着人们从古至今的智慧。通过阅读《十万个为什么》，你有什么新的发现呢？你做了什么研究或者实验呢？把你的发现试着写下来吧！

方法指导：

（1）仿照米·伊林的方法写生活中的发现。首先根据生活中的现象产生疑问，提出“为什么”。其次查阅资料科学解答，分析“为什么”。然后尝试用生活经验或科学小实验诠释问题，解决“为什么”。最后按照提出问题、分析问题、解决问题的顺序将科学发现的过程记录下来。

（2）将自己的科学发现整理成集，制作一本属于自己的“十万个为什么”作品集，给自己的作品集取一个富有创意的名字，并设计精美的封面和腰封。

（3）将自己制作的科学新发现作品集和同学交换阅读。

【设计意图】通过浅谈科技发展、畅想未来之书，激发学生科学探究的兴趣，并通过编写科学发现培养学生收集、处理信息的能力以及“有创意的表达”能力，从而全面提升学生的核心素养。

《十万个为什么》分享课（1）教学设计

教学目标

（1）通过交流阅读《十万个为什么》的收获，感受阅读科普作品的快乐。

（2）通过阅读和实验验证，感受科普作品带来的思维碰撞，对科普作品产生浓厚的兴趣。

（3）学会多角度评价《十万个为什么》的科学性、文学性。

教学过程

一、快问快答，检测阅读效果

同学们，最近我们读了苏联作家米·伊林创作的科普作品《十万个为什么》。作品采用“屋内旅行记”的方式，选取了六个与我们生活息息相关的“旅行站点”，下面我们就玩一个游戏——“快问快答”，检验一下同学们的阅读效果。

【设计意图】通过快问快答的方式激发孩子们对科普读物的兴趣，让孩子们读完书之后有很大的成就感。

二、信息博览，分享阅读收获

同学们都通过了考验，看来大家都读得很认真。在《十万个为什么》这本书中，米·伊林针对每个站点中常见的事物，提出了许多看似简单却不那么容易回答的问题。读了这本书，你遇到了哪些困难又有哪些收获呢？

（一）科学术语大集锦

阅读《十万个为什么》，同学们遇到了许多科学术语拦路虎，你们有什么好办法理解它们吗？

预设：

①识别术语有方法。

②制作表格方便查。

大家可以参考并制作“科学术语表”。

科学术语表

科学术语	意思
烟炱	烟气凝成的黑灰
砾石	水流冲击磨去棱角的岩石碎块
糊精	有黏性的有机化合物
……	……

我们可以把全班同学的科学术语表集合在一起，形成我们班的“科学术语大集锦”。

（二）生活科学大冲浪

仔细研读了《十万个为什么》，我们发现，这本书和生活联系特别紧密。它告诉我们如何运用科学知识去解释和解决生活中的问题。无论是物理、化学还是生物等领域的知识，都可以在生活中找到应用，甚至解决生活中的实际问题。

让我们在生活中寻找科学的影子，来一次“生活科学大冲浪”。

(1)《房间旅行记》。

围绕“房间旅行记”主题作者安排了自来水龙头、炉子、餐桌和炉台等房间旅行的车站。让我们来回顾一下吧！

预设：

①有空气筑成的墙壁吗？

②火有影子吗？

(2)《灯的故事》。

这个故事以灯的发展为时间轴，在对比和改进中体会人类社会的发展。请大家梳理问题：

预设：

①作者对不同时代的照明工具作了较为详尽的介绍，各种照明工具的优点和缺点都有哪些？

②新的照明工具根据上一代的缺点进行了怎样的改进？

(3)《时钟的故事》。

为了激发读者的阅读兴趣，作者提出了哪些问题？

预设：

①你想象过如果世界上没有了时钟，生活将会变成什么样子吗？

②你想过钟表发明之前，人类是怎么计时的吗？

(4)《书的故事》。

大家可以试着把你了解到的关键信息做成一个时间轴，展示人类信息传递的发展历程。这个故事带给我们哪些认识和思考？

预设：

①我对书有了新的理解。

②未来的人们会怎么改变记录信息的方式，又会把这些信息记录在什么材质上呢？

（三）科学实验再呈现

著名昆虫学家法布尔曾经说："在对某个事物说'是'以前，我要观察、触摸，而且不是一次，是两三次，甚至没完没了，直到没有任何怀疑为止。"这本书提出了很多有趣的科学知识，你有没有亲自实践来验证真伪呢？让我们一起见证怎样把"?"变成"!"。

播放视频：

(1) 制作泡泡水。

(2) 红薯里含有淀粉。

(3) 紫甘蓝水遇到不同的液体会变色。

这三位同学，有探索书中提到的内容去验证真实性的，也有对某一站的内容感兴趣，引发了思考，去感受科学之神奇的，都是棒棒哒！

除了这几位同学做的，我们可以做的小实验还有很多，有待大家去验证。

【设计意图】通过交流分享，让学生学会阅读方法，明白科学与生活密不可分，培养学生的科学探究精神。

三、颁奖典礼，感受科学魅力

米·伊林的《十万个为什么》风靡整个世纪而长久不衰，魅力实在太大了。阅读这本书，我们不仅能学到科学知识，还能领略到文学之美。如果要给米·伊林颁奖的话，你会颁给他哪些奖项？请你为米·伊林颁奖，并说明理由。

1. 善于提问奖

对司空见惯的事物和现象发问，是一种难能可贵的质疑精神，能带领我们不断去发现，于平常中见到不平常。作者以“为什么”的形式提问，用通俗生动的语言，深入浅出地予以巧妙的回答，将抽象、深奥、枯燥的科学知识形象浅近地表达出来。

2. 最佳文笔奖

枯燥抽象的原理变成了生动的场景和画面，米·伊林的文字魔法让科学更亲切！

3. 语言严谨奖

书里面很多的描写都特别严谨，真是一本好的科普书籍。

教师总结：米·伊林用文艺的笔调、生动的比喻、典型的事例、诗一样的语言，提出许多看似简单却不容易回答的生活中的问题，还给出了深入浅出的回答，将抽象、深奥、枯燥的科学知识娓娓道来。这真是一部伟大的作品呀！

布置作业：米·伊林《十万个为什么》点燃了无数科学爱好者的梦想，为了致敬经典，老师提倡大家用善于发现的眼睛去观察身边的科学现象，学习作者的表达方式，尝试写出自己身边的“十万个为什么”吧！

【设计意图】通过颁奖的形式让孩子们充分感受作家米·伊林创作《十万个为什么》的意义。

《十万个为什么》分享课（2）教学设计

教学目标

（1）总结本书作者的创作特点，编写身边的“十万个为什么”。

（2）通过阅读和实践开展科普宣传，争做科普宣传员。

（3）心灵受到启发，探索更多科学奥秘。

教学过程

一、探究写法，迁移运用

（一）表达方法大揭秘

《十万个为什么》畅销几十年，影响几代人。与一般的科普作品不同，他的讲述娓娓动听，让我们读起来津津有味。他给内容施了什么“魔法”呢？请看米·

伊林的三大法宝——

法宝①：有趣的故事。

米·伊林是把科学知识融进有趣的故事中讲给大家听。这些故事都是生活中的小现象和小疑惑。

法宝②：简明的叙述。

《十万个为什么》全文只有五万多字，每篇不过几百字，却把一个个科学道理讲得浅显易懂。

法宝③：生动的文字。

米·伊林善于把文学和科学结合起来，用生动的比喻、诗一样的语言，娓娓动听地讲述科学知识，阅读这本科普读物几乎没有障碍。

【设计意图】通过探究米·伊林《十万个为什么》的写法，发现他写科普作品成功的秘密，为同学们仿写打下基础。

（二）仿照样子来创编

（1）同学们现在可都是小小科普迷，让我们学习米·伊林的写法，创编我们身边的“十万个为什么”吧！同学们，你们都想写哪些内容呢？

预设：

可以从“教室里”“厨房里”“操场上”“卧室里”等方面思考。

（2）大家有这么多的想法，我们该怎样去编写呢？

学生交流。

教师总结：同学们说得太好了，我们把自己发现问题，思考问题，又是怎样探究到答案的过程记录下来就是一篇很好的小故事。我们把全班小朋友的探究小故事装订在一起就是我们班的《十万个为什么》。

（3）小组合作去探究。

同学们创编的时候可以小组合作进行探究。参考下面的表格，把探究的科学知识介绍清楚。

《新编十万个为什么》探究单

发现问题的地点	探究的过程	找到的答案

（4）下面我们就来看几个例子，看他们都在身边发现了什么？又是怎样记录的？（PPT 出示例文。）

预设：

①为什么可乐会冒泡？

②教室里的“黑板”为什么也会反光？

（5）写完之后，我们把全班作品汇编到一起，就形成了我们班的《新编十万个为什么》，到时候大家可以相互传阅。

【设计意图】通过上一个环节对作者写作方法的探究，促使同学们从形式到内容，通过不同方面，不同角度去编写自己身边的“十万个为什么”。

二、分工合作，科普宣传

同学们，我们学校马上要开展科技节了。我们不但读了米·伊林的《十万个为什么》，还尝试创编了属于自己的《新编十万个为什么》。下面就请科普宣传员们闪亮登场。他们分别是海报宣传组、知识讲堂组和现场实验组的同学们。让我们期待他们的精彩分享：

（一）海报宣传组

我们要想吸引更多的读者去读科普读物，可以做宣传海报，请大家欣赏我们组制作的宣传海报。我们的海报有三大特点：

（1）标题醒目。

（2）图画生动。

（3）板块清楚。

【设计意图】通过海报图片的展示，给孩子们直观感受，怎样设计海报能吸引更多的读者关注书籍。

（二）知识讲堂组

同学们，通过课下提问和探究，有四组同学开展了“知识大讲堂”，下面就让他们带领大家一起走进我们身边的“十万个为什么”。

（1）教室里的“十万个为什么”。

①教室里的黑板为什么反光？

②粉笔为什么能在黑板上写字？

（2）操场上的“十万个为什么”。

为什么上完体育课鞋子里总会有小黑“石子”？

（3）厨房里的“十万个为什么”。

妈妈做饭的时候，为什么热菜老远就能闻到香味，凉了就闻不到了？

（4）卧室里的“十万个为什么”。

卧室里的灰尘从哪里来的？

【设计意图】鼓励孩子们从生活中，身边熟悉的场景中发现科学问题，进行深入的探讨，寻找答案，并仿照作家的写法写成小故事，培养学生的科学探究精神和书面表达能力。

（三）现场实验组

我们组的同学开展了丰富多彩的小实验。这些实验虽然简单有趣，但都包含着许多的科学道理。下面我们把实验所需要的材料、步骤和里面的科学原理介绍给大家。同学们课下可以亲自试试看。下面请看我们的展示吧！

（1）飘浮的蜘蛛。

（2）彩虹雨。

（3）火山喷发。

（4）打不开的书。

（5）瓶子吹气球。

【设计意图】充分利用孩子们乐于动手的特点，让孩子们发现生活中经常发生的科学现象，选取安全的、易操作的进行现场科学小实验，这样能大大激发孩子们的探究兴趣，从而培养他们的科学探究精神。

三、宣传评选，启发心灵

同学们这些实验真是太精彩了！爱因斯坦说，科学是永无止境的，它是一个永恒之谜。你最喜欢哪种宣传方式呢？把你最喜欢的内容讲给家长听，最喜欢的实验做给弟弟妹妹看，让他们也学到更多的科学知识吧！同时也期待同学们创编出更精彩的科学小故事，充实我们班的《新编十万个为什么》。愿同学们插上梦想的翅膀，在科学世界里翱翔！

【设计意图】用爱因斯坦的名言进行课堂总结，激发同学们继续进行科学探究和宣传的良好意愿，达到科技育人的目的。

《十万个为什么》延伸课教学设计

教学目标

（1）灵活运用阅读策略，阅读更多科普读物，增强阅读科普读物的兴趣。

（2）通过对比阅读、同题阅读和同类阅读，了解更多的科普类作品，感受更丰富的科学知识。

（3）拓宽阅读视野，通过对科学家和科普作品的了解，培养科学素养。

教学过程

一、回顾精读书目，聚焦特点策略

（一）体裁特点

同学们，我们知道《十万个为什么》是科普类读物，这本书不但能激发我们对科学的兴趣，还能丰富科学知识，发展科学思维，提高科学素养。科普类读物体裁有自己的特点，书中大量使用了说明方法和修辞手法。

PPT 出示体裁特点。

（二）阅读策略

我们读科普书籍不仅要读文字，还要掌握读书方法。我们在四年级上下册分别学到了“提出问题”和“解决问题”的方法，那我们读《十万个为什么》的时候，都收获了哪些阅读策略小锦囊呢？请同学们结合自己的阅读体验跟大家交流分享。

学生交流读书策略。

预设：

（1）提问策略：存疑之处问一问。

（2）批注策略：有疑问、有想法的地方做批注。

（3）问题清单策略：将自己的疑问列在表格里进行汇总。

（4）阅读线路图策略：将自己感兴趣的内容画下来，形成一张“揭秘地图”。

教师总结：列表格梳理科学术语，借助阅读单帮助提取主要内容，制作阅读路线图或思维导图……这些都是阅读科普读物的好办法。

【设计意图】通过帮助学生回顾《十万个为什么》的阅读方法，培养学生自主学习和探究的精神；通过分享和讨论，锻炼学生的表达能力和团队合作精神。

二、出示拓展书目，提取阅读策略

（一）同题阅读

同学们，这是我们中国作家叶永烈写的《十万个为什么》，我们可以和米·伊林的《十万个为什么》进行对比阅读。

PPT 出示书籍封面。

关于这本书，你想了解什么呢？

学生提出问题。

叶永烈写《十万个为什么》的原因是多方面的，请同学为大家介绍一下。

PPT 出示叶永烈简介。

这本《十万个为什么》是叶永烈专为青少年编写的科普读物，内容涵盖了数学、物理、化学、生物、医学、建筑与交通、能源与环境、航空航天等多个领域。这本书在我们生活中起到了普及科学、传播知识的积极作用。中央电视台《开讲啦》栏目中，撒贝宁叔叔还对叶永烈老师进行了一期专访，大家请看。

学生观看视频。

学生谈收获，谈感受。

（二）同类阅读

“快乐读书吧”还向同学们推荐了中国的科普作品精选《灰尘的旅行》。

PPT 出示阅读书目封面。

这两本《灰尘的旅行》是我们中国的科普作品精选集子。全书分为六个部分，涉及了许许多多同学们感兴趣的问题。

（1）浏览目录，整体感知。

请同学们通过目录，看看哪些内容是你感兴趣的？和同学交流。

（2）阅读指导，提取策略。

我们在读这两本书的时候，可以运用什么样的策略来帮助我们高效阅读呢？请同学们认真读一读“阅读指导”页。

PPT 出示阅读指导页，同学们交流策略的运用。

（3）科学巨匠，感悟成长。

我们在读这本书的时候，会发现里面的内容非常丰富。这些伟大的科学家，揭去了科学的神秘面纱，将深奥的科学讲得形象、生动、明白。他们为读者展现了一个奇妙的科学世界，让我们在与科学零距离接触的同时，又能感受到文学的滋养。

同学们，科学发展离不开科学家们的不断探索。你们认识这几位科学家吗？（出示科学家照片。）

这都是我们心中的榜样，每一位科学家都有一个非常励志的成长故事，你都了解哪位科学家的成长故事呢？下面就让我们通过视频来走近贾兰坡和李四光爷爷，听听他们有哪些贡献。

学生观看两位科学家的故事视频。

了解了这些科学家的故事，请同学们说说自己受到了怎样的启发？

【设计意图】让科学家引领学生走进科学的殿堂，学生可以领略智慧与勇气的魅力，汲取科学家们的宝贵经验，更能激发自身的潜能，去勇敢追求科学梦想，书写属于自己的辉煌篇章。

三、制订阅读计划，开启同类阅读

了解了这些科学家的故事，相信大家早已经迫不及待地要读这本书了。就让我们制订阅读计划，开始读书吧！

（一）出示样表，制订计划

请同学们参考老师制订的阅读计划范例制订自己的阅读计划。

（二）创设情境，发布任务

这学期，我们将举行“十万个为什么”科学小达人活动，请大家阅读中国的《十万个为什么》，还有李四光的《看看我们的地球》、高士其的《灰尘的旅行》、贾兰坡的《人类起源的演化过程》等。读科普，讲科学，争做科学小达人！

【设计意图】通过帮助学生制订阅读计划，促进学生扎实有效地开展阅读。进而树立学科学，用科学，探科学的远大目标。

五年级上册：
从前有座山（民间故事）

“快乐读书吧”教材解析

本册“快乐读书吧”引导学生阅读中外民间故事。民间故事一般篇幅较长，这是在四年级神话和科普类汇编作品阅读基础上的进一步提升。

教材由导语、“你读过吗”、小贴士和“相信你可以读更多”四部分组成。

导语用《从前有座山》这个类似于语言游戏的“讲不完的故事”作为引子，一方面提示了民间故事口头性的特点，另一方面能唤起学生更多的关于民间故事的记忆，激发他们的阅读兴趣。

“你读过吗”和“相信你可以读更多”，通过列举中外民间故事中的典型人物形象和故事，如田螺姑娘、列那狐，引导学生阅读文本。本册“快乐读书吧”栏目比较特殊的一点是，并未给出具体的推荐书目，只是提示了学生可以去阅读中国、欧洲、非洲等地区的民间故事。这是因为民间故事类的汇编作品非常丰富，这样编排使教师能够根据本班同学的实际情况，选取篇幅、难度适合的文本进行推荐和教学。

小贴士点明了本次读书活动的阅读要素。第一个小贴士是：“作为一种口头艺术，民间故事一般有固定的类型和重复的段落，这是为了在讲述中方便记忆，同时加深听众的印象。”第二个小贴士是：“民间故事寄托着人们朴素的愿望：正义却弱小的主人公总是能够打败强大的对手；心地善良的穷苦人最终会丰衣足食，过上幸福的生活……”这两个要素提示的都是民间故事的文体特点，如情节内部的反复、固定的故事类型、相似的主人公和结局，而非具体的读书方法。这是因为民间故事作为一种民众集体的口头艺术，不同于作家用书面文学所作的创造性表达。因此在阅读时应多注重感受它的整体特点，以及它背后反映的民众传统心理，而不要去细致地分析文字表述。《田螺姑娘》《聪明的牧羊人》《老人的智慧》三本书根据民间故事本身的特点，围绕五年级上册教材的阅读要素和学生的发展水平，特做如下安排：

书名	阅读要素
《田螺姑娘》	第一组：了解民间故事的特点，感受故事中朴素的价值观
	第二组：通过故事了解人物品质特点
	第三组：阅读民间故事，运用一些方法提高自己的阅读速度
	第四组：主动搜集整理民间故事
《聪明的牧羊人》	第一组：利用故事情节图讲故事
	第二组：边读边想象，感受民间故事中魔法的神奇
	第三组：发现故事内部重复的情节，故事与故事之间相似的结局
	第四组：读故事，记清故事主要情节，讲给大家听
	第五组：查阅资料，帮助自己理解故事内容
《老人的智慧》	第一组：同一种动物在不同的故事中会有相同的性格特征
	第二组：抓住故事的起因、经过、结果，把握故事的主要内容
	第三组：加上自己的想象和创造，大胆创编故事
	第四组：感受故事里非同寻常的英雄形象

推荐书目阅读策略梳理

中外经典民间故事版本很多，我们推荐阅读的版本是“快乐读书吧·名著阅读课程化丛书”，推荐阅读的书目是《田螺姑娘》《聪明的牧羊人》《老人的智慧》，根据三本书的篇目分组进行阅读指导，相应的阅读策略梳理如下：

《田螺姑娘》阅读策略

组别	篇目	阅读策略
第一组	《田螺姑娘》《灯花》《三兄弟牵金牛》《一幅壮锦》《巧媳妇》等 8 篇	建立人物性格与结局的联系
第二组	《鲁班学艺》《看门太守》《清不过包公》《米芾画月》等 11 篇	通过故事情节，了解人物品质
第三组	《白娘子》《刘三姐》《梁山伯与祝英台》《孟姜女》等 8 篇	提高阅读速度
第四组	《两棵奇树》《湘妃竹》《长寿花》《九眼泉》等 10 篇	搜集整理民间故事

《聪明的牧羊人》阅读策略

组别	篇目	阅读策略
第一组	《聪明的牧羊人》《火炉里的罗西娜》《卡耐罗拉》《长金角的小牛》等 12 篇	画情节图，讲故事
第二组	《水陆两用船》《十三个强盗》《鸽子姑娘》《会下金蛋的螃蟹》等 16 篇	把故事编成课本剧演一演
第三组	《爱父亲如盐》《贝琳达与丑妖怪》《母马的头》《小红帽》等 15 篇	观察民间故事情节模式化特征
第四组	《小母鹅》《狐狸和兔子》《猫和狐狸》《金鸡冠的公鸡》等 16 篇	记清情节，简要讲述故事
第五组	《尼伯龙根之歌》	查阅资料，理解故事内容

《老人的智慧》阅读策略

组别	篇目	阅读策略
第一组	《动物的尾巴》《鳄鱼的眼泪》《大象墓地》《蜘蛛的故事》等 9 篇	用自己喜欢的方式整理不同故事中有相同性格的动物
第二组	《噬人的葫芦》《布须曼人的太阳传说》《牛角的故事》《报恩》等 13 篇	用自己喜欢的形式梳理故事的起因、经过、结果，把握故事的主要内容
第三组	《国王与灵树》《国王的魔鼓》《乌龟和他的漂亮女儿》《求雨》《老人的智慧》《南十字星的由来》等 6 篇	大胆想象，创编故事讲给大家听
第四组	《桑巴·加纳》《真正的富尔贝人》《加西尔的科拉琴》《瓦加杜王国再现》《与巨蛇比达的战斗》等 5 篇	通过时光轴梳理英雄人物故事

《田螺姑娘》1221 教学模式教学设计

《田螺姑娘》导读课教学设计

教学目标

（1）通过了解封面、目录、阅读指导等内容，整体感知《田螺姑娘》，了解民间故事的特点及阅读策略，产生阅读兴趣。

（2）通过共读片段了解第一组故事内容，运用阅读策略深入阅读。

（3）制订阅读计划，开启中国民间故事阅读。

教学过程

一、结合单元内容，回顾阅读策略

民间故事，口耳相传的经典，老百姓智慧的结晶。同学们，通过本单元的学习，我们认识了善良的猎人海力布，也了解了牛郎织女的感人故事。大家对民间故事有了一定的了解，也学到了很多关于如何读民间故事和讲民间故事的方法。请大家结合本单元内容，一起来回忆一下。

预设：

（1）在本单元的口语交际中，我们学习如何讲民间故事：

①丰富故事的细节。适当添加人物对话，细致描绘人物形象。

②配上相应的动作和表情，让听众有身临其境的感觉。

（2）习作时，我们学会了如何缩写故事：

①摘录、删减。判断哪些内容必须保留，哪些内容可以删去，不要改变故事的原意。

②概括、改写。把长句子缩为短句子，把几句话合并成一句话，或者用自己的话把故事中具体的描写改得更简洁。

（3）在第二单元，我们学习了提高阅读速度的方法，也可以用在民间故事的阅读中：

①集中注意力，连词成句地读，不要回读。

②带着问题读。遇到不懂的词语，继续往下读。

③一边读一边想，抓住关键词句，及时捕捉有用的信息。

④熟能生巧，不断练习，努力做到眼睛看得快，脑子想得快。

（4）民间故事单元的交流平台中，我们学习了解课文内容，创造性地复述故事。怎样讲好民间故事呢？为了让故事更有新鲜感，可以来点小创作。比如：

①把自己设想成故事中的人物，用主人公的口吻讲述，会更加亲切，让人有身临其境的感觉。

②大胆想象，为故事增加合理的情节。

③变换情节的顺序，先讲故事中最不可思议的地方，设置一些悬念吸引听众。

（5）“从前有座山，山里有个庙，庙里有个老和尚在给小和尚讲故事。讲的是什么故事呢？”大家接着说“从前有座山……”这个永远讲不完的故事，也许你在很小的时候就听爷爷奶奶讲过。它们由劳动人民创作并传播，如同散落在时光里的珍宝，闪耀着智慧的光芒。是的，人们将对美好生活的期盼，化成了一个个民间故事。你讲我听，我讲他听，在老百姓之间口耳相传。谁来说一说民间故事都有哪些特点。

预设：

有固定的类型、有重复的段落、相似的主人公和结局。

（6）民间故事是一种口头艺术，更多是需要我们在感受它的特点的同时，去体会背后反映的美好意愿。为了更好地读懂民间故事，你都知道哪些好方法呢？

预设：

①读故事时我们可以把自己设想成故事中的人物。

②边读边预测故事的发展和结局。

③边读边想象，为故事增加合理的情节。

你们都是善于发现、善于总结的孩子，这些方法同样适用于整本书阅读。这些口耳相传的民间故事里有动人的情节和精彩的人物。让我们一起走进《田螺姑娘》，去感受神奇的民间故事吧！

【设计意图】立足单元，通过回顾“民间故事”相关内容和方法，将民间故事特点、讲民间故事的方法、复述民间故事和缩写故事等知识点梳理串联，搭建由篇到本、由课内向课外延伸的桥梁，为整本书阅读奠定基础。

二、出示阅读书目，提取阅读策略

（一）观察封面

（1）观察封面，你发现了哪些信息？

（2）从“中国民间故事精选”这几个字中，你感悟到什么？

（3）你知道封面插画是哪一则故事的场景吗？

（二）浏览目录

浏览目录，说说你有什么发现？

预设：

（1）目录中所有故事被分为了四个组，从题目来看每一组故事都有共同的特点。比如，第二组《鲁班学艺》《清不过包公》和《唐伯虎的传说》，主人公都是我们很熟悉的人；第四组《黑龙江名字的由来》和《望娘滩》都跟地名有关。

（2）目录中的一些故事我之前听别人讲过，有的还在影视剧中看过，我想先读一读这些故事，看看是不是一样。

看来一个好的题目就是故事的大门，不仅能吸引读者阅读的兴趣，还能透过这扇门理解故事的大概内容。最能吸引你的题目是哪个？

从目录中，我们可以迅速找到自己感兴趣的题目，猜一猜，这个故事可能讲述的是什么？填写学习单。然后翻到这一页读一读，看看和你的猜测一样吗？

我最感兴趣的题目	我猜测讲的是	实际讲的是

（三）阅读指导

这四组故事中，每一组都有什么特点？还有哪些方法能帮助我们读好这些故事呢？

预设：

（1）第一组故事的共同特点是都寄托着人们朴素而美好的愿望，勤劳善良的穷苦人会过上幸福的生活，自私贪婪最终会一无所获。读本组故事需要思考人物性格和结局的联系。

（2）第二组故事是关于历史人物的，他们每个人都有不同的性格特点和品质。这些故事也许并不是真实发生的，而是人们有意把很多美好的品质集中在他们身上、口口相传形成的，但都寄托了人们对他们的喜爱。我们可以通过故事情节，了解人物品质。

（3）第三组故事基本都是民间故事中的经典作品，为人们所熟知。我们可以利用故事结构类似的特点或者抓关键词句等方法，迅速了解故事内容，提高阅读速度。

（4）第四组故事中，将大自然的山川草木披上了神秘的外衣，具有了迷人的传奇色彩，寄托着人们的美好想象。同时，我们也会了解到很多地方的风物人情。我们可以再去搜集整理一些关于自己家乡的民间故事。

【设计意图】根据民间故事的不同特点，本书将故事分成了四组。让学生学会观察封面和目录，了解整本书的内容。组织学生以每组故事的“阅读指导页”为指导，了解该组故事的主要特点，引发学生深入思考。

三、运用阅读策略，共读精彩故事

中国民间故事是我国劳动人民智慧的结晶，很多经典作品口耳相传至今，仍保持着强大的生命力和感染力。

第一组故事，有一个共同的特点，那就是寄托着人们朴素而美好的愿望，勤劳善良的穷苦人会过上幸福的生活，自私贪婪最终会一无所获。如《田螺姑娘》中的年轻人因为勤劳和田螺姑娘幸福地生活在了一起。《三兄弟牵金牛》中的三个兄弟因为齐心协力牵到了金牛，最终因各怀心思又丢失了金牛。

请同学们思考：读本组故事，想一想故事中的人物有怎样的性格特点，结局如何？我们先一起来读《田螺姑娘》这个故事。

片段①：

从前，有个年轻人，独自种着几亩田过活。他每天天还没亮就起床，吃完了早饭，就带了午饭到田里去耕作。直到太阳落山的时候，他才回家自己做晚饭吃。衣服脏了自己洗，鞋袜破了就自己缝缝补补。

——《田螺姑娘》

思考：你感觉这是一个怎样的年轻人？

片段②：

有一天，他到田里去耕作，捡回来一个大田螺。那是一个青艳艳像宝玉一样的田螺，他舍不得吃，就养在灶头旁边的水缸里。水缸里的水变得特别清，看不到一点儿污泥。

——《田螺姑娘》

思考：你看到了年轻人的什么品质？

片段③：

公鸡叫了，天快亮了，他照例起来，正要淘米做饭，不料灶上热气腾腾的，灶下的余火还微微红着，原来早饭又做好了。他更奇怪，也有点怕，自言自语地说："谁做的？……是谁来帮我的忙？……"说着，他惊讶地四面找，仍然找不出一个人影来。

——《田螺姑娘》

思考：你知道谁给年轻人做的饭吗？为什么要给他做饭呢？

片段④：

第二天，他又躲在门口等，等到太阳落山，等到星星满天，等得腰酸了，背痛了，眼睛也模糊了，口也渴了，肚子饿得咕咕叫了，仍然和前几次一样，什么也等不到。他只得自己去做饭。

——《田螺姑娘》

思考：田螺姑娘为什么不给年轻人做饭了呢？后来年轻人怎么做的？他和田螺姑娘生活在一起了吗？

你认为这个故事之所以流传下来，原因是什么？你从中受到什么启示呢？

【设计意图】通过共读片段、问题引领，引导学生深入思考，从而培养学生阅读中的策略意识，帮助学生更好地理解故事内涵。

四、制订阅读计划，发布阅读任务

（一）出示样表，制订计划

《田螺姑娘》分四个部分，共 36 个故事，215 页。在阅读之前，让我们先为自己做一份阅读计划吧！

《田螺姑娘》阅读计划表

班级		姓名	
阅读时限	____月____日—____月____日		
阅读内容		阅读时间	阅读成果
第一组（7 篇）： 《田螺姑娘》《金雀和树仙》等		开始时间：____月____日 完成时间：____月____日 所用时间：____天	
第二组（11 篇）： 《鲁班学艺》《一根扁担》等		开始时间：____月____日 完成时间：____月____日 所用时间：____天	
第三组（8 篇）： 《白娘子》《长发妹》等		开始时间：____月____日 完成时间：____月____日 所用时间：____天	
第四组（10 篇）： 《两棵奇树》《关于生肖的传说》等		开始时间：____月____日 完成时间：____月____日 所用时间：____天	

（二）创设情境，发布任务

同学们，课堂是有限的，但阅读是无限的。民间故事博物馆正在招募故事讲解员，希望同学们都能参与进来，爱读民间故事，多读民间故事，会讲民间故事。

【设计意图】通过创设“民间故事博物馆招募讲解员”的情境，激发学生的阅读兴趣，真正实现高效阅读。

《田螺姑娘》推进课（1）教学设计

教学目标

（1）趣味问答，了解阅读进度和阅读收获。

（2）共读《田螺姑娘》第二、三组故事片段，感受民间故事的神奇。

（3）关注情节反复的特点，阅读片段，感受阅读的快乐。

教学过程

一、对照计划，检测阅读

请同学们打开《田螺姑娘》这本书，你读到哪里了？是否按照阅读计划完成了第一组的阅读呢？

大部分同学都能按照自己的阅读计划进行阅读，如果你的阅读速度慢了，要及时调整一下阅读计划，赶上大家的进度。

让我们来看看第一组故事的阅读效果，你敢接受挑战吗？

（一）民间故事猜一猜

游戏规则：每组派一名代表，选择一组题目，根据老师出示的关键词，猜一猜出自哪个故事？每答对一题获得一分，得分最多者获胜。

序号	讲故事	猜题目
1	她心地善良，穿着一身青衣服，梳着两条长辫子，会悄悄从田螺壳里爬出来，为一位勤劳的年轻人做饭	
2	从前有个叫都林的单身汉在山上救了一朵会唱歌的百合花	
3	一位妲布擅长织壮锦，辛苦织好的壮锦被大风卷走。妲布让大儿子和二儿子去寻找，但他们都没有成功。最终小儿子勇敢地踏上了寻找壮锦的旅程，并成功将其带回家	
4	刘春田夫妇和王玉峰夫妇，对待老娘的态度有着天壤之别。金雀把他们对老娘所做的事告诉了树仙，树仙先后来到这两户人家，结果发生了神奇的事……	

（二）故事情节连一连

想一想下面的这些人物有怎样的性格特点，结局又如何呢，根据自己的判断连一连。

勒若	聪明伶俐	树仙给了他们一个吐马蜂的泥人
王玉峰夫妻	自私贪婪	拿回壮锦，过上了幸福的生活
都林	孝顺勇敢	用自己的智慧化解了知府的困难
巧姑	勤劳—懒惰—勤劳	和百合花里的姑娘甜蜜地生活在一起

读完本组故事，你会发现它们有一个共同的特点，那就是都寄托着人们朴素而美好的愿望，勤劳善良的穷苦人会过上幸福的生活，自私贪婪最终会一无所获。

【设计意图】检验学生阅读效果，并在阅读中发现民间故事寄托着人们美好愿望的特点。

二、走进故事，感受魅力

（一）人物品质议一议

中国民间故事中有很多历史人物，他们有不同的性格特点和品质。这些故事也许不是真实发生的，而是人们有意把很多美好的品质集中在他们的身上，口口相传形成的，但都寄托了人们对这些历史人物的喜爱。

思考：读本组故事，你对哪个人物感兴趣，通过故事了解到他什么特点？

（1）共读《鲁班学艺》故事片段，交流思考。

这时候他才仔细地看清：斧子长了牙，长锯连一个齿都没有留下，两把凿子又弯又秃，长满了锈。鲁班连一口气都没有喘，挽起袖子便磨了起来。白天磨，晚上磨，膀子磨酸了，两手磨起了血泡，又高又厚的磨刀石，磨得像一道弯弯的月牙。鲁班磨了七天七夜，斧子磨利了，长锯磨出了尖齿，凿子也磨出刃了，所有的“家把什”都磨得又快又光又亮。

思考：通过读这部分内容，你了解到鲁班有什么样的品质？你还知道哪些关于他的故事，试着去搜集更多。

（2）分小组读第二组故事，看看你能了解到主人公们的哪些特点，请填写下表，相互交流。

人物	特点（品质）
鲁班	勤奋上进
王羲之	
陶渊明	
……	

（3）搜集更多历史人物的故事，讲给同学们听。

（二）神奇数字找一找

让我们再来把目光聚焦到第三组故事。阅读《幸福鸟》片段，寻找神奇数字“三”在情节中的出现。

片段①：

据说有三个长胡子的老妖怪守着幸福鸟，它们吹吹胡子就能要人的命。

——《幸福鸟》

思考：三个长胡子的老妖怪会出现在哪里？它们会怎样阻挠汪嘉？

片段②：

汪嘉往东走了很多日子，远远看见了一座大雪山，山上的雪闪着像银子一样的光芒。这时候，突然出现一个黑胡子老妖怪，老妖怪用乌鸦的声音对汪嘉说：

“谁到我这儿来了？好大的胆子！来干什么的？”

“我叫汪嘉，来找幸福鸟的！”

“哈哈，”老妖怪大笑着说，“鸡蛋大的孩子，敢到我这儿来！你想找到幸福鸟，得先杀死洛桑的妈妈！不然，我要处罚你！像你这么大的人，用不着我亲手杀死你，只要叫你在乱石滩上走三十三个马站，你就会完蛋！”

汪嘉说：“我爱我的妈妈，决不杀死别人的妈妈，你爱怎么办就怎么办！”

老妖怪动了怒，立刻吹动它的长胡子，转眼间，平平的道路变成了乱石滩，每一块石头都锋利得像刀子。

汪嘉走完头一个马站，石头割破了他的靴底；走完第二个马站，石头割破了他的脚；走完第三个马站，石头割破了他的手。真难啊，能走到吗？难道现在回家吗？不能回去，家乡的人都等着他带回幸福。汪嘉伏下身往前爬，衣服破了，膝盖破了，胳膊也磨破了。他刚走完这段路，又遇见了黄胡子老妖怪，黄胡子老妖怪说话像刮大风。

——《幸福鸟》

思考：你感受到汪嘉什么样的精神品质？预测一下第二个黄胡子老妖怪又会怎样阻挠汪嘉呢？

继续读全文，找一找这个故事中还有哪些和“三”有关的内容？思考它们的作用。

【设计意图】分别选取第二、三组故事的片段，引导学生感受民间故事在人物品质和情节发展的特点，通过问题导向让学生逐渐发展独立阅读的能力，进一步激发阅读兴趣。

三、巧用方法，梳理情节

（一）相似情节助提速

以第三组故事为例，你会发现有的故事结构相似，内容回环反复，了解这些特点，就会读得更快一些，也可以借助关键词迅速了解故事内容。

分组阅读《白娘子》《梁山伯与祝英台》《孟姜女》这几个故事，聊一聊大人之间的“爱情”。

故事	《白娘子》	《梁山伯与祝英台》	《孟姜女》	规律
人物				对立冲突
磨难				一波三折
主题				反映现象　寄托愿望
阅读时间（分钟）				

通过这几个故事的研读，我们发现了其中的一些共性：

①故事中人物都有明显的对立面，二者有强烈的矛盾冲突。

②故事的情节过程相似，一波三折，想象大胆。

③故事都反映出当时社会的制度、现象和传统观念，都表达了人们的一种精神需求，寄托了人们的美好愿望。

（二）绘制导图显主次

第三组民间故事都较为经典，故事情节曲折离奇，扣人心弦，为人们所熟知。请你从这些经典作品中选择最感兴趣的一则故事，绘制情节连环画或情节导图，在此基础上练习复述故事。

【设计意图】在交流阅读中感受阅读的乐趣，创设浓厚的读书氛围，引导掌握阅读方法，关注类似情节的反复性，同时巩固单元学习中的复述策略。

四、课堂总结，布置作业

民间故事字里行间都洋溢着古代劳动人民的智慧。它们借助各种神奇元素，弘扬真善美。它们宛若清泉流入我们的心田，滋润着我们的精神世界。下节课让我们继续畅游民间故事。

布置作业：按照阅读计划表继续阅读；选一则你最感兴趣的故事，梳理情节绘制连环画或思维导图，并练习复述故事。

《田螺姑娘》推进课（2）教学设计

教学目标

（1）分享阅读收获，感受阅读快乐。

（2）继续阅读第四组故事，从中了解更多当地风物人情，感受中国民间故事永恒的艺术魅力。

（3）进一步提高阅读兴趣，养成良好的阅读习惯。

教学过程

一、趣味竞答，激发兴趣

（一）阅读进度展一展

根据阅读计划，学生交流进度。

提问：中国古代四大发明是什么？中国四大古典名著指的是哪四本书？流传最广，影响最大的中国四大民间故事是哪四个故事？

（二）读书效果比一比

（1）知人论世——读文字，这是哪个故事当中的角色？他拥有怎样的品质？

（2）慧眼识图——看图片，创造性复述故事。

出示《孟姜女哭长城》的图片，请学生创造性地复述故事。

（3）以事明理——通过读故事，你知道了什么？

【设计意图】通过检验学生的阅读成果，进一步了解民间故事承载美好愿望的特点，夯实复述策略，提升语文核心素养。

二、研读经典，点拨指导

这段时间，我们一直沉浸在民间故事中，让我们来看《田螺姑娘》中的第四组。

（一）地域特色赏一赏

从故事题目来看，油桐树和木棉树、湘妃竹、黑龙江、望娘滩……这些大自然的山川草木在民间故事里披上了神秘的外衣，具有了迷人的传奇色彩，寄托着人们的美好想象。

说一说你都感受到了哪些有代表性的地域特色？你最感兴趣的是哪一个故

事呢？

（二）精彩故事读一读

读《马头琴》这则民间故事，请思考：

（1）最触动你的是哪个片段？

预设：

①苏和救下小马驹，悉心照料它长大。

②小白马被抢走之后，身上中箭也要跑回家找主人，最后死在最亲爱的主人面前。

③苏和在梦中和小白马说话，醒来后把小白马的筋骨做成了一把琴，发出美妙的琴声。

（2）你觉得这个故事向你传递了一些什么情感？

预设：

①我们看到了草原牧民生活，了解了马是他们生活的重要伙伴，像家人一样亲密。

②马头琴成了牧民疾苦生活中的安慰，让我们感受到了他们对生活依旧充满了热爱和期盼。

【设计意图】让学生了解到第四组故事都是当地的风物人情，有风物故事、地名来历、生肖传说等，都寄托了劳动人民的美好愿望。

三、交流收获，推进阅读

（一）故事情节理一理

分组阅读表格中的四个故事，关注情节的发展，填写下表，相互交流。

故事	《两棵奇树》	《湘妃竹》	《黑龙江名字的由来》	《望娘滩》
起因				
经过				
结果				

（二）家乡故事搜一搜

你的家乡有哪些关于风物人情的故事？可以问问身边的老人，听他们讲一讲，并试着记录在《民间故事整理记录卡》上。

民间故事整理记录卡

故事题目	
讲述人	
故事内容	

【设计意图】将阅读经验与现实生活相结合，让学生从“读各地的民间故事”拓展到“搜家乡的民间故事”，在真实的语境中再次感受中国民间故事的魅力，感受地方文化的特色。

四、课堂总结，布置作业

这节课上我们共同学习了第四组民间故事，了解了故事背后的风物人情。课下请同学们收集有关自己家乡的风物人情的故事，整理在《民间故事记录卡》上。

《田螺姑娘》分享课（1）教学设计

教学目标

（1）回顾创造性复述的方法，通过创造性复述了解民间故事的特点。

（2）通过分享交流故事人物，对比正反面人物，把握人物形象特点。

（3）通过描绘人物自画像，感受民间故事寄托的朴素情感，感受美好愿望这一特征。

教学过程

一、情境设定，展馆招募

亲爱的同学们，民间故事让我们了解了历史的变迁，认识了世界的神奇和文明的璀璨。得知我们正在进行《田螺姑娘》的整本书阅读，民间故事博物馆向我们发来了一封邀请函，我们一起打开看一看。

二、阅读成果，多彩展演

（一）民间故事寻代言，熟悉内容见积累

“民间故事我代言”活动的招募令已经发布，听说你们做足了准备，跃跃欲试。首先我们来考察大家的民间故事积累量。

活动方式：快闪猜故事，猜到故事就说出名字。

看片段，猜猜出自哪篇民间故事，并说一说感受。

（二）精彩故事留印象，图文展示有思考

看来大家的故事储备还真不少，要想成为一名合格的民间故事代言人，不仅要储备大量的故事，还要有梳理、整理、想象与创作的能力。同学们根据故事梗概绘制了思维导图和连环画，用自己的巧思传递着对民间故事的喜爱，下面我们请各组同学来展示你们的作品吧。

【设计意图】借助小游戏，创设阅读情境，既检测了学生的阅读情况，又有效地激发了学生的阅读兴趣。

（三）复述故事有锦囊，声情并茂再呈现

我们作为民间故事代言人，有责任让更多的人知道民间故事，同学们可以借助“复述锦囊”，选择一个你最感兴趣的故事情节，通过小组合作的方式创造性地讲故事。

让我们一起来欣赏大家的作品。

评价标准：

（1）准确把握故事情节，能有条理地复述。

（2）根据原有内容，展开合理想象，增加故事细节。

（3）讲述时能够配上自己的动作、手势、表情，富有感染力。

【设计意图】学会多形式、多角度讲故事，培养学生表达能力、对故事的理解能力以及转化输出的能力，实践本单元的复述策略。

三、聚焦人物，引导思辨

要想成为民间故事代言人，还要真正走进故事，深入了解故事中的人物。现在我们就来到“人物群英荟萃”，完成这些有意思的任务。

（一）品味多元形象

请根据给出的线索，猜猜都是哪些民间故事中的哪个角色。

白蛇 菩萨心肠 金山寺	女子 坚贞不渝 长城	壮族姑娘 能歌善舞 江边

在你读过的这些中国民间故事中，还有哪些人物给你留下了深刻印象呢？请像这样用一个词语形容他，写在卡纸上，然后小组交流。

“（　　　　）的（　　　　）”

（二）对比正反角色

正反角色是构成故事冲突和主题的关键元素，这些角色通过他们的行为和决定推动了故事情节的发展，并传达了道德观和价值观。比如《白娘子》中，既有温婉的白娘子，也有公报私仇的法海。

读了那么多民间故事，不难发现每个故事中都有正面人物和反面人物。请同学们将自己认识的人物也按正反角色分分类，感受对立角色在情节推动中的作用。

（三）畅谈闪光人物

大家张贴上来的这些经典人物，是真善美的化身。那么哪一位才是你心目中的闪光人物呢？请同学们用画笔捕捉人物特点，完成闪光人物画像，让更多人了解他们。

【设计意图】引导学生关注民间故事人物特征，通过对比认识到民间故事主人公正反面的对立。帮助学生提高阅读品质，真切感受到民间故事寄托着人们朴素的愿望这一主要特点。

四、课堂总结，布置作业

今天，我们对比正反角色，畅谈了闪光人物，恭喜同学们拿到了“通关证”。大家展演的各种阅读成果也将被收录在展厅里，让更多的人认识民间故事、喜欢民间故事。

下一次活动，我们将进入主题论坛，探讨中国民间故事的魅力所在。请各小组分别完成阅读记录单，我们期待下次见面。

《田螺姑娘》分享课（2）教学设计

教学目标

(1) 梳理基本特点，感受民间故事的吸引力。

(2) 感悟文化内涵，体会民间故事内在的生命力。

教学过程

一、情境设定，专题论坛

同学们好，欢迎再次来到民间故事博物馆！在上一阶段的活动中，同学们的作品非常精彩。今天，我们将继续参加论坛活动，展示并感受民间故事的吸引力和生命力。

【设计意图】借助情境，展示学生阅读成果，享受阅读的成就感，激发学生的表现欲。

二、分组阅读，探究特点

课前，各小组同学根据本组选定的不同篇目进行了重点梳理，完成了阅读记录单。接下来我们一起走进今天的活动。

（一）识人物——平凡百姓自民间

同学们，你们所阅读故事的主人公分别叫什么呢？是不是像我们一样有名有姓？

请阅读第一组故事的学生分享一下。

预设：

《田螺姑娘》中的年轻人、老大娘和田螺姑娘；《三兄弟牵金牛》中的老大、老二、老三；《巧媳妇》中的三个媳妇也分别是大媳妇、二媳妇和三媳妇。

主人公都没有名字，但是我发现大家都已经记住他们了！这不，同学们还为主人公绘制了画像和名片，大家一起来看一看吧。

小组活动，互相展示。邀请各小组代表展示发言。

师小结：同学们，通过对比我们发现，很多民间故事中的人物都没有名字，但是我们在读故事的过程中却没有感到阻碍，反而感到就像是我们生活中常见的称呼一样，自然接地气；同时，这些人物也一定有独特的品质和特点，能让我们印象深刻。看来普通人物并不普通，这也正是民间故事能够口耳相传至今的原因之一，不管过了多少年，不管是谁，讲起来依旧朗朗上口。

（二）探内容——神奇元素添魅力

同学们，我们都知道，虽然民间故事源自百姓生活，但不乏人们丰富的想象，让故事中充满了神奇元素，也创造出了奇妙的情节，吸引我们读下去。相信同学们已经有了很多的发现。大家一起来看看，走进不可思议的神奇世界吧！

小组活动，互相展示阅读记录单的神奇元素大搜集部分，邀请各小组代表展示发言。

> 民间故事想象丰富，情节奇妙，总会有不可思议的神奇元素出现。请你找一找，写到下图的圆圈里。
>
> 民间故事《________________》
>
> 神奇元素大搜集
>
> 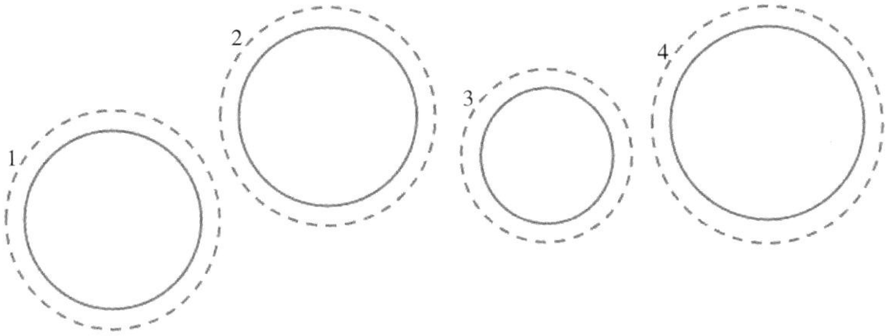
>

教师小结：大家搜集了这么多神奇元素，可见在读书的过程中都很用心。神奇元素的加入，让民间故事具有了强大的吸引力，也展现了劳动人民的创造力。

（三）理情节——三段反复有节奏

神奇数字“三”，贯穿着故事的发展，这就是民间故事神奇的“三段式”。我们根据这一特点将自己喜欢的民间故事整理成情节梯。一起来看看大家的收获吧！

> 民间故事中，相似的情节会反复出现三次，这就是神奇的“三段式”。想必你在阅读过程中已经发现很多这样有趣的信息吧！请找一找，把你的发现用图文并茂的方式画在下边表格里。
>
> 三段式“情节梯”
>
> 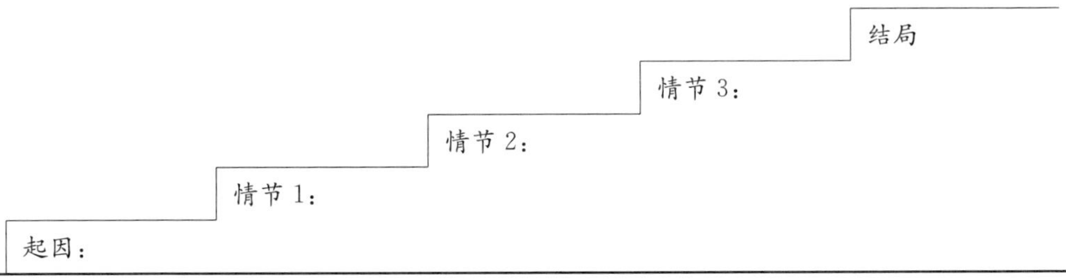
>

小组活动，互相展示。邀请各小组代表展示发言。

教师小结：同学们的展示真精彩。想象一下，遥远的古代，纸笔都未普及，民间故事作为一种口头艺术，怎么传播呢？是的，固定的类型和重复的段落，便于记忆，口口相传，在老百姓的生活中传播。

（四）悟内涵——扬善惩恶好结局

民间故事这么有趣，而且流传久远，要告诉我们什么呢？让我们一起聚焦民间故事的结局，看看有没有我们想要的答案。

以阅读第 1 组故事的学生分享为例，讨论故事结局带给我们的启发。

预设：

简述《田螺姑娘》《巧媳妇》《三兄弟牵金牛》的结局。

学生分享：故事在向我们说明道理、带来启发、传递正能量……

教师小结：是的，同学们也发现了，民间故事里善恶分明，颂扬和传播的是正义、勤劳、谦虚、团结、智慧等优秀的品质，这才是人们津津乐道的主旋律，也可以理解为那个年代老百姓面对生活中的苦难、不公、压迫的一种反抗，一种对幸福美好生活的期盼。这些都赋予了民间故事以内在的生命力。

【设计意图】借助阅读表单的分享展示，从人物、内容、情节、内涵四个方面引导学生深入提炼，加深对民间故事特点的理解，感受民间故事的吸引力和生命力。

三、多元阅读，品鉴文化

同学们，我们的民间故事展演引起了更多人的关注。在了解和阅读民间故事的同时，有些同学也提出了一个疑问：我们生活在现代社会，科技飞速发展，生活幸福安康。你认为古老的民间故事对现代的我们产生了什么影响呢？小组讨论，交流想法。

（一）表达美好愿望，颂扬美德

不论是哪个民族的民间故事，可能版本不同，主人公不同，却都在歌颂勤劳、智慧、善良、谦虚、勇敢等优秀的品质，即便是现代，这些品质依然是我们所追求的。

（二）了解地域特色，融合多元

这些源自各地的故事，在口口相传的过程中融合了新的内容，也产生了不同版本。然而，我们的重点已不是验证真实性，更多的是希望传播故事背后的意义和美好愿景，这些才是构成我们中华优秀传统文化的重要组成部分。

（三）分享家乡故事，厚植情怀

在咱们家乡河北，也同样流传着很多民间故事。这些故事就像是散落在民间的星星，熠熠生辉。接下来，我们一起看看同学们的收获。

学生分享搜集的民间故事：保定古莲花池“莲叶托桃”的故事、河北赵州桥的传说、保定漕河驴肉火烧的由来。

学生分享收获：这些故事有的非常有趣，让人记忆深刻。有的与古代英雄、传统美德有关。它们不仅让我们更深入地了解家乡历史，还会为家乡感到非常自豪，我更爱我的家乡了。

同学们，大家的分享真精彩！我们从故事本身讨论到内在意义，这正是民间故事的魅力所在，也是其生命力所在。民间故事在向我们传递智慧的同时，我们通过思考，也成为了民间故事的传承人。

【设计意图】由故事到现实，从说感受引发思考讨论，帮助学生理解民间故事在文化传承中的重要作用，带动学生主动探索分享更多民间故事。

四、课堂总结，布置作业

《田螺姑娘》这本书，仅仅是中国民间故事的精选篇目之一。其实啊，民间故事存在于世界上的每一个角落。欧洲的小牧羊人正在踏上寻找三只会唱歌的苹果的旅途；遥远的非洲大地，鳄鱼幻想着晒太阳就能长出翅膀……请同学们课下搜集、了解更多的精彩民间故事，走进更广阔的世界民间故事吧！

《田螺姑娘》延伸课教学设计

教学目标

（1）借助可视化“情节波”，提升提取主要信息、掌握缩写故事及创造性改编故事的能力。

（2）借助“比较策略”，深入了解欧洲民间故事和非洲民间故事的特点，构建“民间故事”类文本知识结构，传承文化。

（3）学习“可视化”和“比较策略”，迁移运用阅读世界民间故事。

教学过程

一、结合精读范例，聚焦特点策略

同学们，这段时间我们共读了中国民间故事精选《田螺姑娘》，民间故事是劳动人民创作并传播的，它们如同散落在时光里的珍宝，闪耀着智慧的光芒。人们将对美好生活的期盼，化成了一个个民间故事。你讲我听，我讲他听，在老百姓之间口耳相传。让我们一起来回顾一下民间故事的特点和阅读策略吧！

（一）故事特点

（1）有固定的类型。

（2）有重复的段落。

（3）相似的主人公和结局。

（二）阅读策略

结合《田螺姑娘》的阅读，想一想你都学到了哪些阅读民间故事的好方法呢？

（1）把自己设想成故事中的人物。

（2）边读边预测故事的发展和结局。

（3）边读边想象，为故事增加合理的情节。

（4）了解人物性格，追踪故事结局，建立人物性格与结局的关系。

（5）关注情节发展，透视人物品质，从事件中了解人物品质。

（6）搜集民间故事，探究文化传承，争做民间故事代言人。

【设计意图】在师生共读《田螺姑娘》的基础上梳理民间故事的特点和阅读策略，是为了更好地开展同类阅读，让学生在同类阅读的过程中进一步体会民间故事的特点，并运用恰当的阅读策略实现高效阅读。

二、出示拓展书目，提取阅读策略

民间故事不仅中国有，世界上的每一个角落都有它的足迹。让我们一起阅读它们，去感受不同地域的别样风情吧！

（一）推荐《田螺姑娘》其他版本

不同的版本收录的篇目会有所不同，阅读其他版本的《田螺姑娘》，你会读到更多的中国民间故事，会更深刻地感受到人们口耳相传的民间故事独特的魅力。

（二）推荐外国民间故事精选

（1）出示《田螺姑娘》《聪明的牧羊人》《老人的智慧》封面，抓住“中国……”“欧洲……”“非洲……”三个词语，同学们猜一猜，这三本书中的故事会有什么不一样呢？

中国民间故事《田螺姑娘》——人物形象突出，有鲜明的中国优秀传统文化的特点。

欧洲民间故事《聪明的牧羊人》——有幻想特质的文学形象。

非洲民间故事《老人的智慧》——民俗化，常常反映出非洲社会的传统习俗。

（2）欣赏国外各地风光图，认真观察，猜一猜图片中的故事出自哪个地域？

（三）推荐《聪明的牧羊人》

1. 出示书目，激发兴趣

出示《聪明的牧羊人》。

民间故事存在于世界上的每一个角落。欧洲各国的民间故事精彩纷呈，你可以跟随小牧羊人，踏上寻找三只会唱歌的苹果的旅途；你可以听到伊凡与灰额猫、山羊、绵羊在聊天；你还可以看到狡猾又幽默的列那狐是如何捉弄其他动物的。这些故事一定会让你捧腹大笑。

2. 浏览目录，整体感知

请大家一起来浏览《聪明的牧羊人》上、下册的目录，你发现了什么？

3. 阅读指导，提取策略

每一组故事前面都有“阅读指导”页，请同学们浏览“阅读指导”页，看看你能发现什么？让我们一起来梳理一下阅读策略！

《聪明的牧羊人》阅读策略

组别	篇目	阅读策略
第一组	《聪明的牧羊人》《火炉里的罗西娜》《卡耐罗拉》《长金角的小牛》等12篇	画情节图，讲故事
第二组	《水陆两用船》《十三个强盗》《会下金蛋的螃蟹》《鸽子姑娘》等16篇	把故事编成课本剧演一演
第三组	《爱父亲如盐》《贝琳达与丑妖怪》《母马的头》《小红帽》等15篇	观察民间故事情节模式化特征
第四组	《小母鹅》《狐狸和兔子》《金鸡冠的公鸡》《猫和狐狸》等16篇	记清情节，简要讲述故事
第五组	《尼伯龙根之歌》	查阅资料，理解故事内容

（四）推荐《老人的智慧》

1. 出示书目，激发兴趣

出示《老人的智慧》。

在遥远的非洲大地，大家会在闲暇的时候，让一个人来领唱优美的故事，听众则伴以合唱；鳄鱼幻想着晒太阳就能长出翅膀；大象被人类逼迫着逃离了家乡，却又坚持回乡……这些意味深远的民间故事就这样口耳相传，代代传诵。让我们一起来阅读它们，感受非洲大地上别样的风情吧！

2. 浏览目录，整体感知

思考：仔细观察目录，从目录的故事名称中你发现了什么？

3. 阅读指导，提取策略

翻开每一组故事前面的“阅读指导”页，从“阅读指导”页中，你学到了哪些阅读方法呢？让我们一起来梳理一下：

《老人的智慧》阅读策略

组别	篇目	阅读策略
第一组	《动物的尾巴》《鳄鱼的眼泪》《大象墓地》《蜘蛛的故事》等9篇	用自己喜欢的方式整理不同故事中有相同性格的动物
第二组	《噬人的葫芦》《布须曼人的太阳传说》《牛角的故事》《报恩》等13篇	用自己喜欢的形式梳理故事的起因、经过、结果，把握故事的主要内容
第三组	《国王与灵树》《国王的魔鼓》《乌龟和他的漂亮女儿》《求雨》《老人的智慧》《南十字星的由来》6篇	大胆想象，创编故事讲给大家听
第四组	《桑巴·加纳》《真正的富尔贝人》《加西尔的科拉琴》《瓦加杜王国再现》《与巨蛇比达的战斗》5篇	通过时光轴梳理英雄人物故事

（五）比较中外民间故事

通过运用对比的策略，我们认识到中外民间故事在主题、结构、文化特色和表达上既有相似之处，又各具特色。这不仅可以帮助我们更好地了解各民族的思想和文化，也能够体会到人类共同的智慧和情感。

正是因为这些相似与差异，中外民间故事才能够在不同的文化背景中得到传播与保留。

阅读《聪明的牧羊人》和《老人的智慧》时，我们可以从以下方面进行对比、思考。

中外民间故事的异同

	主题	结构	文化特色	表达
相同点	中外民间故事都涵盖了生活中普遍存在的人性、道德和价值观念等，都探讨着人们的善恶、勇敢与诚实等道德难题，还强调人们应当保护亲人、友情和家园	中外民间故事都注重事件之间的因果关系和隐喻符号的使用。如《田螺姑娘》《林中睡美人》都采用了简单的线性结构和明确的寓意	创作及产生都基于本土文化，贴近人们的生活	朗朗上口，便于传播
不同点	中国民间故事更突出传统社会的思想和伦理观，强调个人的忠诚和顺从，以及家族的传承和尊重；西方民间故事更注重个体的自由、追求幸福和实现自我价值，如《灰姑娘》	中国民间故事往往运用象征、比喻和神话等手法。如《白娘子》中的雷峰塔就隐喻着爱情的纠葛和不舍。而西方的民间故事更注重故事情节的设置和人物角色的塑造	中华文化强调人际关系的和谐、敬老爱幼以及尊重传统等价值观念；西方文化更加强调个人的自由、勇敢和追求幸福	中国民间故事更细腻、委婉、淳朴；而欧洲和非洲民间故事则更粗犷、坦率、夸张

【设计意图】通过层层深入引导，运用比较阅读的方法，培养学生独立思考的能力，认识了解中外文化差异，增强民族文化自信，提升语言运用能力和表达能力。

三、制订阅读计划，发布阅读任务

（一）出示样表，制订计划

分别出示《聪明的牧羊人》《老人的智慧》的阅读计划表，请学生填写完整。

《聪明的牧羊人》阅读计划表

班级		姓名	
阅读时限	____月____日—____月____日		
阅读内容	阅读时间	阅读成果	
第一组（12 篇）： 《聪明的牧羊人》《火炉里的罗西娜》《卡耐罗拉》等	开始时间：____月____日 完成时间：____月____日 所用时间：____天		
第二组（16 篇）： 《水陆两用船》《十三个强盗》《会下金蛋的螃蟹》等	开始时间：____月____日 完成时间：____月____日 所用时间：____天		
第三组（15 篇）： 《爱父亲如盐》《贝琳达与丑妖怪》《小红帽》等	开始时间：____月____日 完成时间：____月____日 所用时间：____天		
第四组（16 篇）： 《小母鹅》《狐狸和兔子》《金鸡冠的公鸡》等	开始时间：____月____日 完成时间：____月____日 所用时间：____天		
第五组（1 篇）： 《尼伯龙根之歌》	开始时间：____月____日 完成时间：____月____日 所用时间：____天		

《老人的智慧》阅读计划表

班级		姓名	
阅读时限	____月____日—____月____日		
阅读内容	阅读时间	阅读成果	
第一组（9篇）： 《动物的尾巴》《鳄鱼的眼泪》《大象墓地》等	开始时间：____月____日 完成时间：____月____日 所用时间：____天		
第二组（13篇）： 《噬人的葫芦》《布须曼人的太阳传说》《牛角的故事》等	开始时间：____月____日 完成时间：____月____日 所用时间：____天		
第三组（6篇）： 《国王与灵树》《国王的魔鼓》《乌龟和他的漂亮女儿》等	开始时间：____月____日 完成时间：____月____日 所用时间：____天		
第四组（5篇）： 《桑巴·加纳》《真正的富尔贝人》《加西尔的科拉琴》等	开始时间：____月____日 完成时间：____月____日 所用时间：____天		

（二）创设情境，发布任务

同学们，在这节课上我们一起领略了国外民间故事的异域风格，也了解了中外民间故事的文化差异。正是因为文化的多元，才构成了丰富多彩的世界。

民间故事博物馆特意设定了“国外民间故事专栏”，征集精彩有趣的故事和阅读成果，请同学们赶快打开《聪明的牧羊人》和《老人的智慧》，继续开启异域阅读旅程吧！

【设计意图】制订阅读计划，创设阅读情境，激发学生阅读兴趣，学习有计划地阅读，养成良好的阅读习惯，并产生强烈的阅读期待，是高效阅读、高阶阅读的基础。

五年级下册：
读古典故事，品百味人生（古典名著）

“快乐读书吧”教材解析

本册“快乐读书吧”以“读古典名著，品百味人生”为主题，引导学生阅读中国古典名著。这是“走近中国古典名著”单元的拓展与延伸，能使学生更全面地了解、感受古典名著。

教材由导语、“你读过吗”、小贴士和“相信你可以读更多”四部分组成。

导语分别从《三国演义》《水浒传》《西游记》《红楼梦》四大名著中选取了一个典型人物点出其特点，意在激发学生阅读古典名著的兴趣。

“你读过吗”和“相信你可以读更多”通过列举经典故事和人物、展示精彩片段、简要介绍故事内容等方式，引导学生阅读中国古典名著。小贴士介绍了与古典名著有关的知识和阅读古典名著的方法。第一个小贴士提示学生古代长篇小说多是章回体；第二个小贴士则提示学生读古典名著时的方法，即可以借助“回目”猜测每回的主要内容。

《西游记》《三国演义》《红楼梦》围绕五年级下册教材的阅读要素和学生的发展水平，做如下安排：

书名	阅读要素
《西游记》	①制订阅读计划
	②通过阅读初步了解文本的语言表达特点
	③借助回目猜测每回的主要内容
	④根据内容定阅读进度，感兴趣的内容读得仔细一些，有一些还要反复读；不感兴趣的内容浏览一下即可
	⑤做好阅读记录
《三国演义》	①边读边猜，边读边想
	②能大致读懂就可以了
	③作批注
	④感悟故事中鲜明的人物形象
《红楼梦》	①做好阅读规划
	②遇到不明白的语句可以先猜猜意思，能大致读懂就可以了
	③感受小说的独特魅力

推荐书目阅读策略梳理

关于中国古典名著，我们推荐阅读的版本是曹文轩、陈先云主编的“快乐读书吧·名著阅读课程化丛书”，推荐阅读的书目是《西游记》《三国演义》《红楼梦》（《水浒传》为自选书目）。根据三本书的篇目分组和阅读指导，相应的阅读策略梳理如下：

古典名著阅读策略

书目	阅读策略
《西游记》	①绘制“西游路线图”
	②制作“ZQ西游人物卡片”
	③梳理感兴趣的故事情节
	④西游法宝趣谈
	⑤西游撷英
《三国演义》	①梳理人物故事
	②梳理人物关系图
《红楼梦》	①读回目，猜故事
	②制作人物事件图

《西游记》1221教学模式教学设计

《西游记》导读课教学设计

教学目标

（1）通过了解封面、目录、前言、阅读指导、分享交流、导语、结语等内容，整体感知《西游记》，了解古典名著的文本特点及阅读策略，产生阅读期待。

（2）通过回目分析了解《西游记》主要内容。

（3）制订阅读计划，开启古典名著阅读。

教学过程

一、结合单元内容，回顾阅读策略

观三国烽烟，识梁山好汉，叹取经艰难，惜红楼梦断。同学们，通过本单元的学习，我们见识了诸葛亮草船借箭的妙算、景阳冈武松打虎的勇猛、花果山猴王出世的震撼、大观园红楼春趣的热闹。对《三国演义》《水浒传》《西游记》《红楼梦》四大古典名著有了初步的了解。也学到了一些阅读古典名著的方法，结合

“语文园地”中的“交流平台”，共同回忆一下。

预设：

（1）联系上下文猜测词语的意思。

（2）遇到一些较难理解的词语，不用反复琢磨，知道大意即可。

（3）借助资料加深对内容的理解。

（4）结合影视剧等加深对课文的理解，得到更多阅读的乐趣。

【设计意图】从单元学习导入，立足单元之篇结合交流平台回顾古典名著的阅读方法。搭建由篇到本、由课内向课外延伸的桥梁，为整本书阅读奠定基础。

二、出示阅读书目，提取阅读策略

漫漫取经路上，有妖魔鬼怪，有刀山火海，也有师徒四人坚定的背影和永不停歇的脚步。让我们随着唐僧、孙悟空、猪八戒和沙僧的脚步，体验《西游记》中险境迭出的取经之旅吧。（出示《西游记》。）

（一）观察封面，简介作者

（1）封面信息：书名、作者、封面图片、主编、出版社、分上下册等。

（2）作者简介：吴承恩，字汝忠，号射阳山人，淮安山阳（今属江苏淮安）人，明代小说家。自幼敏慧，又好学习，博览群书，年轻时就曾受到督学使者的赞扬，以文名著于乡里。他好奇闻，喜读野言稗史，并受到民间文学的积极影响；又喜读“善摹写物情”的唐人传奇，从中吸取了丰富的营养。他在民间传说、话本、戏剧的基础上，创作了举世瞩目的长篇章回体神话小说——《西游记》。《西游记》是“神魔小说”的代表作。

（二）观察目录，认识回目

我们来看《西游记》的目录。仔细观察，你发现了什么？

预设：

（1）《西游记》是一部章回体长篇小说，全书一共100回，上册是第1—49回，下册是第50—100回。

（2）我发现一回就是一个小故事，我们可以根据回目的标题猜测这一回的主要内容。比如第一回“灵根孕育源流出　心性修持大道生”讲的就是猴王出世。

（3）我发现一回或几回组成一个相对完整的小故事，连起来就是一个长篇故事。比如第59—61回，这三回在讲“孙悟空三调芭蕉扇”的故事。

（三）阅读前言，提取内容

为什么我们已经看过《西游记》的电视剧、动画片、漫画等，还要读《西游记》原著呢?《西游记》有一百回，我们怎样梳理内容呢？前言会告诉我们答案。

预设：

（1）原著更能体现构思巧妙的情节安排、细致入微的人物刻画、幽默诙谐的语言表达……只有阅读原著，才能真正领略这部小说的魅力。

（2）全书分为三大部分，第1—7回写猴王出世；第8—12回写唐僧的前世今生以及取经的原因；第13—100回写师徒等人西天取经，最终修成正果。

（四）阅读指导，提取策略

（1）关于阅读指导，我们推荐阅读的《西游记》版本分为上、下两册，大家看看上册的“阅读指导”和下册的“分享交流”，看看能提取出哪些策略呢?

上册“阅读指导”预设：

①绘制“西游路线图”。

②制作“西游人物卡片”。

③梳理感兴趣的故事情节。

下册“分享交流”预设：

①西游法宝趣谈。

②西游撷英。

（2）为了帮助大家更好地阅读《西游记》原著，本套书还编排了导语和结语两个助读内容。导语是为了让我们明确阅读时值得关注的问题；结语是为了回顾故事情节，尝试思考阅读带来的启发。也就是让我们在阅读中思考，在思考中阅读。

【设计意图】通过观察封面、回目、阅读指导、分享交流、导语、结语等内容，引导学生感知全书结构，猜测故事内容，激活已知阅读方法，关注阅读策略，激发阅读兴趣，消解畏难情绪。

三、运用阅读策略，共读故事片段

通过以上梳理，我们对《西游记》有了大致的了解，也学到了古典名著的阅读方法。让我们来共读一个片段，体会这些方法如何运用。

（一）读回目，猜大意

出示第61回目录——“猪八戒助力败魔王，孙行者三调芭蕉扇”。

猜一猜，这个故事主要讲了什么内容？

（二）赏片段，品特点

师生共读第61回中孙悟空和牛魔王斗法的片段，感受《西游记》构思巧妙的情节安排、细致入微的人物刻画、幽默诙谐的语言表达。

（1）同学们有没有遇到难懂的词语，你们又是怎么解决的？

预设：

①不太理解的词主要有嗛眼、淬下、乜乜些些、狻猊……

②用联系上下文猜测词语的大致意思。如：“嗛眼”是用嘴啄眼睛；“狻猊”两个字都是反犬旁，这个动物能“食大豹”，我猜可能是一种比大豹更凶猛的野兽。

（2）读原文，你能按顺序梳理出孙悟空和牛魔王分别变成了什么来对战吗？他们给你留下了什么印象呢？

预设：

①孙悟空先后变成了海东青、乌凤、丹凤、饿虎、金眼狻猊、赖象。

②牛魔王先后变成了天鹅、黄鹰、白鹤、香獐、大豹、人熊。

③孙悟空神通广大，牛魔王变化多端。

这场斗法真是惊心动魄！同学们不妨拿起笔在书上勾勾画画，写下批注，将这些精彩内容积累下来细细品读。

（3）为什么他俩会有如此激烈的打斗？猪八戒又是如何帮助悟空的呢？最终孙悟空调到了芭蕉扇吗？

如果你对这部分情节感兴趣，就带着这些疑问去读整个章节吧，这样事情的起因、经过和结果就会更清晰，读完可以试着给同学分享这个故事。

【设计意图】紧扣单元阅读策略，结合“快乐读书吧”，共读故事片段，培养学生的策略意识，为快速阅读、高效阅读奠定基础。

四、制订阅读计划，开启名著阅读

（一）出示样表，制订计划

有计划地阅读，可以事半功倍，快速高效地阅读，拿出老师发的计划样表，试着填一填吧！

《西游记》阅读计划表

班级		姓名	
阅读时限	____月____日—____月____日		
阅读内容		阅读时间	阅读成果
第一部分（第 1—7 回）： 猴王出世		开始时间：____月____日 完成时间：____月____日 所用时间：____天	
第二部分（第 8—12 回）： 唐僧的前世今生及取经的原因		开始时间：____月____日 完成时间：____月____日 所用时间：____天	
第三部分（第 13—100 回）： 师徒等人西天取经，最终修成正果的全过程		开始时间：____月____日 完成时间：____月____日 所用时间：____天	

（二）创设情境，发布任务

同学们，经典名著《西游记》的阅读之旅已正式开启，班里准备举行“悦读西游”主题读书活动，希望大家带着这节课收获的阅读方法，在阅读之路上也能取得“真经”。

【设计意图】引导学生运用已学的阅读方法，制订《西游记》阅读计划，鼓励学生按计划自主完成阅读任务，并通过创设“悦读西游”的情境，激发学生的阅读兴趣，真正实现高效阅读。

《西游记》推进课（1）教学设计

教学目标

（1）交流阅读进度、阅读状态和阅读收获，激发阅读兴趣。

（2）整体感知人物，了解故事背景和大致情节。

（3）梳理并积累阅读方法，激发阅读兴趣，增强阅读信心。

教学过程

一、交流阅读之法

同学们，《西游记》这本书你们读到哪里了？指名学生交流阅读进度，说清楚章回。

结合导读课中介绍的读长篇名著的方法，请同学们分享自己对其中一种方法的阅读实践感受。

【设计意图】以谈话的方式，引导学生分享《西游记》这本书的阅读进度。通过分享真实感受，检查阅读过程中阅读方法的运用效果，进一步激发阅读兴趣。

二、初识人物形象

（一）人物形象

《西游记》中人物繁多，根据你的了解，在这个取经团队中，你最喜欢谁？说说你对他的认识（性格、脾气、弱点、优点等）。

《西游记》中的四大主要人物就是唐僧、孙悟空、猪八戒和沙僧，根据他们四人的性格，可称之为“严师、皮猴、憨猪、忠僧”。同学们在阅读过程中，可以通过具体的事件再去品味人物形象。

（二）初识悟空

在取经之路正式开始之前，你知道孙悟空是什么样子吗？他都经历了哪些事情？这些事情对孙悟空后续又产生了怎样的影响？

（1）梳理第1—12回中孙悟空称谓的变化。

预设：

石猴—美猴王—孙悟空—弼马温—齐天大圣

（2）讲一讲每个名称背后的故事，说说那时的孙悟空给你留下什么印象。

（3）人物评说：毛主席的两句诗道出了神猴的本质——“金猴奋起千钧棒，玉宇澄清万里埃”。

【设计意图】引导学生在阅读中感受人物的鲜明个性。重点以孙悟空为例，梳理遇见唐僧之前的称谓变化，并以此为线索深入探讨孙悟空的性格特点，进一步加深对人物的认识。

三、探秘猴王性格

《西游记》第 1—7 回可以说是孙悟空的“传记”，回顾前七回内容，想一想主要写了哪些情节，你最感兴趣的是什么？

预设：

猴王出世、求学之旅、官封弼马温、大闹天宫……

师生共读精彩片段：

片段①：

那山顶上有一块仙石……每受天真地秀，日精月华，感之既久，遂有灵通之意。内育仙胞，一日迸裂，产一石卵，似圆球样大。因见风化作一个石猴，五官俱备，四肢皆全。便就学爬学走，拜了四方。目运两道金光，射冲斗府。

——《西游记》

思考：从悟空出世的描写中，你感受到仙石孕育石猴的仙灵神趣了吗？石猴出世给你留下了怎样的印象？

片段②：

悟空笑道：“小太子，你的奶牙尚未退，胎毛尚未干，怎敢说这般大话？我且留你的性命回去，你只看我旌旗上是甚么字号，拜上玉帝，是这般官衔，再也不须动众，我自皈依；若是不遂我心，定要打上凌霄宝殿。”……好大圣，喝声“变！”也变作三头六臂，……两个各骋神威，斗了个三十回合。

——《西游记》

思考：从悟空的语言、动作等细节描写中，你感受到悟空的什么性格？

讨论交流：

通过第 1—7 回的描述，你看到了一个怎样的孙悟空？（刻苦求学、神通广大、向往自由、勇于反抗、又机灵好动、淘气顽劣、桀骜不驯……），你喜欢这时候的孙悟空吗？你身边的人有没有孙悟空的影子呢？

【设计意图】关注孙悟空取经前的性格，感受孙悟空性格的优点和缺点，为理解孙悟空从石猴到斗战胜佛的成长奠定坚实的基础，同时通过联结生活理解孙悟空的性格，让学生体会悟空形象的普遍意义，理解《西游记》的社会意义。

四、聚焦取经缘由

第 8—12 回是《西游记》的第二部分内容，主要写唐僧的前世今生及取经原因，回顾阅读内容，谈一谈取经原因。先小组交流再全班交流。

请大家打开第 12 回“唐主选僧修大会 观音显像化金蝉”，一起了解一下唐僧的前世今生和取经的原因。PPT 出示以下三个片段：

片段①：

太宗召太仆卿张道源、中书令张士衡，问佛事营福，其应何如。二臣对曰：“佛在清净仁恕，果正佛空。周武帝以三教分次；大慧禅师有赞幽远，历众供养而无不显；五祖投胎，达摩现象。自古以来，皆云三教至尊而不可废。伏乞圣裁。”太宗甚喜道：“卿之言合理。再有所陈者，罪之。”遂着魏征与萧瑀、张道源邀请诸僧，选举一名有大德行者作坛主，设建道场……

片段②：

你道他是谁？却正是那西方金蝉长老转世，只为无心听佛讲，转托尘凡苦受磨，小字江流古佛儿，法名唤做陈玄奘！查得他根源又好，德行又高。千经万典，无所不通；佛号仙音，无般不会。

片段③：

那菩萨祥云渐远，霎时间不见了金光。只见那半空中滴溜溜落下一张简帖，上有几句颂子道：

礼上大唐君，西方有妙文。程途十万八千里，大乘进殷勤。此经回上国，能超鬼出群。若有肯去者，求正果金身。

思考交流：

读了以上三个片段，结合第 8—12 回的内容想一想，唐太宗为什么要请高僧设道场开坛讲法？茫茫人海，僧人众多，为什么唐僧陈玄奘会被选中？观音显像留帖是为了什么？

【设计意图】分析唐僧被选的原因，体会唐僧身上与众不同的地方，为后文正确理解唐僧的多元性格奠定基础。

五、激发持续阅读

在第 12 回中，唐僧出关而去，独自踏上了取经之路。他后来到了哪里？又遇到了哪些人和事？我们期待他与几位徒弟的相遇，更期待取经途中精彩的故事，天马行空的想象，险象迭生的情节……

绘制取经路线图是本书的阅读策略之一，通过记录取经途中遇到的妖怪及解决问题的方法，可以帮助我们更清晰地把握故事脉络，了解故事主要内容。相信同学们一定会运用阅读小妙招，完成后面的阅读，见证唐僧师徒历尽千难万险取得真经的过程。

【设计意图】长篇小说，持续阅读很关键，给学生提供策略支架，激发学生持续阅读的兴趣，为后续阅读提供保障。

《西游记》推进课（2）教学设计

教学目标

（1）分享阅读收获，交流阅读困惑，激发阅读兴趣。

（2）采用精读策略，品析精彩片段，剖析孙悟空的猴性、人性、神性，激发持续阅读动力。

教学过程

这节课我们继续走进《西游记》，聊聊书中的人和事。

一、趣味展示，交流进度

（一）抢答歇后语

白骨精见了孙悟空——（现原形了）

孙悟空的金箍棒——（能大能小）

猪八戒照镜子——（里外不是人）

（二）讲述小故事

（1）在西行取经这一部分中，故事情节波澜起伏，引人入胜。这里有一些关于《西游记》精彩章节的照片，你能说出每张照片中故事的名字吗？

依次出示照片：三打白骨精、大战红孩儿……

（2）指名学生讲述：你能给大家讲讲其中你印象最深的一个故事吗？

（3）指导讲述：讲故事的时候，可以加上适当的语气、表情和动作。

【设计意图】通过抢答歇后语和讲述小故事，持续激发学生阅读兴趣，同时了解学生的阅读情况，便于对阅读进行深入指导。

二、创设情境，制作档案

读《西游记》，可以抓住这三条线帮助我们理清全书的文脉，它们分别是：路线、人物线、情节线。这节课就让我们主抓人物线，来梳理悟空的成长之路，制作一份“悟空成长档案”。

（一）关注称呼，梳理事件

（1）小组完成《悟空成长进阶图》。

（2）学生上台分享成果，其他学生做补充。

（3）出示答案，小结关注称呼，多角度认识人物。

（二）聚焦言行，感悟成长

各小组从悟空典型成长事件中任选其一，聚焦言行表现，小组内交流并完成表格。

示范：阅读文本，对照大闹天宫时期的悟空与三打白骨精时期的悟空。

悟空一路上经历了很多的磨难，还有更多的成长细节等着我们去阅读品味。请大家抓住悟空言行的变化继续补充完善。

最后悟空成佛，如来为什么会封他这个称号？你觉得悟空战胜了什么呢？带着这个问题，让我们去继续阅读，在阅读和思考中找寻你的答案，也一定会给制作悟空成长档案带来一些思路和启发。

【设计意图】创设“为悟空制作成长档案”这个情境，引导学生从关注称呼、关注人物语言、聚焦典型事例等方面深入了解悟空的形象和成长过程，感受悟空“猴—人—佛”的成长变化。

三、品味经典，趣中有法

共读《西游记》第二十七回“尸魔三戏唐长老　圣僧恨逐美猴王”，想一想可以怎样梳理这个有趣的故事呢？

（一）理脉络，看前因后果

故事离不开起因、经过、结果、时间、地点、人物这六要素，经典的情节往往线索清晰、一波三折。如能紧扣关键，抓住主线，故事情节的梳理就变得简明而又清晰。

起因	经过				结果
	一变		一打		
二变		二打			
三变		三打			

（二）谈情节，抓矛盾冲突

小说情节的发展，离不开人物之间因观点不和或利益相争所发生的矛盾冲突。抓住矛盾冲突进行梳理，可以让人物关系更清晰、人物性格更凸显、情节脉络更明朗。

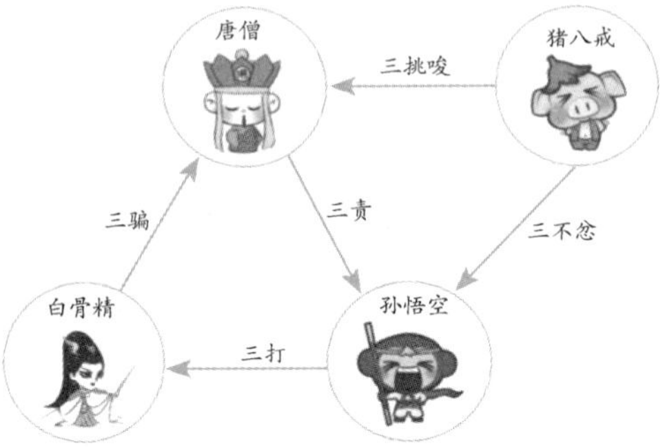

（三）抓言行，悟角色内心

通过对人物的言行进行分析，理解他们的性格特点和行为动机。如孙悟空的机智和忠诚、唐僧的固执和迂腐、猪八戒的贪吃和懒惰及沙僧的少言寡语。又如：白骨精每次变化的身份和目的，孙悟空是如何识破并应对这些变化的？

再读片段，结合视频，感受悟空当时的心情。

选择几个你最喜欢的故事情节，运用以上的方法进行梳理。

【设计意图】以第二十七回“尸魔三戏唐长老　圣僧恨逐美猴王”为例，指导学生运用理脉络、谈情节、抓言行等方式阅读故事，并鼓励学生将学法进行迁移，做到学有所得，举一反三，学有所用。

四、课堂总结，布置作业

每个人心中都住着一个孙悟空，希望我们也能成为像孙悟空那样努力成长的人。就让我们带着今天获得的这些成长密码，继续深入阅读《西游记》。

布置作业：根据阅读进度继续完善取经路线图。

《西游记》分享课（1）教学设计

教学目标

（1）感受师徒四人不同的性格特点，辩证看待每一个团队成员。

（2）通过多种形式交流，体会不畏艰险，为实现理想而不懈奋斗的精神，体验分享的快乐。

教学过程

一、知识盘点，头脑风暴

唐僧师徒四人历经九九八十一难，才换来各国的通关文牒。今天老师也准备了一些关于《西游记》的检测题，请大家亮出你的火眼金睛，好好分辨一番。

（1）知识大盘点。

（2）猜猜他是谁？说说你是从哪看出来的。

（3）看文字猜人物。

【设计意图】设计有趣的闯关游戏，激发学生交流兴趣，并通过图画、情节、人物关联等方法加深学生对《西游记》中人物形象的记忆。

二、分类交流，成果展示

《西游记》里面人物众多，作者为我们塑造了许多个性鲜明、栩栩如生的人物形象，还描写了许多跌宕起伏、引人入胜的故事。接下来我们就进入阅读成果分享的环节。

（一）人物集锦，亦正亦邪

提起《西游记》，你们脑海中能闪现哪些人物呢？

预设：

唐僧、猪八戒、孙悟空、沙僧，这是师徒四人；很多妖怪，比如牛魔王、玉兔精；神仙，比如如来佛、二郎神、观音菩萨……

小结：同学们的梳理真细致，还把人物分了类别。是的，在作者的描绘中，他们亦正亦邪，各有特点，给我们留下了深刻的印象。比如奇特的相貌、装扮、有趣的称号，还有令人羡慕不已的本领、法宝和武器。选择你感兴趣的人物，发挥创意，为他们制作一份“人物名片”吧！

【设计意图】通过对比正面人物和反面人物，让学生认识正义与邪恶的区别。

绘制人物名片，帮助学生加深对师徒四人的印象；寓教于乐，提高学生搜集信息、整理信息的能力。

（二）思维碰撞，辩论西游

当我们沉浸在《西游记》的奇幻世界，不难发现师徒四人各自拥有独特的本领与特质。

请同学们小组合作，共同梳理师徒四人各自的不同本领。再讨论一下，一个团队要取得成功都需要哪些必不可少的角色呢？唐僧师徒的成功带给我们哪些启示呢？

【设计意图】通过小组讨论，让学生更深入地了解师徒四人的性格特征、能力和作用，以及这些角色是如何互补的。使学生认识到在任何团队中，每个成员都有其独特价值，缺一不可。

（三）取经路线，漫长曲折

唐僧师徒历经艰难险阻取得真经，完成了一场壮丽征途。同学们通过提炼关键信息绘制了“西天取经路线图”，我们共同回顾这段神奇的历程，分享感悟。

【设计意图】绘制取经路线图可以帮助学生清晰地梳理出整个故事的发展脉络。

三、西游剧场，精彩再现

有一个小组根据故事的起因、经过、结果等创意性地完成了剧本的创作，编排了课本剧《三打白骨精》。请同学们边欣赏边思考课本剧中的“孙行者”与大闹天宫时的那个“弼马温”有什么不同。

预设：

（1）孙悟空越来越收敛，越来越稳重，不再像之前那样只想着自己的感受，不再肆无忌惮、冲动鲁莽，心态越来越平和。

（2）孙悟空心甘情愿护送唐僧，即便被冤枉也不忘职责，始终把唐僧的安全放在第一位，还为民除妖，身上多了一些责任和担当。

小结：大家的分析都非常细致，我们通过分析悟空这个人物的行为变化，挖掘到了他内在的成长。读小说看人物，就是要关注言行，体会人物情感在事件中的变化，这样才能对人物有更深刻的理解。

【设计意图】让学生通过角色扮演，更好地体会每个角色的性格特点和行为动机，从而加深对人物形象的理解。在课本剧的创作过程中有利于培养学生的合作意识，培养创新思维。

四、深入主题，引领成长

你挑着担，我牵着马，迎来日出送走晚霞，踏平坎坷成大道，斗罢艰险又出发……师徒四人历尽艰险，取回真经，他们取得的仅仅是5048卷经书吗？除此之外，你认为他们还收获了什么？

预设：

个人的变化、团队的团结等。

【设计意图】通过讨论师徒四人在取经过程中的收获，帮助学生理解每个角色的成长。引导学生思考《西游记》中蕴含的主题思想，向学生传达正确的道德观念。

五、课堂总结，布置作业

在这节课的分享中，我们通过人物展示、小组讨论和演课本剧的方式分享了阅读收获，也探索了个人和团队的成长。取经之路就是修心之路，修心就是要历经难事，淬炼真心！

布置作业：请同学们继续阅读，在下一次的分享活动中，我们将从故事中的人物，走向现实中的记载，踏上更精彩的取经之路，探索西游精神。

《西游记》分享课（2）教学设计

教学目标

（1）通过分享自己的阅读收获与成果体验阅读的成就感。

（2）梳理孙悟空的成长经历，挖掘内在原因，提升对成长的理解，助力个人成长。

（3）通过史实对照，感悟西游精神在现实中的实践与传承。

教学过程

一、聚焦悟空，感悟成长

《西游记》这部小说，无论是对众多人物的刻画，还是对曲折故事的描写，都是栩栩如生、精彩纷呈。所以，无论是大朋友还是小朋友都非常喜欢看《西游记》，就连许多作家、名人都说自己小时候十分痴迷《西游记》。接下来，我们一起探寻孙悟空的成长之路。

（一）称呼变化，蜕变进阶

（1）请用孙悟空的名称改编《猴哥》这首歌，梳理悟空的成长变化。

猴哥，猴哥，你真太难得，本是山中一（石猴），一跃成为（美猴王）。

猴哥，猴哥，你真了不得，漂洋过海去寻师，学艺得名（孙悟空）。

猴哥，猴哥，你真太难得，一身功夫显神通，官封（弼马温）不满足。

猴哥，猴哥，你真了不得，（齐天大圣）看桃园，大闹天宫慑天庭。

猴哥，猴哥，你真了不得，西天取经行大道，（孙行者）一走就是几万里。

猴哥，猴哥，你真太难得，身经百战打头阵，惩恶扬善（斗战胜佛）。

（2）从孙悟空名号的变化中，我们看到了悟空从______________________到________________的变化。

预设：

①桀骜不驯到稳重踏实（性格）。

②由魔到佛（身份）。

教师小结：九九八一难，十四载寒暑春秋，十万八千里路，让悟空变了，不只是名号，还有他的内心。

【设计意图】以悟空称呼为线索，通过改编《猴哥》这首歌梳理悟空的成长变化，引导学生思考角色的成长与转变。

（二）对比精读，探寻历程

在《西游记》中，孙悟空共有三次离开，今天我们就通过聚焦这三次离开，探寻他的成长历程。

（1）自主阅读悟空三次离开的相关章回选段，小组合作，完成表格内容。

比较分析	第一次	第二次	第三次
离队原因			
离队表现			
离队小结			

（2）学生反馈，离队小结预设：

第一次离开：桀骜不驯、狂妄自大、不懂尊重。

第二次离开：重情重义、懂得尊重、知恩图报。

第三次离开：依恋团队、敬畏师父，成熟理智。

从悟空的三次离队和归队，我们看到了他的成长历程：他从主动离开到被动离开，从回来是为了自己到回来是为了师父，由任性自在、狂放不羁的大圣到知恩图报、忠诚专一的斗战胜佛，他战胜了妖魔鬼怪，更战胜了内心的心魔。

小结：悟空的成长之旅，是悟心之旅，也是悟己之旅，所以才有了悟空的成长之“悟”（板书：悟＝心＋吾）。

（3）交流讨论：悟空的“不变”。

刚才我们关注了孙悟空成长中的变化，其实一直以来，孙悟空有些性格特点是一直没有变的。你知道哪些没有变？（有正义感、救死扶伤、疾恶如仇等。）

小结：对啊，不管环境怎么变化，孙悟空身上惩恶扬善、疾恶如仇、英勇无畏、有勇有谋以及那份正义感始终没有变，但他身上的脾气暴躁、喜欢恶作剧等缺点，随着时间的推移和阅历的增加而变得更加成熟稳重。这就是成长！

【设计意图】通过分析孙悟空三次离队的行为，让学生深入了解孙悟空的性格特征，让学生认识到成长需要经历挫折和磨难，也需要自我反省，培养学生的逻辑思维能力和思辨能力。

二、联结自我，感悟成长

作为学生的我们又何尝不是和悟空一样，正在经历着一场人生的历险和蜕变呢？请大家回忆自己成长的历程，有没有某一个时刻、某一件事情让你突然觉得自己长大了？

小组交流：让我们以小组为单位，一起来说一说你长大的瞬间吧！

【设计意图】阅读故事，观照自己，在交流中审视自己，对话自己，唤起自身成长动力。

三、史实对照，再看西游

（一）走进历史，认识玄奘

同学们，在小说《西游记》中，大家心目中的主角是神通广大、一心护送唐僧取经的孙悟空，但是你们知道吗？当这个神话故事掀开艺术创作的虚构面纱之后，人们经过历史考证，发现唐僧这个人物并非完全虚构，因为历史中不但真有其人，他历经千辛万苦西行取经也确有其事。今天我们就走进真实的历史纪录，看看唐僧的原型——玄奘的西行之路。

《西游记》中唐僧师徒经历九九八十一难取得真经，打败了很多妖魔鬼怪；从历史记载来看，玄奘法师不顾朝廷的禁令偷渡玉门关，穿越雪山荒漠，前后历经十九年时间，足迹遍布一百一十个国家，才抵达心中圣地。他所面临的困难并不是所谓的妖魔鬼怪，而是当时严禁“出蕃”的阻碍、通关的风险和恶劣的自然环境。

想一想：小说中的西游之路和玄奘取经的路途有何异同？

小结：玄奘西行成功几百年之后，关于他的历史才逐渐变成了传奇，又慢慢地变成了神话，三百年后才有了这部经典之作《西游记》。尽管艺术加工的色彩浓重，但我们依然看到了取经故事的主人公们都在为了实现理想而不屈不挠、努力奋斗的精神品质。

【设计意图】通过对比玄奘的真实历史与《西游记》中的艺术加工，让学生认识到文学作品是在真实的历史基础上进行创造性改编的。

（二）回归现实，传承精神

下面有几组图片，让我们再来探讨“取经之路”的意义：

纵览古今，我们看到了像孙悟空、玄奘一样为理想信念而永不言弃的“取经人”，对于个人而言，取经之路，是信念之路。

玄奘成为千年古丝绸之路的践行者和开拓者。在现代化的今天，丝绸之路经济带依然焕发新生，成为推动国家发展的一项重大战略。对于国家而言，取经之路也是发展之路。

回顾历史展望未来，民族复兴之梦在召唤我们，一代又一代的人探索创新，才会创造一个又一个历史奇迹。对于民族而言，取经之路，是奋进之路。

【设计意图】通过讨论“取经之路”的意义，激发学生追求理想和克服困难的精神，培养学生正确的价值观和人生观，激发学生的历史责任感。

四、课堂总结，布置作业

今天，我们读小说、品人物、话感触，品出了孙悟空的成长，聊出了自己的成长，也看到了一个民族的发展。原来，阅读是如此神奇而美妙，我们阅读人物，更是在阅读自己，阅读文化，并在这个过程中成长。

布置作业：请同学们继续阅读《西游记》，感兴趣的同学还可以查找关于玄奘取经的历史资料，去了解这段真实的历史。

《西游记》延伸课教学设计

教学目标

（1）能灵活运用读古典名著的方法阅读，了解故事内容。

（2）能产生阅读中国古典名著的兴趣，并乐于与大家分享课外阅读的成果。

（3）激发对中华传统文化的热爱和自豪感。

教学过程

一、结合精读范例，聚焦特点策略

这段时间，我们共读了《西游记》，感受了神魔小说丰富的想象，认识了故事中个性鲜明的人物形象，如信念坚定的唐僧、神通广大的孙悟空、好吃懒做的猪八戒、憨厚老实的沙僧等，都给我们留下了难以磨灭的印象。通过共读《西游记》，大家一定对章回体小说这个体裁有了更加深入的了解。我们一起来回顾一下小说的特点和阅读策略吧！

（一）体裁特点

小说的情节铺叙具有完整性和多变性。与其他文学相比，小说具有构思巧妙的情节安排、细致入微的人物刻画、幽默诙谐的语言表达等特点。只有走进文本，才能真正领略小说的魅力。

（二）阅读策略

（1）回目分析，回目猜读，知晓大意。

（2）梳理上册“阅读指导”中的策略。

①绘制“西游路线图”。

②制作“西游人物卡片”。

③梳理感兴趣的故事情节。

（3）梳理下册“分享交流”中的策略。

①西游法宝趣谈。

②西游撷英。

【设计意图】在师生共读《西游记》的基础上梳理小说的特点和阅读策略，是为了更好地开启同类阅读，让学生在同类阅读的过程中进一步体会章回体小说的特点，并运用恰当的阅读策略实现高效阅读。

二、出示拓展书目，提取阅读策略

（一）同题拓展：推荐《西游记》其他版本

《西游记》为我们打开了一个精彩神奇的魔幻世界，同学们也可以选择白话文版、原文解析版和原著版等多种版本进行对比阅读，体会古典文学的语言魅力。

（二）同类拓展：四大古典名著

“观三国烽烟，识梁山好汉，叹取经艰辛，惜红楼梦断。”大家对四大古典名著的名字并不陌生，它们分别是《西游记》《三国演义》《红楼梦》和《水浒传》。

1. 推荐阅读《三国演义》

（1）出示书目，激发兴趣。

出示《三国演义》简介。

我国古代第一部长篇章回体小说，生动讲述了三国时期复杂的政治军事斗争，书中战争场景的描写气势磅礴、波澜壮阔，塑造了一群叱咤风云的英雄人物。这部作品也成为我国历史小说的巅峰之作。

经典故事：煮酒论英雄、火烧赤壁、千里走单骑……

你还知道哪些经典故事？（歌曲、影视。）

（2）浏览目录，整体感知。

请同学们浏览目录，你发现了什么？（我们可以借助“回目”猜测内容。）

（3）结合前言，了解内容。

长篇章回体历史演义小说《三国演义》历来有“七实三虚”的说法。书中波澜壮阔的战争描写，脍炙人口的英雄故事、栩栩如生的人物形象，还有层出不穷的奇谋妙计，让人掩卷难忘……

在阅读之前，我们需要对一些关键词有所了解：三国时期、拥刘反曹、三国文化精神、著名战役、三国谱系。

（4）阅读指导，提取策略。

①规划阅读时间。②边读边猜，边读边想。③人物故事。④人物关系图。

（5）交流分享，提取策略。

请同学们打开第 117 页，看“交流分享”，你学到了哪些方法？

①越读越有味。②说三国人物。

（6）回顾交流，提取策略。

《三国演义》的最后，还有一个板块，是“回顾与交流”，看看有哪些要求呢？

①成语、歇后语故事知多少。②三国人物排行榜。

（7）助学系统，提取策略。

在阅读中，我们还应该关注每一章的“导语”“小结”，再结合注释和批注，可以帮助我们更加全面、深入地了解整部作品，让我们在阅读中思考，在思考中阅读。下面，让我们一起来梳理一下阅读策略。

《三国演义》阅读策略梳理

板块	阅读策略
阅读指导	①规划阅读时间
	②边读边猜，边读边想
	③人物故事
	④人物关系图
回顾与交流	①成语、歇后语故事知多少
	②三国人物排行榜

2. 推荐阅读《红楼梦》

（1）出示书目，激发兴趣。

出示《红楼梦》。

中国文学艺术的巅峰之作，书中以贾、史、王、薛四大家族为背景，以贾宝玉、林黛玉的爱情悲剧为主线，着重描写荣、宁两府由盛到衰的世事变迁过程，以及古代少男少女们鲜活的生活场景。这是一部包罗万象、精彩绝伦的文学著作。

结社赋诗，恣意畅快；黛玉葬花，凄美缠绵；……

你还知道哪些经典故事？

（2）浏览目录，整体感知。

请大家浏览目录，你发现了什么？

（3）结合前沿，了解内容。

阅读前言，可以让我们了解故事的主要内容、情节发展、人物关系和艺术价值，可以让我们尽快进入文本。

《红楼梦》是一本怎样的书呢？有人说它是政治小说，有人说它是爱情故事，有人说它是百科全书，有人说它是记录清代贵族生活的珍贵资料……总之，它是一部包罗万象、精彩绝伦的文学名著。

《红楼梦》全书共一百二十回，出场人物近千人，用了多重叙事、多个视角、多种技巧，阅读起来难度较大。本书仅从主线故事中择取四十节，串联引导，帮助同学们了解《红楼梦》的核心情节和主要人物。

要读懂《红楼梦》，我们先要了解几个关键词：四大家族、木石前盟、金玉良缘、金陵十二钗。

（4）阅读指导，提取策略。

①读回目，猜故事。②制作人物事件图。

（5）分享交流，提取策略。

在第 22 章后面，是“交流分享”板块，看看你学到了哪些方法？

①红楼故事“你读我猜”。②初探红楼文化。

（6）回顾交流，提取策略。

《红楼梦》的最后，是“回顾与交流”，我们一起来看看有哪些要求呢？

①红楼人物我来评。②红楼故事知多少。③探寻红楼梦中的文化创意。

（7）导语结语，提取策略

阅读每一节前面的导语，可以初步了解故事背景，明确阅读时值得关注的内容；阅读每一节后面的结语，可以回顾本节故事，尝试体会文字背后隐含的意味。

《红楼梦》阅读策略梳理

板块	阅读策略
阅读指导	①读回目，猜故事
	②制作人物事件图
交流分享	①红楼故事“你读我猜”
	②初探红楼文化
回顾与交流	①红楼人物我来评
	②红楼故事知多少
	③探寻红楼梦中的文化创意

3. 推荐阅读《水浒传》（自选）

PPT 出示《水浒传》简介：

《水浒传》是中国古典四大名著之一，由元末明初的施耐庵所作。这部小说通过生动的艺术描写，反映了北宋末年以宋江为首的108位英雄好汉在梁山泊聚义，反抗腐败的封建统治阶级的故事。小说不仅成功地塑造了众多英雄形象，还揭示了起义失败的社会根源和内在原因。

教师激趣，学生交流：

鲁智深倒拔垂杨柳、吴用智取生辰纲、宋江率军三打祝家庄……《水浒传》中到处都是英雄的经典故事。你还知道哪些经典故事？（歌曲、影视等。）

（三）对比感悟

古典四大名著体系庞大，各具特色：历史演义、英雄传奇、神魔志怪、爱情生活。

在接下来的阅读中，你将可以感受到英雄的壮志豪情，领略历史风云变幻，体会命运沉浮和人间冷暖。

读三国：书中有名有姓的人物近千人，这些人物诠释了中国传统文化精神中国的“仁”“智”“义”“勇”“忠”，对“奸”的刻画也是入木三分。有宽厚仁义的刘备、神机妙算的诸葛亮、义气忠诚的关羽、粗狂勇猛的张飞，也有奸诈多疑的曹操……

品红楼：中国古代章回体小说《红楼梦》，以百科全书般的广博内容、丰富厚重的人文内涵，赢得了无数的读者。翻开这本小说，我们可以看到贾、史、王、薛四大家族由盛而衰的世事变迁、古代少男少女鲜活的生活场景以及众多个性鲜明的人物形象。

聊水浒：书中处处是一百零八条好汉的豪情壮志，每个人都有自己的绰号，如及时雨宋江、豹子头林冲、黑旋风李逵、花和尚鲁智深、青面兽杨志、智多星吴用……

思考：你最想了解哪些人？他们身上发生了哪些事？以这些人物为线索，梳理一下。

在阅读《三国演义》故事后，可以制作人物事件卡。例如：曹操、诸葛亮。

在阅读《红楼梦》故事后，可以绘制人物事件图。例如：薛宝钗、贾宝玉。

如果你细心读，会发现在四大名著中，除了经典的“人”和“事”，还有有趣的“情”与“景”。我们如果以“四大名著”为主题设计文化创意展示，参照书中的“分享与交流”指导，大家有哪些好的创意？

预设：

（1）人物创意：围绕人物，可以绘制人物卡片、人物猜猜卡，还可以组织投票进行人气排行。

（2）故事创意：围绕故事场景，可以制作扇子、明信片等。

（3）趣味书签：将成语、歇后语、战役名称和战术进行梳理，设计成书签。

（4）生活百科：我在读《红楼梦》时，对他们的生活方式非常感兴趣，比如说放风筝、做诗、宴请，还可以去搜集美味佳肴的做法。

【设计意图】思辨阅读能让学生在阅读的过程中学会对比，开阔视野，锻炼思辨能力，提高审美能力，破解同类阅读方法，全面提升核心素养。

三、制订阅读计划，发布阅读任务

（一）出示样表，制订计划

分别出示《三国演义》《红楼梦》的阅读计划表，学生填写完整。

《三国演义》阅读计划表

班级		姓名	
阅读时限	____月____日—____月____日		
阅读内容		阅读时间	阅读成果
第一部分（第 1—12 回）		开始时间：____月____日 完成时间：____月____日 所用时间：____天	
第二部分（第 13—24 回）		开始时间：____月____日 完成时间：____月____日 所用时间：____天	
第三部分（第 25—36 回）		开始时间：____月____日 完成时间：____月____日 所用时间：____天	

《红楼梦》阅读计划表

班级		姓名	
阅读时限	____月____日—____月____日		
阅读内容		阅读时间	阅读成果
第一部分（第 1—13 回）		开始时间：____月____日 完成时间：____月____日 所用时间：____天	
第二部分（第 14—26 回）		开始时间：____月____日 完成时间：____月____日 所用时间：____天	
第三部分（第 27—40 回）		开始时间：____月____日 完成时间：____月____日 所用时间：____天	

（二）创设情境，发布任务

读古典名著，品百味人生。同学们，阅读之路的真经，贵在用心和坚持。有效的阅读方法，会在我们与古典名著之间架起一座桥梁，引领我们走进故事的天地，汲取经典的营养；同时也推动古典名著走向我们，实现古今文化的交融与传承。

学校“古典名著”主题文化节正在征集作品，赶紧读完四大古典名著，去展示你们的阅读成果，让更多的同学也体会到古典名著的魅力吧！

【设计意图】制订阅读计划，创设阅读情境，激发学生阅读兴趣，学习有计划地阅读，养成良好的阅读习惯，并产生强烈的阅读期待，是高效阅读、高阶阅读的基础。

六年级上册：
笑与泪，经历与成长（成长小说）

“快乐读书吧”教材解析

本册“快乐读书吧”的主题是“笑与泪，经历与成长”，引导学生阅读与儿童成长相关的中外经典小说。这是对本册“小说”单元的拓展和延伸。学生通过阅读，可以走进书中主人公的生活，与主人公一起分享欢笑和喜悦，经历磨难与痛苦，从中汲取成长的智慧和力量。

教材由导语、“你读过吗”、小贴士和“相信你可以读更多”四部分组成。导语以凝练的语言点明人的一生是成长之旅，并指出有的小说讲述了成长的故事，故事的主人公就是孩子，以激发学生阅读这类小说的兴趣。“你读过吗”和“相信你可以读更多”，通过简要介绍小说内容、展示精彩片段的方式，引导学生阅读《童年》《小英雄雨来》《爱的教育》。这三本书都是讲儿童生活的，贴近儿童的认知，而且情节生动、趣味性强，适合六年级学生阅读。

《童年》是苏联作家高尔基以自身经历为素材创作的一部自传体小说，讲述了阿廖沙（高尔基的乳名）从四岁到十一岁的童年生活。《小英雄雨来》是中国作家管桦的一部中篇小说，在抗日战争中，雨来不断成长，完成了多项重要任务，最终如愿参加了游击队。《爱的教育》是意大利作家亚米契斯的日记体小说，以一个四年级小男孩安利柯的成长为线索，讲述了发生在他身边的故事，渗透着父子之爱、同学之爱、师生之爱，以及对祖国和人民的爱。

小贴士提示了本次读书活动的阅读要素。第一个小贴士提示学生有的小说人物众多理清人物关系能够帮助我们更好地读懂故事。第二个小贴士提示学生关注故事情节，以更好地感受人物形象。这是对本册教材“小说”单元语文要素的巩固，由课内阅读自然衔接到课外阅读。

本次“快乐读书吧”编排了整本书的小说阅读，除了引导学生迁移运用小说阅读的一些方法，还希望与初中衔接，引导即将升入初中的六年级学生做好整本书阅读的规划，有计划、有目的地阅读。

《童年》侧重通过关注人物的语言、动作、心理活动等体会人物形象；《小英雄雨来》重在通过抓住故事情节来把握人物形象；《爱的教育》则引导学生通过理清人物关系更好地认识、了解每个人物。根据小说本身的特点、六年级上册教材的阅读要素和学生的发展水平，特做如下安排：

书名	阅读要素
《童年》	①理清众多的人物关系，读懂故事
	②关注故事情节，感受人物形象
	③侧重通过人物的语言、动作、心理等活动体会人物形象
《小英雄雨来》	①通过故事情节把握人物形象
	②感受环境描写对推动故事情节发展的作用
	③串联故事情节，概括故事内容
《爱的教育》	①引导学生通过理清人物关系来认识、了解每一个人物
	②边读边体会，写下自己的感受

推荐书目阅读策略梳理

中外经典小说，版本很多，我们推荐阅读的版本是曹文轩、陈先云主编的“快乐读书吧・名著阅读课程化丛书”，推荐阅读的书目是《童年》《小英雄雨来》和《爱的教育》，根据这三本书的阅读指导，相应的阅读策略梳理如下：

《童年》阅读策略

篇目	阅读策略
《童年》	①理清人物关系，做人物关系环形图
	②关注情节、抓住人物描写体会人物特点

《小英雄雨来》阅读策略

组别	篇目	阅读策略
第一组	《小英雄雨来》	读故事情节体会人物形象，做事件流程图
第二组	《上学》《小瓦匠》《滦河上鹰的传说》	用小标题概括故事内容，写人物图谱
第三组	《还乡河上》《听妈妈讲那过去的故事》《快乐的节日》《在红军伯伯身旁》《绿色的祖国》	写读后感

《爱的教育》阅读策略

篇目	阅读策略
《爱的教育》	①理清人物关系，画人物关系图
	②写阅读日记，写爱心记录卡

《童年》1221 教学模式教学设计

《童年》导读课教学设计

教学目标

（1）通过《童年》的“阅读指导”“回顾与交流”等多个助读板块，初步感知《童年》的主要内容。

（2）通过片段赏析，体会小说抓住人物的语言、动作、心理等刻画人物的方法。初步了解阿廖沙的苦难童年和外祖父人性的多元化，产生阅读期待。

（3）能借助图表支架，自主规划、制订个人阅读计划。

教学过程

一、回顾单元内容，梳理阅读策略

（一）小说特点

本单元是小说单元。小说大多是虚构的，但是又有生活的影子。《桥》《穷人》《金色的鱼钩》三篇小说，都是以现实生活为题材，刻画了普通人物在面临困境时闪现的人性光辉。通过本单元的学习，你认为小说这种体裁有哪些特点呢？

预设：

（1）内容虚构，但以现实生活为题材，反映现实生活。

（2）小说三要素：人物、情节、环境。

小结：

所以本单元的语文要素是：读小说，关注情节、环境，感受人物形象。

（二）阅读策略

（1）根据“语文园地”中的“交流平台”回顾阅读策略。

出示“交流平台”内容，一起回顾如何理解小说的人物形象。先小组交流，再全班交流。

预设：

①留意人物的语言、动作、心理活动，深入理解人物形象。

②通过小说的情节感受人物形象。

③借助环境描写来凸显人物形象。

（2）根据“快乐读书吧”中的小贴士学习阅读策略。

出示小贴士，指名读，全班交流，提取阅读策略。

①很多小说中人物众多，理清人物关系能够帮助我们更好地读懂故事。如《童年》中出现了数十个人物，不容易分清楚，但他们都是围绕着主人公阿廖沙塑造的，弄明白他们和阿廖沙之间的关系，就不难分清了。

②故事情节会给我们留下较深的印象，让我们记住了性格各异的人物。

根据上述两个小贴士的内容提取的阅读策略是：

①理清人物关系。

②关注故事情节。

【设计意图】通过回顾单元内容，结合“语文园地”中的“交流平台”和“快乐读书吧”中的小贴士，梳理小说的特点和阅读策略，为开启《童年》整本书阅读奠定基础。

二、出示阅读书目，整体感知内容

（一）封面信息

在我们的印象中，童年总是充满欢乐的。但文学史上有一个人的童年总是厄运重重，充满黑暗。现实的黑夜给了他黑色的眼睛，他却用来寻找光明。他，就是《童年》的作者高尔基。

观察封面，你发现了哪些信息？

（二）作者简介

高尔基（1868—1936），原名马克西姆·马克西莫维奇·彼什科夫，苏联无产阶级作家，社会主义现实主义文学的奠基人。生于木工家庭。他出身贫苦，幼年丧父，11岁即为生计在社会上奔波，当过学徒、码头工、面包师傅等，经历丰富。他与劳动人民同呼吸共命运，亲身经历了资本主义残酷的剥削与压迫。1892年开始发表作品。著有自传体三部曲《童年》《在人间》《我的大学》，还有长篇小说《母亲》和剧本《小市民》等。

（三）写作背景

《童年》是高尔基自传体小说三部曲中的第一部。早在19世纪90年代，高尔基就有撰写传记体作品的念头。1908—1910年，列宁到高尔基所在的意大利卡普里岛公寓所做客，高尔基不止一次地向他讲起自己的童年和少年的生活。有一次，列宁对高尔基说：“您应当把一切都写出来，老朋友，一定要写出来！这一切都是富有极好的教育意义的，极好的！”高尔基说：“将来有一天，我会写出来……”不久，他兑现了这个诺言。于是就有了这部《童年》，后来还有了《在人间》《我的大学》，这三本书被称为高尔基自传体小说三部曲。《童年》中有高尔基自己的童年生活。

（四）作品意义

《童年》是一本独特的自传。大多数自传是以一个主人公为形象创造出一幅肖像来。而《童年》更像一幅色彩斑斓的油画长卷，它复原了一个时代中一个家庭的一段生活。在这段生活中，出现了许许多多的主人公。无论是美的，还是丑的，都同时站在读者面前，冲击着读者的心灵。《童年》以其独特的艺术形式、深刻的思想内容和独树一帜的艺术特色在世界文学史上占有重要地位。

（五）阅读指导

快速浏览“阅读指导”页，看看写了哪些内容。

（导读、阅读规划、阅读策略指导。）

（1）在阅读规划中，给我们提出了阅读要求：阅读要有一定的速度，一般每分钟不少于 300 字。以每天半个小时的时间计算，建议这本书的阅读时间为 15—20 天。

除此以外，还建议我们用“阅读进度条”规划自己的阅读进度。

（2）阅读策略指导中，告诉我们如何画人物环形图。

圆心：阿廖沙。

第一环：关键人物。

第二环：关键事情。

第三环：人物评价。

（六）回顾与交流

在《童年》的最后，还有一个非常重要的导读板块——和“阅读指导”相对应的“回顾与交流”板块。通过这个板块，你提炼出了哪些阅读策略呢？

①人物环形图。②故事情节。③成长梯。④看法记录单。⑤拓展阅读。

（七）衬页信息

在《童年》的正文之前，还有单独的一页。这一页只有三行文字，一句话——“给我的儿子”。猜一猜，高尔基为什么要写这本书？他想对儿子说些什么呢？

【设计意图】通过封面信息、作者简介、写作背景、作品意义、阅读指导、回顾与交流、衬页信息等多元化多角度的整体感知《童年》，初步了解《童年》，为深入阅读奠定基础。

三、师生共读片段，感知人物刻画

片段①：

我的外祖母身材浑圆，头很大，有一双大眼睛和一个可笑的呼哧呼哧的鼻子。她一身黑色，温柔而且异常漂亮。她也在哭泣，好像是为母亲的哭诉伴奏，很特别、很和谐。她全身颤抖着，拉扯着我，把我推向父亲。我拼命反抗，躲向她的身后。我害怕，而且不舒服。

思考交流：通过外貌描写表现外祖母的温柔可亲。

片段②：

外婆仿佛不是在舞蹈，而是在诉说着什么。她若有所思，静静地迈着舞步，身体轻轻摇摆，随着抬起的手臂环视着四周。她那庞大的身躯仿佛有些迟疑地摇晃着，双脚小心翼翼地探着路。她停了下来，突然间像被什么东西吓到一般，脸上的肌肉震颤了一下，皱起了眉头，然后瞬间就绽放开充满善意、令人暖心的微笑。她闪向一边，摊开一只手给人让路，低下头，完全停止动作，倾听着，然后笑得更快活了。突然，她仿佛拔地而起，像旋风一样急转起来，这时她变得又苗条，又高大，简直让人移不开眼睛。在这奇妙的一刻，她仿佛青春重返，是如此美丽动人！

思考交流：通过动作、神态，表现外祖母的乐观。

片段③：

“廖卡，我的心肝儿，你明白吗？这是你应得的教训：别掺和大人的事！大人都是变坏了的，你还没有，就过你小孩子的日子吧。等有一天你开了心窍，你做的事会给你指示，要把你引上哪条路。你明白了？谁犯了什么错，这跟你没关系。自会受到审判和惩罚。受罚的是犯错的人，不是我们！”

思考交流：通过语言描写表现外祖母的善良、明理。

片段④：

他像发狂的野兽般怒吼着，用力夹住我，后来索性把我扔向了长凳，向我脸上打去……“捆起来！我要打死他！……伸出冰凉的手抚摸着我的额头：“还在生气吗，小老爷？”……从口袋里摸出了饼干和糖果……弯下身吻了吻我的额头。

思考交流：通过语言、动作表现外祖父性格的多面性。

【设计意图】通过片段赏析，体会小说抓住人物的动作、语言来刻画人物的写作特点，并能理解人的多面性，为深入阅读《童年》做好铺垫。

四、制订阅读计划，布置阅读任务

（一）出示样表，制订计划

有计划地阅读，可以事半功倍，实现高效阅读。拿出我们的阅读计划表，试着填一填吧。

《童年》阅读计划表

班级		姓名	
阅读时限	____月____日—____月____日		
阅读内容	阅读时间	阅读成果	
第一部分（第 1—4 章）： 第一次搬家	开始时间：____月____日 完成时间：____月____日 所用时间：____天		
第二部分（第 5—7 章）： 第二次搬家	开始时间：____月____日 完成时间：____月____日 所用时间：____天		
第三部分（第 8—12 章）： 第三次搬家	开始时间：____月____日 完成时间：____月____日 所用时间：____天		
第四部分（第 13 章）： 第四次搬家	开始时间：____月____日 完成时间：____月____日 所用时间：____天		

（二）创设情境，发布任务

《童年》像一幅色彩斑斓的油画长卷，它复原了一个时代中一个家庭的一段生活。学校要举办六年级“童年·成长”主题演讲活动，让我们一起阅读高尔基的《童年》，走进阿廖沙的童年，探寻阿廖沙的成长吧！

《童年》推进课（1）教学设计

教学目标

（1）了解阅读进度，激发阅读的兴趣。

（2）能借助人物关系图谱梳理故事情节。

（3）理清小说中众多人物之间的关系，多角度分析人物形象。

教学过程

一、谈话回顾内容，了解阅读进度

（一）出示计划，交流感受

1. 回顾整本书主要内容

同学们，这两周大家在读《童年》这本书，这本书的作者是谁？主要讲了一件什么事？

2. 了解学生的阅读进度

同学们，读到第几章了？有没有按照原定的计划阅读？有什么收获？

（二）抢答闯关，检测效果

大部分同学都能按照自己的阅读计划进行阅读，并且读有所获。请同学们准备好，阅读抢答闯关开始，接受挑战吧！

【设计意图】以学生喜欢的形式检测对已读内容的掌握情况，激发学生的阅读兴趣。

二、梳理小说人物，整体感知内容

（一）提取人物，理清关系

1. 说人物姓名，形成整体认知

同学们，在阿廖沙的生活中，出现了很多人物，他们是谁？

2. 从不同角度给人物分类，汇报展示

（1）按照阿廖沙的亲人、朋友分类。

（2）按照阿廖沙喜欢和不喜欢分类。

（二）借助图谱，画关系网

理清人物关系能够帮助我们更好地读懂故事，因此，我们可以尝试梳理人物关系图。以外祖母为例，阿廖沙第一次见到外祖母，在初次交流中，阿廖沙感受到外祖母的亲切幽默。

（1）小组讨论，完成已读章节人物关系图。

（2）小组选一名代表展示人物关系图。

（三）关联事件，讲述情节

1. 出示图片，讲述故事情节

图片中出现的人物是谁？你能讲一讲有关他的故事吗？

2. 推进思考，对阿廖沙的童年形成初步印象

这么多事件，如果让你用一个词来形容一下前七章中阿廖沙童年的生活，你会用什么词？

【设计意图】以学定教，顺学而导，尊重学生的主体地位，锻炼学生的概括能力。提醒学生在日后的阅读中学会边读边思考，加深对作品的感悟。

三、梳理关键情节，分析人物形象

（一）借助章节，分析品质

（1）回顾第四章节，梳理染坊发生火灾时人们的表现。

（2）面对火灾外祖母的表现令人钦佩，寻找事例，说说外祖母在火灾中表现出怎样的优秀品质？

（3）小结：读小说，不能走马观花，要捕捉精彩的情节，体会情节设置的巧妙，深化对人物的理解。

（二）抓住情节，探究心理

（1）回顾第三章节，讲一讲小茨冈的经历。

（2）面对小茨冈的死，人们的心里是怎样想的？

（3）你有什么感触？

（三）体会故事，丰满形象。

（1）不同场面的描写体现的人物特点是不一样的，小说中写了外祖父什么故事？

（2）外祖父教阿廖沙识字，讲故事，给你留下了怎样的印象？

（3）外祖父打骂外祖母，暴露了他什么品性？

（4）讨论：阿廖沙的外祖父有时候是残暴的，可有时候却是温柔的，外祖父不同的特点，是不是很矛盾？

【设计意图】了解人物、情节、环境，使学生厘清人物关系，多角度理解人物品质，最终学会自主梳理故事情节，建立故事情节档案。

四、提出阅读建议，助力阅读续航

（一）交流经验，解决困惑

（1）说说在阅读前半部分时有哪些经验？遇到哪些困难？

（2）小结方法。

（二）综合阅读，提出建议

（1）使用阅读记录表，有计划地阅读。

（2）边读边做批注，关注细节描写和环境描写。

（3）绘制情节思维导图，制作人物卡片。

（三）课堂小结，助力阅读

同学们，一本好书就像一个大宝藏。“挖宝藏”的方法不一样获得的宝藏也不一样。希望同学们能用学到的阅读策略继续阅读，在同样的时间内有更多的收获。

《童年》推进课（2）教学设计

教学目标

（1）梳理阿廖沙的成长经历，分享最感兴趣的情节，在交流中深化对人物的理解。

（2）关注细节，对人物形象进行分析，并从中受到启发。

（3）抓住环境描写，对人物形象进行分析，体会环境描写的作用。

教学过程

一、回顾阅读内容，讲述人物经历

（一）播放影片，唤醒记忆

同学们，《童年》这本书大家都读完一遍了吗？让我们通过一个短片回顾这本书的内容。

（二）贴大事记，讲述故事

（1）学生梳理小说中的大事件，按时间顺序排列。

（2）学生根据大事记图，讲述《童年》梗概。

出示大事记：父亲的葬礼、见到外祖父一家、阿廖沙挨打、节日舞会、小茨冈之死、分家、母亲再婚、上学、捡破烂、走向人间。

【设计意图】通过书中关键情节插图的描述，了解学生对整本书的熟悉程度，带学生再次走进故事；引导学生从整体上谈阅读《童年》的感受，从而引入“成长”这个话题。

二、关注细节描写，迁移运用方法

（一）人物卡片，分析性格

1. 展示人物卡片

“一千个读者眼中就有一千个哈姆雷特。”同学们读《童年》和小说里的人物交朋友，设计了一张张新颖别致的卡片，让我们来一睹为快吧。

2. 分析性格特点

小说中人物众多，他们或善良，或自私，或贪婪，或凶狠，同学们根据制作的人物卡片，谈一谈这些人物给你留下了怎样的印象？作者是怎样写出这些人物的特点的？

（二）关注细节，分享感受

小说中典型的人物形象，离不开各种细腻的描写。

（1）小组交流所批注的外貌描写的语句，小组代表汇报。

（2）小组交流所批注的动作描写的语句，小组代表汇报。

（3）小组交流所批注的心理描写的语句，小组代表汇报。

小结：《童年》的语言描写非常生动形象，其中，对人物的动作、表情刻画得惟妙惟肖，塑造出人物的性格特征。

（二）聚焦表达，体会作用

国外文学作品的语言表达方式与我们是不同的，哪些独特的表达方式引起了你的关注呢？

（1）关注叙述视角：什么时候是以儿童的视角叙述？什么时候是以成人的视角叙述？

（2）文中哪些语句中修辞的使用让你印象深刻？这样写有什么作用？

（3）出示片段，分析母亲说话的言外之意。

①“孤儿”一词反复出现，怎样理解？

②交流阿廖沙的母亲为什么说“我自己就当了一辈子孤儿”？

【设计意图】通过对人物的语言、动作和心理活动等的描写来体会人物形象。挖掘小说中的典型场景，引导学生在阅读的过程中思考，培养良好的阅读习惯。

三、聚焦环境描写，感受人物情感

（一）寻找地点，绘制地图

（1）寻找搬家地点，搬家原因。

阿廖沙三岁丧父，跟着母亲来到下新城外祖父家，由于种种原因阿廖沙经历了多次搬家，同学们找一找阿廖沙的居住地，每一次搬家的原因是什么？

（2）小组合作绘制“搬家地图”，汇报展示。

（二）环境描写，感受心情

（1）快速浏览居住地的环境描写，边读边批注。

（2）摘录关键词，概括居住地的环境。

（3）讨论阿廖沙对居住地的感受，画一画他的心情符号。

一次又一次地搬家，你觉得阿廖沙喜欢这些地方吗？他对不同的地方都有怎样的感受呢？

（三）对比描写，分析影响

（1）朗读关于下新城、卡纳特街的环境描写，感受环境的不同。

（2）讨论环境描写的作用，作者为什么要花大量的笔墨描写这些不同的环境呢？

（3）交流环境对阿廖沙成长的影响。

（4）教师小结：不同的环境能让我们更加真切地体会到阿廖沙当时的心情，正是这些不一样的心理变化促使他离开这里，去寻找自己的新生活。

【设计意图】环境描写是小说的三要素之一，对烘托主题、凸显人物形象等起着关键的作用。寻找并绘制阿廖沙的搬家地图，体会环境对人物的影响，对认识和了解主人公的成长经历非常重要。

四、梳理阅读方法，布置阅读任务

（一）梳理策略，总结方法

策略：①有计划、有目的地阅读。②梳理人物关系。③关注情节、环境，分析人物形象。

（二）布置作业，持续阅读

（1）重读《童年》，绘制阿廖沙成长的思维导图。

（2）小组合作，排练小说中精彩的情节。

《童年》分享课（1）教学设计

教学目标

（1）分享阅读感受、阅读方法，提高阅读思维能力和表达能力。

（2）梳理阿廖沙成长的轨迹，梳理故事情节，探究影响他成长的因素。

（3）通过朗读、表演精彩情节，感受人物形象，受到思想的启发。

教学过程

一、激趣谈话导入，展示阅读成果

读一本好书就是与一位高尚的人对话。好书能影响人的一生，改变人的命运，《童年》就是这样一本好书。这段时间我们一起读《童年》，一起感受笑与泪的成长，今天让我们共赴一场外国文学名著的分享会吧！

（一）激发兴趣，颁发奖状

《童年》是一部长篇小说。大家在阅读过程中，制订计划并按时完成，读书时做批注，画思维导图，做人物卡片，养成了良好的阅读习惯。下面对表现优异的同学进行颁奖。

（1）出示阅读之星评选标准，用多样的名称奖励，如“批注能手”“阅读达人”“制图达人”等。

（2）教师为获奖学生颁发电子奖状以及小礼品。

（二）展示导图，分享方法

请获得阅读之星的同学展示阅读成果，分享阅读方法。

【设计意图】颁发阅读之星，端正学生阅读态度，调动学生阅读的积极性，引导学生进行高效阅读。

二、探寻成长之路，重温人物故事

（一）梳理轨迹，发现成长

过渡：阿廖沙的童年苦难中有欢乐，灰暗中有光明。这一段童年对高尔基的一生来说意味着什么？让我们一起探寻成长的秘密。

1. 聚焦人物成长

交流：阿廖沙的童年大致经历了哪几个阶段？

2. 发现成长变化

分享学生课下完成的阿廖沙成长阶梯图。

3. 发现成长秘密

交流：你发现阿廖沙的变化了吗？他成长的秘密是什么？

小结：梳理阿廖沙的成长历程，我们发现在苦难的童年岁月中，阿廖沙从一个可爱、单纯、弱小、倔强、执着的孩子，逐渐成长为一个坚强、勇敢、善良、正直和充满爱心的人。

【设计意图】梳理是良好的学习习惯，在阅读中尤为重要。通过成长阶梯图探寻主人公成长的秘密，能更好地理解成长的要素。

（二）整理故事，寻找情节

童年中生动的情节让我们记住了一个个性格各异的人物，许多情节对阿廖沙的成长起到了重要的作用。

（1）梳理整本书的故事情节链。

（2）寻找对阿廖沙有积极影响的事件。

（三）讲述故事，感受生活

（1）阿廖沙的经历牵动着我们每一个人的心弦，讲一讲阿廖沙给你留下印象最深的故事。

（2）你眼中的阿廖沙是一个怎样的孩子？

（3）你感受到阿廖沙的童年是怎样的？

【设计意图】让学生从阿廖沙成长中发现主人公阿廖沙的成长是趋向积极、正面的，为后面的话题做铺垫，奠定了良好的阅读基础。

三、演绎精彩片段，感受人物性格

（一）朗读片段，分享感受

过渡：苦难中开花，让我们绘声绘色地朗读《童年》这本世界名著，从书中感悟对生命的热爱。

（1）学生寻找喜欢的精彩片段朗读。

（2）交流阅读感受。

（二）表演情节，感悟特点

（1）出示“外祖母救火”的情节，改写剧本。

（2）小组合作，上台表演。

（3）小结：情节和人物是相互影响的，情节反映了人物的性格，人物的性格也推动了情节的发展。

【设计意图】情节构成了小说的内容，作为小说的三要素之一，抓情节描写尤为重要。借助讲演精彩片段来加深对人物的理解，感受人物的品质，让学生更准确深刻地把握成长的关键。

四、总结阅读方法，布置重读任务

通过阅读成果的展示，分享阅读方法；通过对阿廖沙成长轨迹的梳理，探寻了成长的秘密；通过情节的梳理，对精彩片段的分析、朗读和演绎，体验人物角色，感受人物形象；通过对故事的讲述，感受到生活的苦难，以及在成长中的价值。请同学们重读《童年》，写读后感。

《童年》分享课（2）教学设计

教学目标

（1）寻找影响阿廖沙成长的关键人物，思辨苦难的力量。

（2）深入感受人物形象，理解《童年》的社会背景及主题思想。

（3）作品和现实相关联，感悟阿廖沙的童年带给我们的启示。

教学过程

一、检测阅读效果，整体回顾内容

（1）出示图片，回顾小说的主要情节。

（2）出示阅读检测题，检查再次阅读的效果。

【设计意图】回顾小说的主要情节，学生对《童年》整本书的内容进行了梳理概括。阅读检测题，加深了理解，活跃了气氛。

二、结合时代背景，探究成长因素

（一）交流结局，探究根源

1. 交流人物结局

（1）“小茨冈”，能吃苦、懂事、会跳舞、人人爱他，为了保护阿廖沙，多次替他阻挡外祖父毒打。他最后的结局怎样？

（2）辛辛苦苦工作了一辈子的格里高利最后的结局怎么样？

（3）一个热爱科学，教给阿廖沙很多知识的房客——“好事情”最后的结局怎么样？

2. 探究结局原因

这些“好人们”，他们勤劳善良、质朴大度、尊重和同情弱者，但是在那样的一个社会里，他们却生活得如此艰难，最后还落得如此下场，你觉得这是为什么？

小结：当时的俄国社会处于 19 世纪 70—90 年代，正是俄国大革命的前夕，整个社会处于沙皇的统治之下，政治极端腐败，人民流离失所。偷窃在村民中已形成一种风气，已经不算是罪恶，而且对于半饥半饱的小市民来说差不多是唯一谋生的手段。儿童无钱上学，沦落街头，靠捡破烂为生。从广义上讲，也正是这种民不聊生的社会环境造成的悲剧。

（二）聚焦人物，感悟成长

1. 小组讨论

说说阿廖沙能在这样的土壤中奋发向上，与故事中的哪些人物有关系？

2. 交流分享

（1）外祖母：外祖母是阿廖沙童年生活中给予他最多温暖和关爱的人，她的善良、勇敢、乐观、坚强都深深影响着阿廖沙。

（2）第一个优秀的人——“好事情”：“好事情”身上有着一种专注的品质，很喜欢看书。有着对知识的渴望，他给了阿廖沙探究新知，在未来不断挑战的动力。

（3）在阿廖沙的童年中还有像“好事情”这样带给他积极影响的朋友吗？（小茨冈、三兄弟、街头伙伴。）

3. 教师小结

影响阿廖沙成长的因素很多，最关键的因素还是在于自身。阿廖沙的成长有过迷茫、困惑，甚至感到绝望的时候，但他总能在黑暗、污浊之中发现善良、美好的东西，引导着他朝向光明。

阿廖沙的成长经历带给你怎样的思考呢？

【设计意图】学生通过探讨“影响阿廖沙成长的关键人物”这个话题，再次走进人物，走进故事，在分享中发现阿廖沙能够在苦难中朝向阳光成长的秘密，并尝试理解作者创作这部小说的目的。

三、建立自身链接，交流阅读启示

（一）情景写话，感悟成长

（1）创设情境，鼓励学生和书中的人物对话。今天我们重温了《童年》中的人物形象，假如现在你乘坐时光列车，来到了阿廖沙的童年时代，你想对谁说点什么呢？老师送给每个同学一张空白书签，把你们想说的话写下来。

（2）学生汇报展示。

（二）时空对话，感悟进步

（1）阿廖沙穿越到伏尔加河会看到什么？他会说些什么？

（2）阿廖沙穿越到生活过的卡纳尔街，看到现在孩子们的生活会说些什么？

（三）关联生活，谈论启示

（1）在你的成长经历中有过哪些“泪”呢？你是怎么面对的呢？

（2）书中哪个关键人物对你产生了影响？读完这本书你最大的收获是什么？

（3）关于苦难、关于环境、关于善良……你有哪些新的认识？

【设计意图】阅读与生活相辅相成，必须两者并进才能达到佳境。回归生活，让学生结合自己的生活实际谈谈阅读的收获和启示，进而使“成长”的主题得到升华。

四、聚焦成长主题，布置阅读任务

（一）揭示主题，总结特点

在我们成长的过程中，很多人和事会给我们留下温暖和美好，也有些人有些事却会在我们心里抹上灰暗的一笔。不管怎样，《童年》记录了阿廖沙的成长故事，给了我们许多有益的启示。

（二）拓展阅读，开阔视野

像这样的成长小说还有很多，同学用我们阅读《童年》的方法，阅读“快乐读书吧”推荐的《爱的教育》和《小英雄雨来》。

《童年》延伸课教学设计

教学目标

（1）在《童年》的阅读基础上，梳理成长小说的阅读策略。

（2）关注小标题、人物、阅读指导等，能提取推荐书目《小英雄雨来》《爱的教育》的阅读策略。

（3）制订有效的阅读计划，进行自主阅读。

教学过程

一、回顾精读书目，总结特点策略

（一）小说特点

（1）内容虚构，但以现实生活为题材，反映现实生活。

（2）小说三要素：人物、情节、环境。

（二）阅读策略

在经历了《童年》整本书阅读过程后，同学们对于小说的阅读有了一定的方法和策略，那么如何把一本人物众多、情节复杂的小说读懂、读透呢？

1. 借助人物关系图，理清人物关系

《童年》中人物众多，关系复杂，人名较长，不易分清，但都是围绕主人公塑造的，理清人物关系可以更好地读懂小说。还可以采用鱼骨图和环形图等多种形式，帮助我们更好地梳理人物关系。

2. 关注情节的描写，体会人物特点

在《童年》中生动的故事情节会给我们留下较深的印象，这些情节让我们记住了一个个性格各异的人物，也会让我们有所启发。所以将关键情节理一理，形成情节链，有助于我们更全面地认识，更深刻地体会。

3. 借助环境描写，凸显人物形象

阅读中，通过找到不同的搬家地点，直观地感受阿廖沙居无定所的悲惨境遇。体会环境对情节发展的作用，感受人物的内心世界。不同的环境能让我们更加真切地体会到阿廖沙当时的心情，正是这些不一样的心理变化促使他离开这里，去寻找自己的新生活。体会主人公阿廖沙在黑暗中寻找光明和希望的勇气。所以关注小说的环境描写，也有利于我们深入地理解人物形象。

【设计意图】通过回忆阅读经历，回顾阅读中运用的方式方法，进而梳理小说阅读的方法和策略，为学生的自读打下基础。

二、关注阅读策略，推荐同类阅读

（一）推荐《童年》其他版本

《童年》被翻译成不同的版本，每个版本都有自己的特点，如果你有兴趣可以找不同的版本来阅读。

（二）推荐阅读《小英雄雨来》

亲爱的同学们，还记得我们阅读过的课文《小英雄雨来》吗？那个在河沿里钻上钻下会仰浮的雨来，那个和大家一起念“我们是中国人，我们爱自己的祖国”的雨来，那个保护交通员李大叔的雨来，那个面对敌人的威逼利诱英勇无畏的雨来……故事还会继续，精彩情节就藏在《小英雄雨来》这本书里。

1. 浏览目录，整体感知

浏览目录，你会发现除了雨来的故事，还有作者管桦的其他作品，如《上学》《小瓦匠》《滦河上鹰的传说》等小说，还有《听妈妈讲那过去的事情》《快乐的节日》等歌词。

2. 阅读指导，提取策略

书中《小英雄雨来》的故事总共有 41 个小标题呢！这些小标题特别有意思，而且每几个小标题合起来就是一个比较完整的故事，全篇大概有 7 个这样完整的故事。《上学》中没有小标题，我们又该怎样去阅读呢？其他的小说和歌词呢？我们可以在阅读策略的指导下进行阅读。

《小英雄雨来》阅读策略

组别	篇目	阅读策略
第一组	《小英雄雨来》	读故事情节体会人物形象，做事件流程图
第二组	《上学》《小瓦匠》《滦河上鹰的传说》	用小标题概括故事内容，制作人物图谱
第三组	《还乡河上》《听妈妈讲那过去的故事》《快乐的节日》《在红军伯伯身旁》《绿色的祖国》	写读后感

（三）推荐阅读《爱的教育》

《爱的教育》是亚米契斯影响最大的作品。这是一部日记体小说，主人公恩里科以真挚、火热的笔触，记述了自己一学年的学习和生活。这些内容反映了意大利人民质朴、友爱的品德，同时还宣扬了博爱、谅解的精神。

1. 浏览目录，整体感知

翻开目录，我们看到记录了许多的故事，故事里有让恩里科深以为傲的好友加罗内的侠义之举，有品学兼优的班长德罗西的助人为乐，还有朴实可爱的“小石匠”、科雷蒂……除了和师友之间的动人、有趣的故事，书中还有家人写给恩里科的书信以及老师在课堂上精彩的“每月例话”。

2. 阅读指导，提取策略

这部小说中出现了许多人物，有恩里科的同学、家人和师长，还有“每月例话”中的主人公和他们身边的人。怎样阅读更有效呢？如何更好地记录自己的阅读感受呢？“阅读指导”给了我们策略引领。

《爱的教育》阅读策略

篇目	阅读策略
《爱的教育》	①理清人物关系，画人物关系图
	②写阅读日记，写爱心记录卡

（四）感悟成长，提升阅读

《童年》《小英雄雨来》《爱的教育》三部小说都记录了主人公的成长，虽然都是成长，又有什么不同呢？（关注人物生活的时代、环境等要素。）

【设计意图】同类小说多本联读和对比阅读，既能找到同类小说的共同点，也能更好地发现差异性。学生在同类阅读的过程中可以更加深刻地体悟“成长”的内涵，获得更深的认知和理解。

三、制订阅读计划，开启同类阅读

（一）出示样表，制订计划

（1）根据《童年》阅读计划表，说说目录式计划表的好处。

（2）出示并完成《小英雄雨来》的阅读计划填写。

《小英雄雨来》阅读计划表

班级		姓名	
阅读时限	____月____日—____月____日		
阅读内容		阅读时间	阅读成果
第一组（1篇）： 《小英雄雨来》		开始时间：____月____日 完成时间：____月____日 所用时间：____天	
第二组（3篇）： 《上学》《小瓦匠》《滦河上鹰的传说》		开始时间：____月____日 完成时间：____月____日 所用时间：____天	
第三组（5篇）： 《还乡河上》《听妈妈讲那过去的事情》《快乐的节日》等		开始时间：____月____日 完成时间：____月____日 所用时间：____天	

（3）出示并完成《爱的教育》的阅读计划。

（二）创设情境，发布任务

我们的童年生活丰富多彩，充满了欢声笑语。以“童年·成长”为主题的演讲活动开始啦，赶紧读完《小英雄雨来》《爱的教育》，对比书中人物的生活经历，发表感想，准备参加我们的主题演讲吧！

六年级下册：漫步世界名著花园（世界名著）

“快乐读书吧”教材解析

本册“快乐读书吧”以“漫步世界名著花园”为主题，引导学生阅读游历类的外国文学名著。这是对本册“外国文学名著”单元的拓展和延伸。学生通过阅读，可以跟随主人公一起经历旅途中的种种困难和奇遇，一起成长，体验成长的欢乐和艰辛，收获智慧和勇气。

教材由导语、“你读过吗”、小贴士和“相信你可以读更多”四部分组成。导语以凝练的语言点明了阅读名著的独特体验，“不期而遇”一词一语双关，既与本册“快乐读书吧”推荐书目的主题相关，又将阅读名著的过程比作花园中的漫步，激发了学生阅读的兴趣。“你读过吗”和“相信你可以读更多”，通过回顾单元课文、简要介绍名著内容和深刻内涵、展示经典书评的方式，引导学生阅读《鲁滨逊漂流记》《尼尔斯骑鹅旅行记》《汤姆·索亚历险记》。这三本外国文学名著都讲述了主人公奇妙而曲折的旅程，故事情节生动，高潮迭起，趣味性强，适合六年级学生阅读。

小贴士提示了本次读书活动的阅读要素。第一个小贴士提示学生有些名著读起来有困难，应该沉下心来细细品味。第二个小贴士提示学生读名著之前先了解写作背景，有助于理解作品的内容和价值；还提示学生边读边做读书笔记，丰富阅读收获。学习伙伴就如何在阅读过程中思考和积累从四个方面展开交流，引导学生在阅读过程中随时写下自己的感触，摘抄喜欢的语句。画人物关系图谱以便理清人物关系，以及在读完整本书之后回顾全书的结构，思考作者的想法。

围绕这两个要素对三本外国文学名著从故事线索、游历路线、人物成长历程等方面给学生提供了阅读策略指导，提示学生在阅读这类以“游历”为线索的外国名著时，抓住主人公的行进轨迹，感受人物的变化、成长过程。

本次“快乐读书吧”编排了整本名著的阅读，除了引导学生迁移运用名著阅读的一些方法，还希望与初中有一个衔接，引导即将升入初中的六年级学生做好整本书阅读的规划，有计划、有目的地阅读。

根据三本外国文学名著本身的特点、六年级下册教材的阅读要素和学生的发展水平，特做如下安排：

书名	阅读要素
《鲁滨逊漂流记》	①阅读时借助插图，把经历的主要事件用文字、图画表现，绘制生活轨迹图
	②根据书中的描述，画荒岛示意图，标出鲁滨逊在岛上的主要活动地点
	③对一些关键内容进行批注
	④摘抄自己喜欢的语段
《尼尔斯骑鹅旅行记》	①根据设计的瑞典地图，绘制雁群的飞行路线图
	②引导想象尼尔斯骑着雄鹅飞上天空后会发生什么，互相交流自己的猜想
《汤姆·索亚历险记》	①了解小说以时间为序，理清情节线索，了解故事的梗概
	②边读边体会人物的形象
	③猜一猜具体历险的过程是怎样的

推荐书目阅读策略梳理

外国文学名著，版本很多，我们推荐阅读的版本是曹文轩、陈先云主编的“快乐读书吧·名著阅读课程化丛书”，推荐阅读的书目是《鲁滨逊漂流记》《尼尔斯骑鹅旅行记》《汤姆·索亚历险记》，根据三本书的篇目和阅读指导，我们梳理了相应的阅读策略，如下表所示：

《鲁滨逊漂流记》阅读策略

篇目	阅读策略
《鲁滨逊漂流记》	①根据主要事件绘制生活轨迹图
	②画荒岛示意图
	③批注、摘抄

《尼尔斯骑鹅旅行记》阅读策略

篇目	阅读策略
《尼尔斯骑鹅旅行记》	①感受丰富的想象
	②关注人物形象
	③关注印象深刻的情节
	④绘制路线图
	⑤预测

《汤姆·索亚历险记》阅读策略

篇目	阅读策略
《汤姆·索亚历险记》	①了解作品梗概
	②关注人物形象
	③预测

《鲁滨逊漂流记》1221 教学模式教学设计

《鲁滨逊漂流记》导读课教学设计

教学目标

（1）了解写作背景，借助目录概括故事主要内容。

（2）梳理阅读策略，学习批注、摘抄等阅读方法。

（3）自主规划阅读，产生阅读期待。

教学过程

一、回顾单元内容，梳理阅读策略

导入：漫步世界名著花园，采撷世界文化瑰宝。通过本单元的学习，我们阅读了《鲁滨逊漂流记》《尼尔斯骑鹅旅行记》《汤姆·索亚历险记》三本世界名著的节选内容，对这三本世界名著有了初步的了解。大家一起来回顾一下，有关世界名著的阅读方法。

（一）单元语文要素

首先来看我们本单元的语文要素：

（1）借助作品梗概，了解名著的主要内容。

（2）就印象深刻的人物和情节交流感受。

（二）如何交流读书心得

如何交流读书心得呢？口语交际中“通读一本书”给了我们答案：

（1）这本书讲了一个什么样的故事？

（2）你怎样评价主人公？你对哪个人物印象最深？为什么？

（3）有没有什么地方让你觉得困惑，或是感到奇怪？有没有完全出乎意料、令人感到不可思议的情节？

（4）读这本书的时候，你想到了哪些相似的书或是想到了生活中的哪些人？

（5）故事的结局你喜欢吗？如果你来写这个故事，你会怎么写？

（三）如何写故事梗概

如何写故事梗概，“习作”板块我们进行了训练。

（1）读懂内容，把握脉络。理清书籍内容的基本框架，把握要点。

（2）筛选概括，合并成段。保留“主干”，去掉“枝叶”。用简明的叙述性语言概括主要章节的内容。

（3）锤炼语言，连贯表达。适当补充内容，自然过渡，使语意清楚连贯。

（四）如何对人物进行评价

如何对人物进行评价，一起来看交流平台。

（1）关注人物的语言、动作和神态，体会人物的性格。

（2）每个人都是立体的、多面的，评价人物时角度不能太单一。

（五）“快乐读书吧”小贴士

“快乐读书吧”中的小贴士也提供了阅读小妙招，一起看看吧。

（1）有些名著读起来比较困难，不像流行读物那样通俗易懂，但想到能成为经典的书不简单，是人类智慧的结晶，你就会让自己沉下心来，越读越有味。

（2）先大致了解名著的写作背景，能帮助我们理解作品的内容和价值。读的时候如果能做一些读书笔记，收获就更大了。

【设计意图】从课文内容导入，立足单元之篇回顾阅读策略，搭建由篇到本、由课内向课外延伸的桥梁，为整本书阅读奠定基础。

二、出示阅读书目，整体感知内容

（一）看封面，介绍作者作品

1. 介绍作者

笛福，被誉为欧洲和美国“小说之父”“英国报纸之父”。1660年出生于伦敦一个商人家庭。1683年开始从事商业活动，是一个成功的商人。1688年参加光荣革命，后来参加多次政治运动，几次入狱。天生爱冒险，广泛游历，到过欧洲大陆各国，59岁时创作了小说《鲁滨逊漂流记》。

2. 介绍作品

这本书非常棒！它以第一人称和日记、回忆等形式，真实地描写了人物的行动、环境和细节，开创了18世纪现实主义小说创作的先河。同学们，你们知道吗？这本书全是作者的想象。明明是作者的想象，都是想象，为什么它却开创了现实主义小说的先河呢？

（二）查资料，了解写作背景

（1）出示世界地图，介绍岛国民族的特点。

17世纪，英国发生了具有世界影响的资产阶级革命，最终确立了君主立宪制。这意味着英国资产阶级完全掌握了国家的权力，建立了资本主义的国家体制。18世纪60年代，第一次工业革命在英国的影响正日益加强。英国通过圈地运动，产生并聚集了大量劳动力，同时也扩大了英国国内市场；通过多年的海外贸易和殖民扩张积累了原始资本，占有了广阔的原料产地和海外市场。

（2）介绍当时英国资产阶级，了解荒岛文学产生的背景。

《鲁滨逊漂流记》是英国现实主义文学作品，是西方文学中冒险小说类型的经典作品之一，在英国文学史与世界文学史上都有着重要的地位。15—16世纪，新航路开辟之后，西方人热衷于去海外冒险，航海成为一种时尚。英国作家丹尼尔·笛福对这类航海冒险故事情有独钟。

（三）看目录，找书目章节

1. 理清脉络

目录分为三大部分——立志远航、荒岛生活、回归文明。请同学们看一看，找一找对应的章节。

2. 交流感兴趣的章节

同学们，再看目录，你对哪一章节最感兴趣，为什么？读到这一章节的名字，你就迫不及待地想知道发生了什么事情，对吗？哪些精彩章节已经吸引你了？

【设计意图】通过观察封面、目录，了解作者、背景、内容简介等，对《鲁滨逊漂流记》进行整体感知。

三、师生精彩片段，初步感知人物

（一）细节描写，体会人物性格

（1）动作描写。

（2）心理描写。

（二）多角度，立体评价人物

（1）出示片段。

片段①：我当时不懂放枪的用意，听到枪响大吃了一惊，以为是船破了，或是有什么可怕的事情，我吓得跌倒在甲板上，晕了过去。

片段②：他毫不犹豫地拿出老式的手枪，躲到巨石的后面准备自卫。当野人靠近时，他冷静地对准庆祝的野人一顿扫射，成功救下了可怜的野人，并气喘吁吁地躺在地上。

（2）谈论特点。

（三）批注感悟人物形象

（1）出示课本中的批注。

（2）讨论：我们可以从哪些角度做批注。

（四）摘抄语段，写阅读感受

（1）出示摘抄语段。

（2）讨论：阅读感受可以写哪些内容？

【设计意图】通过不同的阅读策略的学习，引导学生认识小说人物，多方面评价人物，提升学生阅读的深刻性，在教师的引导下让学生学习如何深入阅读。

四、制订阅读计划，落实阅读任务

（一）出示样表，制订计划

这样一部长篇小说，读之前要做一项重要的准备工作，那就是根据自己的时间和阅读速度，制订这本书的阅读计划。

出示阅读计划表：

《鲁滨逊漂流记》阅读计划表

班级		姓名	
阅读时限	____月____日—____月____日		
阅读内容		阅读时间	阅读成果
第一部分（第 1—5 章）： 流落荒岛前的经历		开始时间：____月____日 完成时间：____月____日 所用时间：____天	
第二部分（第 6—28 章）： 鲁滨逊的荒岛生活		开始时间：____月____日 完成时间：____月____日 所用时间：____天	
第三部分（第 29—31 章）： 离开荒岛后的事		开始时间：____月____日 完成时间：____月____日 所用时间：____天	

（二）创设情境，发布任务

同学们，学校将举办六年级“漫步世界名著花园”读书交流会，届时将评选“优秀阅读者”。你准备好了吗？赶紧走进《鲁滨逊漂流记》，开启外国名著阅读之旅吧！

《鲁滨逊漂流记》推进课（1）教学设计

教学目标

（1）探究鲁滨逊的航海经历，了解故事情节发展的脉络。

（2）绘制航海路线图，读懂故事内容。

（3）细读文本，了解人物内心，感知人物形象。

教学过程

一、交流阅读心得，知晓阅读情况

（一）了解进度，交流感受

前段时间推荐大家阅读经典名著《鲁滨逊漂流记》。老师看到大家一有空就埋头苦读。谁能分享你的阅读进度，你读到了哪里？

学生从故事情节、人物形象、人生感悟等多个方面谈阅读收获。

（二）展示作业，交流困惑

1. 展示批注

学生分享批注的内容。

2. 询问困难

这么厚的一本书，读起来相当不容易，大家在阅读过程中遇到了哪些困难？

【设计意图】询问阅读进度，谈论阅读困难，跟踪了解学生的阅读情况，激发了学生对这本书的阅读兴趣，便于教师有的放矢地开展阅读推进。

二、深入了解文本，整理航海经历

（一）理清线路，绘制图表

1. 举例第一次航海

《鲁滨逊漂流记》的一切起因还得从航海说起。生长在中产阶层的鲁滨逊，不安于现状，总有一种冒险的冲动，想去航海远洋。于是他不顾父母的忠告，踏上了航海之旅……

第一次航海——还记得第一次航海是什么时间吗？鲁滨逊命运的齿轮从 1651 年 9 月 1 日这一天开始转动了。

2. 绘制航海路线图

同学们，这就是世界地图的平面展示。鲁滨逊最远的航海行程是从欧洲横跨了整个太平洋到达了巴西！接下来请同学们以小组为单位，根据我们刚刚的梳理，结合自己的理解，小组合作绘制鲁滨逊的航海路线图。

（1）小组合作绘制鲁滨逊的航海路线图。

（2）小组代表展示解说。

小结：长篇小说篇幅长、内容多，四次航海，我们用航海路线精简地呈现出来。

（二）看线路图，讲述遭遇

讲述出海遭遇：鲁滨逊出生于一个体面的商人家庭，一心渴望去海外见识一番。他第一次航行就遭遇风暴，导致船只沉没，好不容易才逃出保住性命。第二次出海到非洲经商，赚了一笔钱，后来遭遇海盗，逃脱后逃往巴西。第三次出海，抵达巴西，经营种植园，成为庄园主。可是他不甘心这样发财致富，又再次出海，到非洲贩卖黑人。第四次出海，去往几内亚，途中遇到风暴触礁，仅有鲁滨逊一人幸存。他漂流到了一座荒岛上，克服种种困难在岛上生存下来。

小结：漂流，既是鲁滨逊不断远航的人生轨迹，也是他漂泊无依的生存状态，更是他冒险进取的精神成长。我们可借助图表进行梳理。

（三）对比经历，品味情节

（1）对比航海经历，感知异同。

（2）出示精彩片段，交流感受。

【设计意图】航海经历，航海路线图能帮助学生迅速掌握故事情节发展的脉络，能让学生初步感知鲁滨逊痴迷于航海探险的形象。

三、细读文本内容，感知人物形象

（1）走进文本，寻找信息。

鲁滨逊在荒岛中遇到了哪些困难？鲁滨逊是怎样解决困难的？

小组合作填写荒岛求生表。

（2）汇报讲述，安家过程。

（3）走进内心，感受变化。

①用阶梯图讲述鲁滨逊流落荒岛的生活。

②鲁滨逊流落荒岛的心态变化。

苦闷失望——智慧应对——积极乐观、开拓进取

【设计意图】通过研读荒岛求生中鲁滨逊的一系列表现，引导学生感受鲁滨逊作为荒岛英雄不畏困难、冷静理性、勇于尝试、善于思考、积极乐观等人物形象。

四、布置阅读作业，推动持续阅读

（1）制作情节的曲线图。选择喜欢的故事情节，用拟小标题的方法制作情节曲线图。

（2）摘抄你喜欢的句段。我们也可以把你喜欢的句子和阅读感悟写下来，制成书签。

《鲁滨逊漂流记》推进课（2）教学设计

教学目标

（1）梳理故事情节，深度解读文本。

（2）探究鲁滨逊的人生经历，绘制情节曲线图，读懂故事内容。

（3）做阅读批注，了解人物内心，从不同角度评价人物。

教学过程

一、阅读闯关竞赛，检测阅读效果

（1）知识竞赛，抢答问题。

同学们，前段时间推荐大家阅读经典名著《鲁滨逊漂流记》。为了更好地了解大家的阅读情况，我们来一个知识竞赛，抢答开始！

（2）观察图片，猜测情节。

【设计意图】知识竞答既激发了学生兴趣，活跃了课堂气氛，又对《鲁滨逊漂流记》整本书的内容进行了梳理概括。

二、梳理故事情节，把握主要内容

（一）拟小标题，讲述情节

（1）同学们拿出阅读任务单，用小标题归纳鲁滨逊流落荒岛后的情节。

（2）学生交流，汇报小标题，以及拟小标题的方法。

（3）小结：同学们，我们通过拟小标题，可以把篇幅很长，看似杂乱的内容，用简洁的语言快速梳理出来，真正做到将书读薄。

（二）画情节图，明了差异

1. 分事情好坏

我们以时间为横轴，理清楚故事情节。在书中鲁滨逊列出了事情的好处与坏处，我们也把这些事情分一分。在这些事情中，哪些是好的，哪些是不好的，谁来分一分？

2. 明情节差异

（1）鲁滨逊的心情是随着情节的发展而变化的，我们用什么方法可以把鲁滨逊的心情随故事情节的变化体现得更细致更明显？

（2）我们可以把让鲁滨逊开心的事情摆在上面，让鲁滨逊难过的事情摆在下面，绘制情节曲线图。

（3）展示情节曲线图，你觉得鲁滨逊的人生经历是怎样的？

（三）看情节图，讲述故事

（1）我们读出了鲁滨逊跌宕起伏的人生经历，相信你们一定能用自己的语言叙述这个精彩的故事。

（2）学生讲述故事。

【设计意图】情节是小说三要素之一，在梳理情节的过程中，可以激发孩子们深度解读文本的能力，体会人物的特点。

三、展示阅读成果，品析人物形象

（一）发现变化，感受成长

（1）同学们，鲁滨逊心情从苦闷、沮丧到积极乐观，是什么事情让他发生了巨大的变化呢？这个答案就藏在鲁滨逊记录的不幸与幸之中。请同学们读一读。

（2）思考：这些幸与不幸的记录表不能解决鲁滨逊吃穿住的问题，但可以改变一个人的心态。

出示片段：

在世界上最糟糕的处境中，也会有利与弊两种情况的存在，值得我们去抱一种感恩的心态；把这一条作为我们在经历苦难时的指南，这样我们就总可以发现一些正面的东西来激励自己，并把它们归入对照表中贷方的记录栏里。

——《鲁滨逊漂流记》

读了这段文字你有什么启示？

（3）小结：在生活中，如果遇到困难，也可以像鲁滨逊一样，列出不幸与幸。多用正面因素去激励自己，跳出困难，乐观前行。

（二）阅读摘抄，感悟语言

（1）读到引发思考的句子，你会怎么做？

（2）展示老师做的摘抄，指导批注时写感受。这段话写了什么？联系实际写感受。

总结：摘抄和写感悟是很好的读书方法。它能把我们所学所看的内容，转化为自己的能力，让我们的思想也变得越来越丰满，可以把书越读越厚。

（三）批注片段，感悟形象

（1）出示精彩情节：制作陶罐、初见脚印、收服野人、得知夺船成功。

（2）生选择自己感兴趣的情节批注并汇报展示。

小结：批注感受时，我们可以从读者、角色、作者多角度思考批注，然后将不同角度写的感受汇集整理，这样对文本理解更深入，人物形象更立体，更能了解作者的写作目的。

（四）关注情节，多元评价

（1）出示学习单，你觉得鲁滨逊有哪些可贵的品质？请你用原文的依据证明自己的观点。

（2）让学生从不同情节不同角度评价鲁滨逊。

【设计意图】通过不同情节探究鲁滨逊拥有强大内心的真正原因。只有走进人物内心深处，才能更好地理解人物形象。

四、布置阅读任务，推动展开分享

同学们，今天我们一起走进《鲁滨逊漂流记》这本书，和鲁滨逊进行心与心的交流和沟通，还运用了许多阅读整本书的方法，请同学们继续阅读，边读边思考，随时做批注，准备阅读推荐分享会，共同交流读后的真实体会。

《鲁滨逊漂流记》分享课（1）教学设计

教学目标

（1）能交流阅读收获，分享阅读体验，保持继续阅读的兴趣。

（2）能借助故事情节，理清故事内容。

（3）学会辩证地去认识人物，体会人物形象。

教学过程

一、交流人物情节，分享名言警句

生活就像海洋，只有意志坚强的人，才能到达彼岸。

——《鲁滨逊漂流记》

我不能改变方向，但我可以调整我的帆船来到达我想去的地方。

——《鲁滨逊漂流记》

我们共同阅读了《鲁滨逊漂流记》，今天我们继续走进这本探险小说，共同回顾那独具魅力的人物形象和引人入胜的精彩情节，有很多关于人生的引人深思的名言警句，分享交流读后的真实感受。

【设计意图】通过分享《鲁滨逊漂流记》的名言警句，引导学生回忆内容，并思考对这本书的阅读感受，激发学生的交流兴趣。

二、回顾小说情节，探寻主题思想

（一）绘时间轴，串联情节

（1）同学们再次回忆整部小说，找到关键时间点、地点等线索，绘制时间轴，把故事情节串起来。

（2）学生绘制时间轴，并展示。

（二）找关键事，思辨主题

（1）根据时间轴串联的故事情节，你认为哪个情节对鲁滨逊来说是最重要的，为什么？你认为哪些情节最精彩，给你的印象和感受最深，为什么？

（2）学生思考并交流自己的想法。

（3）话题辩论，总结主题思想。

鲁滨逊被困在荒岛后，独自一人展开了一场持久而残酷的求生与孤独的挑战。小说围绕这个主题展开，探讨鲁滨逊在荒岛上所经历的艰辛与成长。

辩题①：读完此书，你认为鲁滨逊是在求生还是在找死？

辩题②：鲁滨逊活下来是依靠坚定信念还是经验技能？

教师总结：鲁滨逊凭借自己的智慧和勤劳，克服了种种困难，最终成功地在荒岛上建立了自己的家园。整部作品中，乐观、勇敢、不怕困难、勇于向前、永不言弃的精神贯穿始终，展现了人类在面对自然和命运的挑战时坚韧不拔、积极向上的精神风貌，也给我们的人生带来启迪和影响。

【设计意图】通过绘时间轴，找关键事，串联情节，思辨主题，巩固学习梳理内容的方法，拓展学生的思维，使其学会多角度辩证地思考问题、分析问题。

三、结合阅读感受，品析人物品质

（一）聚焦人物，感悟品质

鲁滨逊是一个怎样的人？结合故事情节，说一说你的理由。

预设：

（1）鲁滨逊在孤岛上独立生活，依靠自己的智慧和力量解决各种问题，不依赖他人，展现出强烈的自主意识。

（2）鲁滨逊在面对困境时，展现出顽强的毅力和勇气，不畏艰难险阻，始终保持积极向上的心态。

（3）鲁滨逊在荒岛上辛勤劳作，不断尝试种植、养殖等生存技能，努力改善生活条件，不断进取。

（二）借助关系，交流品质

（1）梳理书中的人物关系。

（2）结合内容，说一说，哪个人物给你留下了较深的印象？说一说你体会到了他怎样的高贵品质？

【设计意图】通过“故事情节”和“人物关系”的分析，对主人公的可贵品质有更深的认识，不但能巩固阅读方法，而且能升华主题，提高认知能力，丰富精神世界。

四、总结升华情感，推动持续阅读

鲁滨逊在荒岛上表现出了异于常人的智慧和探索精神，他的人生带给我们怎样的启示呢？继续阅读，准备分享。

《鲁滨逊漂流记》分享课（2）教学设计

教学目标

（1）探究鲁滨逊荒岛求生之道，深入感悟人物心路历程，养成良好的思辨能力。

（2）探讨理解主人公鲁滨逊荒岛生涯中对文明的建设，对自我和秩序的塑造。

(3) 联系生活实际，学习鲁滨逊遇到困难后解决问题的能力。

教学过程

一、讲述小说梗概，整体回顾内容

回忆整本书主要内容，讲一讲《鲁滨逊漂流记》的梗概。

【设计意图】回顾全书主要内容，为更好地进行阅读分享和交流奠定基础。

二、展示思维碰撞，探寻生存之道

(一) 生存指南，分享原因

(1) 根据《鲁滨逊漂流记》，制作一份生存指南，分析鲁滨逊荒岛生存的原因。

衣	
食	
住	
用	
……	

(2) 小结：总之，利用一切可以利用的工具，适应环境，寻找食物，建立住所，克服无数困难，为自己的生存创造了条件。从不气馁、坚持不懈、不畏艰险，为实现自己的目标而努力。

(二) 荒岛日记，感受思维

阅读荒岛日记，感受鲁滨逊的内心变化，说一说你的体会。

我陷在一个可怕的荒岛上，没有重见天日的希望。

我现在被剔出来，与世隔绝，困苦万状。

我与人类隔绝，仿佛一个隐士。

我没有人可以说话，也没有人来解除我的愁闷。

我开始用草皮堆成了一道两英尺来厚的墙……

我开始扩大和挖深山洞……

我开始制造日常生活应用的一些必需家具了……

尽管我没有工具，也开始制造了许多东西……

——《鲁滨逊漂流记》

（三）生存法则，探究关系

鲁滨逊如何一个人在绝境中变成自己的“国王”？如何将一座岛从荒芜之地变成微型的文明社会？

（1）资源利用：鲁滨逊首先学会从荒岛的自然环境中获取必需的资源，如食物、水源和木材。他利用岛上的植物和动物，通过狩猎、种植和捕鱼来获取食物。他还学会了饮水的技巧，收集雨水并建造简单的水源。

（2）工具和设施建设：鲁滨逊学会运用自己的技能和智慧制作工具和设施，例如，使用树木、石块和藤蔓制作简易的工具和船只。他根据自身需要建造住所、储存食物，提高了生存的舒适度。

（3）农业和畜牧：鲁滨逊种植粮食，养殖家禽，确保有稳定的食物来源。

（4）自我管理和时间利用：为了在荒岛上生存，鲁滨逊不得不高效地管理自己的时间和资源。他日复一日地规划着每个小时，将时间用于各种工作和学习，以确保自己不仅能维持生存，还能提高自己的生活水平。

小结：在这段孤独的漫长岁月里，鲁滨逊通过和岛上的动植物相互依存，在观察中学会了保护环境和尊重自然法则。他重建了岛上的生态系统，种植了农作物、训养了动物。他用自己的双手创造了一个微小的人造天地，这份对大自然和生活的热爱使他变得更加顽强和乐观。

（四）行为习惯，坚守文明

（1）鲁滨逊在28年的荒岛生存中，遇到了许多困难和挑战，面临着荒凉与孤独的心理压力、缺乏食物与水源的生存压力、外部环境的威胁……如果这一切发生在你身上，你会怎么活下来呢？

（2）鲁滨逊并没有因此吃生肉、吃人肉、不穿衣服等，他仍然坚守着文明的生活。从文中找一找鲁滨逊对文明的坚守。

①他开始种麦、养羊、晒葡萄干。

②他的衣服破了，就用兽皮做帽子，做皮雨伞，做皮衣皮裤，做靴子。

③他开始搬离洞穴，改建有茅草屋顶的住所。

小结：正是鲁滨逊对文明的坚守，让他克服了种种困难和挑战，将一座岛从荒芜之地变成了一个微型的文明社会。

【设计意图】阅读“生存指南”“荒岛日记”，寻找生存之道，探寻生存与发展、文明的关系，引导学生从不同的视角透视和理解文本，理解整本书的精神建构和价值引领。

三、联系现实生活，探寻心中荒岛

（一）寻找“荒岛”，分享办法

在我们的生活中，也会遇到各种各样的困难，有时也会孤独郁闷和失望沮丧，分享你曾经的“荒岛”，说说你的应对办法。

（二）讲述故事，总结经验

鲁滨逊凭借自己的勇往直前的精神和辛勤的劳动，成就了一段传奇，分享你用智慧劳动创造美好生活的故事。

（三）回归现实，讨论生存

鲁滨逊在荒岛上生活了28年，他建房子、种小麦、做面包、养羊，还有了助手“星期五”。他用自己的智慧、勤劳、勇敢，直面困难，创造了一个又一个奇迹。那么当今社会的我们又该如何更好地生存呢？

【设计意图】联系实际生活，交流自己的经历、体会，使学生从中汲取力量，体现整本书阅读与日常生活的紧密联系，让阅读回归生活。

四、课堂阅读小结，推荐同类阅读

一本好书，受益一生。在与鲁滨逊相伴的这些日子，我们不光看到了一部艰难的生活史，更收获了一笔宝贵的人生财富。这样的探险小说还有很多，同学们用我们阅读《鲁滨逊漂流记》的方法，阅读“快乐读书吧”推荐的《尼尔斯骑鹅旅行记》和《汤姆·索亚历险记》吧！

《鲁滨逊漂流记》延伸课教学设计

教学目标

（1）巩固阅读名著的方法，总结阅读策略。

（2）拓展阅读《尼尔斯骑鹅旅行记》《汤姆索亚历险记》，结合阅读节选，关注目录、阅读指导等信息，整体感知内容。能借助猜测、绘制行进路线图等阅读名著的方法进行阅读，从中获得人生启迪。

（3）能完成阅读计划，进行自主阅读。

教学过程

一、回顾精读范例，聚焦特点策略

这段时间我们共同读了《鲁滨逊漂流记》，感受到了游历类外国文学名著的特点，认识了一个通过自己辛勤劳动克服重重困难，有顽强毅力、乐观的鲁滨逊，并且从他的身上获得了人生的启迪。让我们一起来回顾一下吧！

（一）体裁特点

外国文学名著是一座花园，游历类外国文学名著就是花园中璀璨的花。这些作品记录了主人公经历途中的种种困难和奇遇，我们阅读时可以与他们一起成长，一起体验欢乐和艰辛。

（二）阅读策略

（1）根据主要事件绘制生活轨迹图。

（2）画荒岛示意图。

（3）批注、摘抄。

【设计意图】总结梳理阅读外国名著的方法，为学生进行同类作品的阅读搭好支架，达到由本到类的阅读目的。

二、出示拓展书目，提取阅读策略

（一）推荐《鲁滨逊漂流记》其他版本

《鲁滨逊漂流记》自1719年面世以来，备受欧美各国读者喜爱。至19世纪末，《鲁滨逊漂流记》各种译本已达700多种。1902年该书被引入中国。现在，中国的各种译本也有100种以上。同学们可以阅读不同的版本进行对比，看看你最喜爱哪个版本。

（二）推荐阅读《尼尔斯骑鹅旅行记》

我们在《尼尔斯骑鹅旅行记》节选中读到：尼尔斯因为捉弄小精灵而受到惩罚，变成了一个拇指大小的小人儿。为了不让父母因为丢失鹅而伤心，情急之下骑上了一只白鹅飞上了天，接下来会有怎样的奇遇呢？又有哪些磨难呢？让我们一起来走进《尼尔斯骑鹅旅行记》。

1. 浏览目录，整体感知

浏览《骑鹅旅行记》的目录，你有什么发现？

2. 阅读指导，提取策略

这部小说的故事很长，分成了上、中、下三册，怎样阅读呢？“阅读指导”有妙招。

《尼尔斯骑鹅旅行记》阅读策略

篇目	阅读策略
《尼尔斯骑鹅旅行记》	①感受丰富的想象
	②关注人物形象
	③关注印象深刻的情节
	④绘制路线图
	⑤预测

有了策略的帮助，相信我们能很好地完成阅读，也会从尼尔斯的成长经历中找到自己的影子。

（三）推荐阅读《汤姆·索亚历险记》

《汤姆·索亚历险记》是作家马克·吐温对自己童年生活的回顾，是一部点燃全球孩子英雄梦想的经典小说。书中的主人公汤姆·索亚，是一个极富冒险精神和好奇心的男孩。他顽皮淘气，不堪忍受束缚和枯燥乏味的生活，幻想干一番英雄事业。调皮捣蛋打架逃学，耍弄甲虫大闹教堂，离家出走想当海盗，目睹凶案揭露真凶，被困山洞艰难求生，曲折离奇寻找宝藏……也许任何一部“惊险大片”都不足以展现他缔造的历险传奇。

想了解更多吗？那就让我们赶快阅读吧！

1. 浏览目录，整体感知

浏览《汤姆·索亚历险记》的目录，你有什么发现？

2. 阅读指导，提取策略

《汤姆·索亚历险记》阅读策略

篇目	阅读策略
《汤姆·索亚历险记》	①了解作品梗概
	②关注人物形象
	③预测

（四）比较异同，提升阅读

《鲁滨逊漂流记》《尼尔斯骑鹅旅行记》《汤姆·索亚历险记》三部小说像璀璨的花朵，开放在世界名著的百花园中。虽然三部小说都属于游历类小说，但认真阅读之后，你一定会发现他们的不同之处。

【设计意图】策略引领下的整本书阅读，使教师有法可依，让学生有章可循，实现阅读从低效到高效的发展、从低阶向高阶的晋升。学会对比，学会思辨，从“阅读”到“悦读”，实现阅读育人的目标，全面提升学生核心素养。

三、制订阅读计划，开启同类阅读

（1）出示《尼尔斯骑鹅旅行记》阅读计划表，边读边思考好处。

（2）给学生分发《尼尔斯骑鹅旅行记》的阅读计划表，让学生填写完整。（《汤姆·索亚历险记》阅读计划表略。）

《尼尔斯骑鹅旅行记》阅读计划表

班级		姓名	
阅读时限	____月____日—____月____日		
阅读内容		阅读时间	阅读成果
《尼尔斯骑鹅旅行记》（上）		开始时间：____月____日 完成时间：____月____日 所用时间：____天	
《尼尔斯骑鹅旅行记》（中）		开始时间：____月____日 完成时间：____月____日 所用时间：____天	
《尼尔斯骑鹅旅行记》（下）		开始时间：____月____日 完成时间：____月____日 所用时间：____天	

（二）创设情境，发布任务

在我们每个人的心中都有一些奇妙的幻想，想去探险，想去未知的领域寻找自由……这些就在书籍中，相信继续阅读会让你收获更多！赶紧读完《尼尔斯骑鹅旅行记》《汤姆·索亚历险记》，报名参加班级“外国名著推荐会”活动吧！

后　记

作为教师，一名语文教师，一名有着近四十年教龄的老教师，如果说此生为师最大的遗憾，就是常常为自己“书读得太少”而深感惭愧。所以，多年来，我一直有一个梦，一个痴心不改的阅读梦。

2011 年，因主编小学语文主题阅读两翼教材《主题式·同步阅读》《主题式·经典诵读》并在当地推广而荣获中国教育报“推动读书十大人物”提名奖，事迹先后在《河北教育》《中国教育报》等多家媒体报道。从那一年起，推广阅读不再是自己的个人梦想，而是升华为一种责任和使命。

2017—2019 年，借着刚参评完中小学正高级教师养成的通读小学语文全套教材的习惯，开始了对统编教材的深入研究。我从统编教材三位一体的阅读体系和“快乐读书吧”板块的设置看到了国家课改的良苦用心，激动之余，充满了感恩，也立下了志愿。于是，对整本书阅读教学的研究成了我工作的动力和追求。当体悟到整本书阅读是为培养学生终身阅读习惯，为学生的终身阅读奠基的时候，构建整本书阅读资源库的想法便萌生了。

2021 年，为了更加系统地研究整本书阅读，我主持申报了“小学语文整本书阅读教学策略研究”的保定市规划课题，带领学校老师通过系统的研究，构建了小学语文整本书阅读的策略体系。老师们拨云见日，找到了整本书阅读的有效路径。她们深有感触地说：“研究前，老师就是瞎教，学生就是瞎读。研究后才发现，原来整本书阅读还可以这样教。”策略引领下的整本书阅读，使教师有法可依，让学生有章可循，实现了阅读从低效向高效的发展、从低阶向高阶的晋升。课题研究给老师们带来的成长，更坚定了我对整本书阅读教学实践的信心。

2022 年，我有幸成为保定市小学语文名师工作室主持人，有了更高的平台、更大的团队，梦想和责任融为一体，更专业的研究便开始了。2023 年，我又申报

了“基于核心素养的小学语文整本书阅读实践研究”的市级课题，带领工作室7个团队，共70多名教师，开始了新的征程。两年时间，创建了小学语文整本书阅读资源库，包括从理论到实践的各种资料，并努力实现资源共享，共同提升。

随着研究的深入，考虑到只有团队内部分享是远远不够的。为了给更多的老师提供参考和帮助，我们开始谋划编撰成书。《小学语文整本书阅读1221教学模式探究》就是在这样的情况下诞生的。

酝酿的过程很简单，一切好像水到渠成。但编写的过程却充满了艰辛。我们从70多名教师中精选了30位教师参与编写工作，分组、分工，一次次研讨、一次次修正。线上研讨随时进行，老师们根据自己的时间参与意见，更多的还是利用晚上或者节假日时间集中研讨交流、反复修改。老师们的辛勤付出就像一幅幅感人的画面，定格心间……

李丽老师，因车祸左肩受伤，但手术后时间不长便投入了编写工作，用一只右手敲打键盘。深夜，一指禅发出的不太和谐的声响，诠释着一种怎样的坚韧和执着！我送她一个语音鼠标，她更努力工作，不仅没有影响整个团队的进度，还提前完成了任务。

孟莹珠老师，一个才情温情俱佳的优秀教师，无论布置什么工作，总是第一个完成，给所有团队起到了不容忽视的引领作用。谁能想到，她那精心设计的背后，是一种怎样的严谨态度和持之以恒的耐力呢？

魏红星老师，顶着老人去世、团队成员突变、文稿体例更改等各种压力，无怨无悔，坚守着自己的职责。

王斌老师，身体遭遇虚惊，经历一次次煎熬，始终没有削减斗志，不辞辛苦地组织团队成员不厌其烦地研讨、修改。每一次交流都是满满的感动和震撼！

高玉仙老师，作为一个名校的名师，她的谦逊和执着更是让人感动：面对每一次的修改，从来没有丝毫的厌烦，总是欣然接受，并时常感叹每一次修改后的提升，为自己的成长感到由衷的欢喜。她的每一次分享，都会让我感受到生命拔节的美妙……

王坤博老师，负责一年级的编写工作，为解决人员太少、经验不足、年段特殊等困难，创新了研讨方法，平时线上汇总问题随时交流，定期组织线上共同研讨。每个人针对相同的稿件发表自己的看法，当场进行修改备注，大大提高了编

写质量和进度，为其他年级贡献了经验和方法。

还有加班到半夜的高然老师，任劳任怨的刘朋老师，临时受命的汪新坤、吴雅琨、程春未等老师，每个人背后的付出都足以感动自己也感动他人。我相信，编书的这段经历，已经成为每一位编写组成员教育人生中不可磨灭的珍贵记忆和值得一生珍藏的宝贵财富。

这本书，就像我们的孩子，凝聚着大家共同的智慧。这本书不仅有教学策略，还有教学设计和配套课件等，给老师和家长指导学生做好整本书阅读提供了重要的参考。最近，在到一些地区分享的时候，老师们对这本书急切盼望的心情给了我深深的感动和意外的惊喜。

于我而言，本次成书的过程也是系统梳理的过程，让我对小学语文整本书阅读的体系有了更加清晰的认知，也找到了一些小学语文整本书阅读教学的有效路径。于老师们而言，我相信，编书的过程就是一个提升的过程，老师们通过编写本书所获得的提升是未经梳理的教学实践所无法比拟的，所以再辛苦也值得。就像我们有位老师所说：编写完某一本书的阅读指导，应该成为这类书的阅读指导专家，这才是我们应该追求的目标。虽然，我们不是专家，我们只是一线教师，但是，我们将以此次编书为新的起点，弘扬教育家精神，向着成为专家的目标前进。路虽远，行则将至；事虽难，做则必成。

写一本书，需要团队集体的力量，更需要领导和专家的引领、指导和帮助。在此，衷心感谢各级领导的大力支持；衷心感谢河北省教育科学研究院小学教育研究室李学红主任为本书做序；衷心感谢李学红主任、《河北教育》中旬版执行主编左秀芳老师的大力推荐。成书过程中的艰辛、美好与感动，我会终生铭记。

“智者千虑，必有一失”，何况我们都是一线教师。书中难免有各种疏漏，恳请各位读者批评指正。

任海丽

2024 年 10 月 28 日